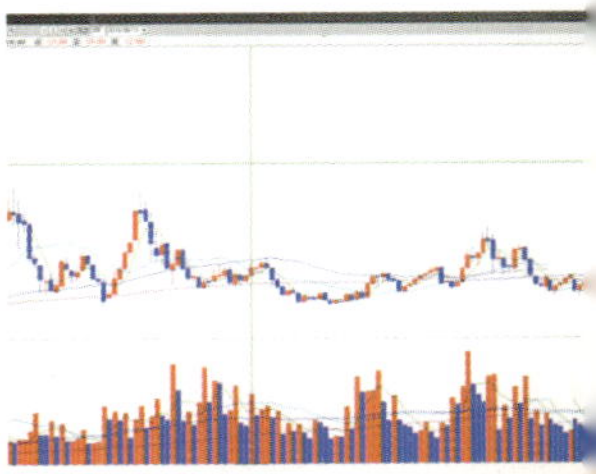

김교수의

# 펀드투자 스쿨

김주일 · 류규하 공저

Investment FUND SCHOOL

탑북스

# 머리말

대학에서 증권금융과 관련한 교과목을 강의하면서 가장 많이 고민했던 사항이 새 학기 시작 전 교재의 선택이었다. 교재내용이 독자의 측면에서 이해하기 쉽게 기술되었는지, 최근의 증권금융 트렌드에 맞는 것인지, 취업을 앞둔 학생들에게 금융관련 자격증을 취득하는데 있어서 도움이 될 수 있을 것인지 였다. 필자는 이러한 고민 속에 그동안 경험하였던 현장실무와 강의경력을 바탕으로 학생들의 요구에 걸맞은 교재를 출판하기로 하였다. 대학에서 재무관리나 증권투자론 등을 강의하면서 교재나 부교재로 사용할 수 있을 뿐만 아니라 펀드투자에 대한 실무를 이해하고자 하는 학생들과 일반인들이 이용할 수 있도록 심혈을 기울였다.

본 교재는 최근 투자대상의 하나로서 각광을 받고 있는 펀드에 대한 이해를 돕고, 금융시장에 대한 이해를 도모하기 위하여 그동안 금융시장에서 발생한 각종 사례와 이슈를 교재 중간에 삽입하여 이해를 돕도록 하였다.

본서는 다음과 같이 2편으로 구성하였다. 제Ⅰ편에서는 펀드와의 대화를 통하여 펀드를 쉽게 이해하고자 하였다. 또한 '역사 속의 펀드이야기' 란을 두어 펀드와 관련된 지난 역사를 질문을 통한 자세한 해설을 통하여 독자들이 쉽게 이해하도록 하였다. 제Ⅱ편에서는 펀드투자실무 이해를 통하여 펀드투자에 대한 실무를 이해하도록 하여 학생과 일반인들이 학습하는데 있어서 쉽게 접근할 수 있도록 기술하였다. 부록에는 펀드투자 실무 실력 테스트 및 해설을 추가하여 수험생들에게 실전감각을 익히도록 하였다.

제Ⅱ편 펀드투자실무 이해는 다음과 같다. 제1장에서는 펀드와 관련된 법규를 이해하는데 초점을 두었으며, 제2장에서는 펀드의 구성과 이해를 살펴보았다. 제3장에서는 펀드영업실무와 관련된 내용을 다루었으며, 제4장에서는 펀드운용과 평가에 대하여 살펴보았다. 제5장에서는 선물과 옵션 및 스왑 등 파생상품펀드와 관련된 법규를 다루었으며, 제6장에서는 파생상품펀드

투자와 관련된 제반 내용을 기술하였다. 제7장에서는 파생상품펀드영업과 관련된 내용을 다루었으며, 제8장에서는 부동산펀드에 대한 내용을 기술하였다. 제9장에서는 부동산펀드의 영업을 다루었으며, 제10장에서는 부동산펀드의 투자기법 및 포트폴리오에 대하여 기술하였다. 마지막 제11장에서는 부동산펀드 투자에 대하여 기술하였다.

본서는 다음과 같은 내용을 중심으로 기술하였다. 첫째, 펀드투자와 관련된 법규, 펀드구성, 펀드 영업실무, 펀드운용 및 평가 등에 대하여 핵심적인 내용을 중심으로 방대한 내용을 축약·기술하여 펀드를 이해하고 증권금융과 관련된 자격증 취득에 도움이 되도록 기술하고자 하였다. 둘째, 채권과 주식을 이해하는데 있어서 수리적으로 이해가 필요한 부분에 대하여는 교재 중간에 예제를 기술하여 이해를 돕도록 하였다. 셋째, 펀드를 이해하는데 있어서 주식과 채권 및 파생상품은 필수적인 요소이다. 그동안 금융시장에서 발생되었던 사례와 펀드 역사에 대하여 단원마다 〈Eye Insight〉를 두어 학습자들의 이해를 돕도록 노력하였다.

본서가 출간되기까지에는 여러분들의 많은 도움이 있었다. 먼저 본 교재 출간에 흔쾌히 동의해 주신 도서출판 탑북스의 김광식 사장님과 정헌명 상무님께 감사드린다. 표지디자인 선택과 교정에 많은 도움을 주신 이신정 주간님과 금융시장에 대한 사례정리를 제공해 주신 KG제로인의 황우석 차장님께 감사드린다. 또한 법령을 전반적으로 검토 해주신 E트레이드증권의 신은화 차장과 미래에셋증권의 김우식 차장, 오자와 탈자를 찾아 준 경기대학교 경영학과 이창욱 군에게 고마움을 보낸다. 그럼에도 불구하고 나타날지 모르는 미비한 점들은 저자들의 부족함 때문이라 생각된다. 앞으로 나타나는 보완하고 수정되어야 할 내용들은 겸허한 마음으로 적극적으로 받아 드릴 것이다.

2012년 3월

여의도 샛강 사무실에서

저자 김주일 · 류규하

# 차 례

## 제 I 편 펀드와의 대화

### 제 1 장 펀드란?



### 제 2 장 직접투자와 펀드투자



### 제 3 장 펀드투자의 유형

## 제 4 장 펀드투자와 관련된 서비스와 비용

# 제 II 편 펀드투자 실무 이해

## 제 1 장 펀드투자와 관련된 법규의 이해

## 제 2 장 펀드 구성 및 이해

## 제 3 장 펀드영업실무

## 제 4 장 펀드운용과 펀드평가

## 제 5 장 파생상품펀드 법규



## 제 6 장 파생상품펀드 영업

## 제 7 장 파생상품펀드 투자

## 제 8 장 부동산펀드 법규



## 제 9 장 부동산펀드 영업

## 제10장 부동산펀드 투자기법 및 포트폴리오



## 제11장 부동산펀드 투자

## 부 록

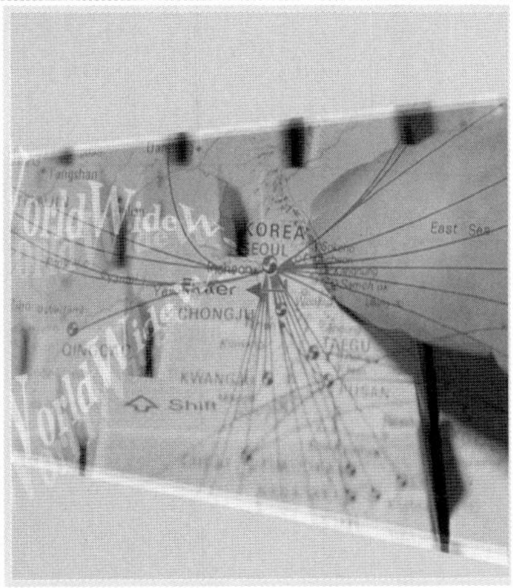

# 제 I 편 펀드와의 대화

# 제1장 펀드란?



## 01 펀드의 의의

펀드(Fund)란 다수의 일반 대중이나 기관투자가로부터 소액 또는 거액의 자금을 모아 그 금액을 주식이나 채권, 파생상품 등에 투자하여 창출한 운용실적에 따라 배당하는 금융상품의 하나이다. 은행에서 취급하고 있는 신탁예금도 펀드의 성격을 일부 가지고 있지만, 은행 신탁예금의 운용대상은 대부분 주로 기업에 대한 대출이나 채권 등에 한정하기 때문에 펀드와 동일하지는 않다. 펀드와 가장 비슷한 금융상품은 자산운용회사나 투자자문회사가 운용하고 있는 수익증권이다. 즉, 펀드란 자산운용회사나 투자자문회사가 일반대중 및 기관투자가로부터 자금을 받아 그 증서로 수익증권을 발급해 주고, 그 자금을 주로 주식이나 채권, 파생상품 등에 투자하여 얻는 수익을 고객들에게 배당하는 것을 의미한다. 또한 뮤추얼펀드도 일반 투자자로부터 자금을 모아 주식이나 채권, 파생상품 등 유가증권에 투자하여 그 수익을 투자자에게 돌려주는 실적 배당상품이다.

## 02 펀드투자의 방법

주식에 대한 직접투자의 경우에 투자자는 은행이나 증권사에 계좌를 개설하여 사이버방식이나, 전화주문에 의한 매매방식으로 거래를 할 수 있기 때문에 거래가 이루어지는 방법은 단순하다. 그러나 펀드투자의 경우 [그림 A-1]에서 보는 바와 같이 펀드를 판매하는 판매사, 펀드를 보관하고 관리하는 수탁회사, 펀드를 운용하고 있는 자산운용회사와 투자자문회사가 있기 때문에 거래방식이 이원화되어 있다.

[그림 A-1] 펀드투자의 흐름도

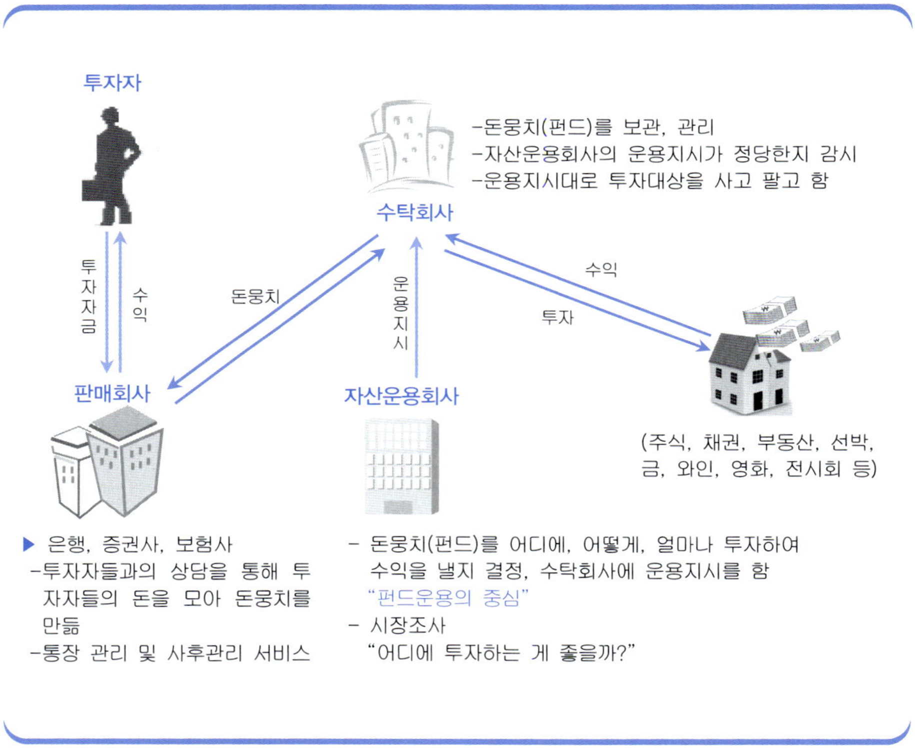

**Eye Insight**

### ■ 국부펀드(Sovereign Wealth Fund)

국부펀드란 적정 수준 이상의 보유 외환을 따로 떼어 투자용으로 모아놓은 자금을 말한다. 보통 국가기관이 자금운용을 담당하며 석유를 수출해 벌어들인 오일달러나 무역수지 흑자로 발생한 외환보유액 등이 주요 자금원이다. 지금까지는 투자규모도 그리 크지 않고 투자대상도 제한적이어서 국제금융시장의 큰 주목을 받지 못했지만, 최근 들어 그 규모가 확대되어 운용되고 있다. 우리나라 한국투자공사(KIC)가 운용하고 있는 국부펀드의 규모는 2010년 6월말 현재 458억 원이다.

### ■ SOC펀드(Social Overhead Capital Fund)

SOC 펀드란 일반 대중이나 기관투자가로부터 모은 돈으로 도로, 항만, 터널 등 국가 기간시설을 건설한 뒤 고속도로 통행료와 항만사용료 등의 수입을 해당 투자자들에게 배당하는 펀드를 말한다. 1999년 SOC 펀드 설립법안이 제정되었다. 금융투자협회에 공시된 SOC 펀드와 관련된 부동산기구의 규모는 2011년말 기준으로 약 1조 6천억 원 정도로 알려져 있다.

### ■ 헤지펀드(Hedge Fund)

헤지펀드란 그 역사가 50여년이 지났지만 아직도 개념에 대하여 명확하게 정의된 것은 없다. 골드만삭스는 헤지펀드를 '다양한 범위의 위험과 수익을 목표로 다양한 투자전략을 구사하여 대체로 시장 방향성과 관계없이 절대수익을 추구하는 펀드'라 정의하고 있다. 또한 크레딧스위스사는 '레버리지, 공매도, 파생상품 사용에 제약이 없고, 접근이 투자자에게만 제한된 파트너십 또는 유한회사 형태의 사모투자'라 정의하였으며, 토마스는 '투자자의 이익을 위하여 레버리지를 사용하여 현물시장과 파생상품 시장에 투자하는 규제를 덜 받는 사모투자라 정의'하였다. 우리나라는 그동안 준비과정을 거쳐 2011년 12월 23일부터 기관과 개인투자자(5억 원 이상)를 대상으로 한국형 헤지펀드펀드 1호를 모집하여 본격적인 운용준비를 하고 있다. 목표수익률은 대략 10%이며, 운용보수는 0.3%~1.0%이나, 금융위원회 보도자료에 따르면 기준수익률이 5~7%를 넘어서면 초과분의 10~20%를 성과보수로 지급하는 것으로 알려져 있다.

# 제2장
# 직접투자와 펀드투자



## 01 직접투자와 펀드투자의 차이점

직접투자는(Direct Investment) 투자자 자신이 직접 증권회사에 계좌를 개설하고 자신만의 판단으로 직접 주문을 하여 주식이나 채권, 파생상품 등을 사고파는 방법이다. 직접투자는 안정적인 투자를 원칙으로 하는 펀드투자(Fund Investment)에 비해 상대적으로 높은 수익률을 달성할 수 있는 장점이 있는 반면 정보나 시스템 면에서 기관투자가와 외국인투자가보다 불리하기 때문에 그만큼 위험이 높다는 단점이 있다. 반면에 펀드투자(Fund Investment)는 증권사나, 은행, 보험사를 통해 펀드에 가입하고 그 펀드의 자금은 자산운용회사나 투자자문회사의 펀드매니저가 주식이나, 채권, 파생상품 등에 운용하고 있는 간접투자방식이다.

## 02 수익증권

### 2.1 수익증권의 의의

수익증권이란 일반 대중들의 소액자금을 모아 전문 펀드매니저들이 주식이나 채권, 파생상품 등 유가증권에 투자한 뒤 그 수익을 고객에게 되돌려주는 실적배당상품을 의미하는데, 실제 거래는 통상 통장으로 이루어진다. 펀드에 주식이 많이 투자되면 주식형, 국채와 회사채 등 채권의 비중이 높으면 채권형수익증권이라 부르며, 주식형 수익증권은 통상 주식에 50% 이상 투자하며, 나머지는 채권과 콜론, 기업어음, 현금성자산으로 운용된다. 채권형수익증권은 국채와 회사채 등 채권과 콜론, 기업어음 등에 운용되기 때문에 주식형수익증권이 채권형수익증권에 비하여 상대적으로 위험성이 높을 뿐만 아니라 수익률도 주식편입비율에 따라 크게 달라진다. 일반적으로 주식편입 비율이 높으면 높을수록 고위험, 고수익 추구형 상품이라 부른다.

## 2.2 수익증권과 뮤추얼펀드와의 차이점

수익증권은 수익을 받을 권리가 표시된 증권으로서 재산의 운용을 타인에게 신탁한 경우 그 수익을 받을 권리가 표시된 증권이다. 일반적으로 자본시장과 금융투자업에 관한 법률상 유가증권으로 인정되고 있는 투자신탁의 수익증권 및 대부신탁의 수익증권을 의미한다. 이러한 투자신탁의 수익증권은 균등하게 분할된 수익권을 표시하는 것으로 무기명식을 원칙으로 한다. 무기명식은 증권투자신탁의 수익권을 그 자체가 보유하고 있으나, 기명식은 수익권을 표시하는 증거서류에 불과하므로 유가증권성이 없는 것으로 간주된다. 그러나 수익자의 청구에 의하여 무기명식으로부터 기명식으로, 또는 기명식으로부터 무기명식으로 변경할 수 있다. 수익권의 양도는 무기명식의 경우에는 증권의 수수(授受)로 성립되지만 기명식의 경우에는 민법 제450조의 지명채권양도의 규정에 따라 회사에 통지하여 명의를 변경해야만 양도의 효력이 발생한다. 대부신탁의 수익증권에 있어서도 증권투자신탁의 수익증권의 경우와 같다.

뮤추얼펀드(Mutual Fund)는 투자신탁의 일종으로 회사형투자신탁을 의미하는데, 투자자들이 주주가 되어 회사를 설립하고 투자손익에 대해 모두가 책임을 공유하는 성격을 지니고 있다. 뮤추얼펀드는 펀드 운용 중 환매가능여부에 따라 개방형(Open ended)과 폐쇄형(Close ended)으로 나누어지며, 투자대상에 따라 주식형, 채권형, 혼합형 등으로 분류한다.

## 03 랩 어카운트

### 3.1 랩 어카운트의 의의

랩 어카운트(Wrap Account)란 다양한 종류의 자산운용관련 서비스를 하나로 구성하여 투자자 기호에 맞게 구성해 제공하는 자산종합관리계좌를 의미한다. 즉, 투자자가 증권회사에 자금을 예탁하면 증권회사가 주식이나 채권, 파생상품 등으로 포트폴리오를 구성하여 운용해주고, 위탁수수료, 운용보수, 투자자문 등 계좌운용에 관한 모든 비용과 서비스도 총괄하여 운영해 주는 종합서비스를 의미한다. 랩 어카운트는 최근의 증권사 브로커업무와 자산운용회사 및 투자자문회사가 하고 있는 위탁운용 업무의 중간쯤에 해당한다. 랩 어카운트는 고객을 자산운용회사나 투자자문사에 연결시켜주는 컨설턴트 랩 어카운트(Consultant Wrap Account)와 펀드 형태로 자산을 관리해주는 뮤추얼펀드 랩 어카운트(Mutual Fund Wrap Account)가 있다. 컨설턴트 랩 어카운트는 증권

[그림 A-2] 랩 어카운트의 흐름도

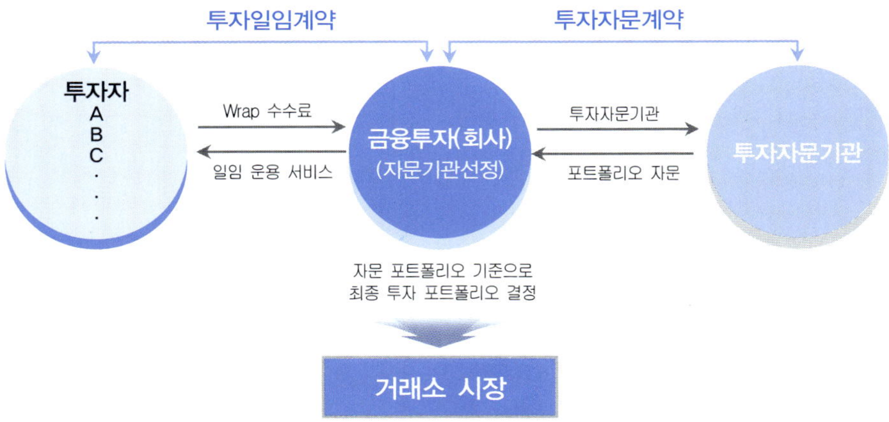


*운용주체 : 투자자문기관의 자문을 받아 금융투자회사가 직접 운용
*자문주체 : 투자자문기관
*자문범위 : 자문 포트폴리오 추천
*최종투자판단 : 금융투자회사

사가 투자전략을 수립하여 고객에게 자산운용회사나 투자자문회사를 추천하면 자산운용회사나 투자자문회사가 투자자의 자산을 운용한다. 뮤추얼펀드 랩 어카운트는 증권사가 고객의 투자목적에 가장 적합한 형태로 뮤추얼펀드의 포트폴리오를 구성해 주는 형태이다. 랩 어카운드 제도는 미국에서 1975년에 처음 시작하였고, 우리나라는 1999년도에 도입하여 시행하고 있다.

## 3.2 랩 어카운트의 장 · 단점

표 A-1 랩 어카운트의 장 · 단점

| 구분 | 장 점 | 단 점 |
|---|---|---|
| 고객 | ① 이익에 대한 상충성이 적다.<br>② 소액으로 전문가 서비스를 제공받을 수 있다.<br>③ 대량거래에도 불구하고 단일한 수수료를 적용받을 수 있다.<br>④ 영업직원에 대한 의존도를 탈피할 수 있다. | ① 주가하락 시 상대적으로 수수료부담이 증가할 수 있다.<br>② 일괄적인 수수료 부담으로 불필요한 서비스에 대한 비용이 지출될 수 있다. |
| 증권회사 | ① 자산규모에 근거한 자산운용수수료 부가로 증권회사의 전략과 일치한다.<br>② 안정적인 수익기반 창출이 가능하다.<br>③ 이익에 대한 상충이 적어 고객으로부터 신뢰를 획득할 수 있다.<br>④ 고객과의 관계가 긴밀하고 장기적으로 거래가 가능하다.<br>⑤ 투자상담사들은 독립성이 약화되기는 하나, 소속의식이 강화된다. | ① 영업직원의 재교육 등 Wrap 계정에 대응하기 위한 체제구축이 필요하다.<br>② 수수료수입총액의 감소 가능성이 크다. |
| 영업직원 | ① 이익에 대한 상충가능성이 적어 고객설득에 크게 기여할 수 있다. | ① 증권회사에 대한 독립성이 약화된다.<br>② 고객에 대한 영향력이 상대적으로 약화된다.<br>③ 거래기준시보다 수수료가 적어질 수 있다. |
| 투자자문회사 | ① 고객계층이 다양하다.<br>② 수수료와 무관하게 탄력적으로 운용이 가능하다.<br>③ 사무비용을 절감할 수 있다. | ① 운용보수가 감소될 수 있다.<br>② 주식시장과 상관없는 수수료이상의 운용성과가 요구된다. |

# 제3장 펀드투자의 유형



펀드투자는 분류하는 사람과 분류방식에 따라 다양하게 구분할 수 있으나, 본 교재는 독자들이 이해하기 쉽도록 일반적으로 사용하는 방법에 따라 구분하여 설명하고자 한다. 주식에 대한 안정적 투자 여부에 따라 성장형펀드과 안정형펀드, 펀드에 편입하는 종목에 따라 성장주펀드와 가치주 펀드, 인덱스펀드와 상장지수펀드로 구분할 수 있다.

## 01 성장형펀드와 안정형펀드

성장형펀드는 펀드수익보다도 주가상승에 의한 높은 자산의 성장을 목적으로 한 공격형펀드로서 주식편입비율이 70% 이상인 펀드를 의미한다. 따라서 성장형펀드는 대체로 주식편입비율이 높고 우량성장주가 주요 편입대상이며, 유망한 종목을 집중적으로 발굴하여 적극적으로 투자를 한다. 또한 금융시장 환경에 따라 주식투자 비중에 대한 과감한 조정을 실시하며, 벤치마크를 초과하는 수익을 달성하기 위하여 적극적인 종목발굴과 시장트랜드의 예측, 매매타이밍의 포착 등 다양한 기법이나 노력을 수행한다. 따라서 성장형펀드는 펀드매니저의 역량이 무엇보다 중요하다. 한편 이 펀드는 주식의 편입비율이 높기 때문에 주식시장의 호황과 불황에 따라 많은 영향을 받는다.

안정형펀드는 주식편입비율이 대체로 30% 이내로서 낮은 주식형펀드이거나 원금보존형 펀드 및 공사채형과 같이 원금손실 가능성이 거의 없거나 확정금리를 지급하는 펀드를 의미한다. 안정형펀드는 주식으로 운용하는 자산의 규모가 적고, 나머지는 안전한 국·공채나 회사채에 투자하기 때문에 원금 손실 가능성이 낮은 대신에 주가상승기에는 성장형에 비해 수익률이 낮게 나타나는 경향이 있다.

## 02 성장주펀드와 가치주펀드

펀드투자의 유형에는 펀드매니저가 운용하는 종목에 따라 성장주펀드와 가치주펀드로 분류할 수 있으며, 주요한 차이점은 다음 〈표 A-2〉와 같다.

표 A-2 가치주펀드와 성장주펀드의 차이

| 구분 | 가치주펀드 | 성장주펀드 |
|---|---|---|
| 운용종목 | ① 내재가치에 비하여 저평가된 종목<br>② 현재의 매출 및 이익에 비하여 저평가 종목 | ① 시장보다 빠른 속도로 이익이 증가하는 종목<br>② 미래에 매출이나 이익의 성장기회가 매우 높은 종목 |
| 평가지표 | 저PER, 저PBR, 고배당 | 고PER, 고PBR, 저배당 |
| 특 징 | ① 경기조정이나 침체 시에 저가 매수의 기회가 확대된다.<br>② 저가매수 후에 장기보유로 이익이 확대될 수 있다.<br>③ 재투자보다는 배당을 높임으로서 추가 수익을 얻을 수 있다.<br>④ 내재가치 분석을 통한 저평가 종목을 발굴해야 한다.<br>⑤ 장기보유에 따라 회전율을 낮춤으로서 비용을 절감할 수 있다. | ① 경기상승기에 보다 큰 이익을 얻을 수 있다.<br>② 미래 수익증가에 대한 기대로 주가수준이 높은 경향이 있다.<br>③ 배당보다는 연구개발에 재투자함으로써 추가이익을 달성할 수 있다.<br>④ 내재가치분석과 질적분석의 결합으로 미래성장성을 예측할 수 있다.<br>⑤ 펀드 내 빈번한 종목교체에 따라 회전율이 높아 비용이 추가 발생할 수 있다. |

## 03 인덱스펀드와 상장지수펀드

인덱스펀드(Index Fund)는 KOSPI200 지수와 같은 특정지수 수익률과 동일하거나 유사한 수익률을 달성하고자 하는 것에 목표를 둔 펀드로서 추적오차(Tracking Error)가 적다는 특징을 가지고 있다. 상장지수펀드(Exchange Traded Fund : ETF)는 특정 주가지수와 연동되는 수익률을 얻을 수 있도록 설계된 펀드로서 거래소에서 주식처럼 거래된다. 인덱스펀드와 상장지수펀드와 차이를 살펴보면 다음 〈표 A-3〉과 같다.

표 A-3 인덱스펀드와 상장지수펀드의 차이

| 구분 | 인덱스펀드 | 상장지수펀드 |
|---|---|---|
| 특 징 | 주가지수를 추종하도록 주식종목을 편입하여 운용함 | 각종 인덱스를 펀드로써 구성하여 거래소에 상장하여 주식처럼 매매함 |
| 유 형 | KOPSPI200지수나 KOSPI선물지수를 추종함 | 스타일ETF, 섹터ETF, 시장ETF등 다양함 |
| 위 험 | 시장위험, 추적오차위험 | 시장위험, 스타일위험, 업종별위험, 추적오차위험 |
| 장중매매 | 불가능 | 주식매매와 동일하게 운용 |
| 환 매 | 환매신청일 이후에 기준가 결정함 | 매매시점에 가격을 확정함 |
| 세 금 | 이자발생 소득에 대하여 15.4% 배당소득세(주민세포함) | |
| 주요비용 | 판매 및 운용보수<br>(상대적으로 ETF보다 높다) | 브로커리지 수수료 |

## 04 주가연계증권과 주가연계펀드 및 주가연계예금

주가나 주가지수와 관련되어 운용하는 펀드(예금)에는 발행주체에 따라 주가연계증권(Equity Linked Securities: ELS)과 주가연계펀드(Equity Linked Fund: ELF) 및 주가연계예금(Equity Linked Deposit: ELD)로 구분한다. 주가연계증권(ELS)은 증권회사가 발행하여 유가증권시장에서 주식처럼 거래되는 증권이며, 주가연계펀드(ELF)는 자산운용회사가 발행하여 운용하는 펀드로서 대체로 시장수익률을 추종하도록 설계된 펀드이다. 주가연계예금(ELD)은 은행 등 예금취급기관이 발행하여 운용하는 예금으로서 대체로 원금을 전액 보장하는 특징을 가지고 있다. ELS와 ELF의 비용을 비교하면 ELF의 경우 운용사 마진이 추가되므로 대체로 투자자에게 제시하는 목표수익률은 ELS가 더 높은 특징을 가지고 있다. 그러나 장외파생상품 취급인가를 받은 금융투자회사들이 경쟁을 하는 시장에는 각 금융투자회사들은 헤징 북(hedging book)의 상황과 포지션, 시장전략, 향후 변동성에 대한 전망, 마진정책 등에 따라 동일구조 상품이라도 조건이 절대적으로 좋은 상품이 존재하기 때문에 투자자들은 보다 섬세한 비교분석을 통하여 상품을 선택하여야 한다.

표 A-4 ELS, ELF, ELD와 비교

| 구분 | ELS | ELF | ELD |
|---|---|---|---|
| 발행기관 | 증권회사 | 자산운용회사 | 은행 등 예금취급기관 |
| 판매기관 | 증권회사 | 증권회사, 은행, 보험회사 | 은행 등 예금취급기관 |
| 형 태 | 유가증권 | 유가증권(수익증권, 주식) | 정기예금 |
| 투자방법 | 유가증권 매입 | 간접투자기구 가입 | 정기예금 가입 |
| 자산운용 | 고유계정과 혼합하여 운용 | 고유계정과 분리하여 운용 | 은행 등 예금취급기관<br>고유계정과 혼합하여 운용 |
| 만기수익률 | 주가지수나 주가변동에 따라 사전에 제시한 수익률 | | 지수변동에 따라 사전에<br>제시한 수익률 |
| 원금보장 | 원금보장과 원금비보장 형태 존재 | | 원금 100% 보장 |
| 과 세 | 전액과세(배당소득) | 배당, 이자 등 과세<br>(주식양도손익 제외) | 전액과세(이자소득) |

# 제4장
# 펀드투자와 관련된 서비스와 비용



## 01 서비스의 종류와 비용

표 A-5 펀드투자와 관련된 서비스와 비용 비교

| 구 분 | 서비스 | 비용 |
|---|---|---|
| 판매회사(증권회사/은행/보험사) | 투자상담 및 계좌개설 | 판매수수료 |
| | 계좌관리 및 자산관리서비스 | 판매보수 |
| 운용회사(자산운용회사/투자자문회사) | 자산운용의 지시 | 운용보수 |
| 신탁회사(은행 등) | 펀드자산에 대한 보관 및 관리 | 신탁보수 |
| 일반사무관리회사 | 펀드와 관련된 일반사무 | 사무관리보수 |

## 02 비용의 종류와 특징

펀드투자와 관련된 비용에는 크게 수수료와 보수가 있다. 수수료는 펀드 투자자가 한 번에 부담하는 비용으로서 판매수수료와 환매수수료가 있다. 판매수수료는 가입 시에 가입금액의 일정비율을 부담하는 선취수수료와 환매 시 환매금액의 일정비율을 부담하는 후취수수료가 있다. 환매수수료는 펀드를 조기(보통 90일 이내) 환매하는 것에 대해 벌칙의 의미로 부담하는 것으로서 이익금에 대해 부과하며 펀드에 귀속한다. 보수는 펀드에서 지속적으로 지불하는 비용으로 판매보수, 운용보수, 신탁보수, 사무관리보수 등이 있다. 한편 판매보수에는 이연판매보수가 있는데, 이는 가입기간에 따라 펀드의 클래스를 여러 개로 구분하여 매 1년이 지날 때마다 점차 판매 보수가 낮은 클래스로 옮겨 타는 방식으로 최초 1년 투자자보다 4~5년 이상 가입한 장기투자자가 훨씬 적은 판매보수를 물게 되는 구조이다.

금융·경제 비즈니스의 중심지인 서울 파이낸스센터 빌딩

## 역사속의 펀드이야기

### MMF의 태동과 변천사

● MMF에 관하여 ●

강초보 : 멋진 교수님!! 제가 받는 월급을 이용해 저축을 하려 합니다. 은행의 보통예금에 예치하기에는 이율이 매우 낮아서, 증권사 CMA 등에 관심이 많은데요. CMA와 펀드 상품은 없나요?

김교수 : 강초보 자네도 결혼하더니 재테크에 관심이 많아지는군. 하하하, 증권사 CMA에 비교될 만한 펀드 상품은 MMF라는 것이 있다네. 그럼 MMF에 대해 알아보도록 하지.

■ MMF의 태동

MMF(Money Market Funds)는 1996년 9월 우리나라에 도입되었다. 당시 MMF가 처음 소개되었을 때 그 인기는 가히 폭발적이었다. 최초 MMF는 한 달 이상 상품으로 인가되었는데, 당시는 장·단기 금리 역전으로 CP 등 단기금리가 급등하고 있던 시점이었다. 물론 당시에도 한 달 상품으로 신단기공사채가 있긴 했지만, 채권투자비중이 50% 이상 등 운용상의 제한으로 단기실세금리를 정확히 반영하지 못하고 있었다. 투신상품이 시중금리를 따라가지 못하자, 투신사의 단기형 수탁고가 급속하게 줄어들면서 당시 기존 8개 투신사(한투, 대투, 국투, 한일, 한남, 중앙, 동양, 제일투신)가 큰 어려움을 겪고 있었다. 그래서 MMF는 기존 8개 투신사에만 취급되었다. 판매한도는 전월말 공사채형 수탁고의 20% 이내 ('97. 5 전월말 공사채형수탁고의 35%이내로 확대)로 운용대상에는 제한이 없었으며, 30일 이내 환매시에는 이익금의 0.5%의 환매수수료가 부과됨으로 일선에서는 중도에 환매하더라도 시중 하루 상품보다 훨씬 유리하다며 판매하기도 하였다. 그동안 고작 연 1%의 은행 보통예금이나 연 3%의 투신신탁형 상품에 만족해야 했던 투자자들로부터의 인기는 이미 짐작했던 대로였다. 따지고 보면, 투신사가 대중적으로 저변 확대가 가능했던 것도 당시 MMF에서 시작되었다고 해도 과언은 아닐 것이다. 특히 '96년 우후죽순처럼 설립된 투신운용사들이 급성장할 수 있는 토대를 마련해 준 시점도 신설 투신운용사에게 MMF를 '97년 8월에 허용된 이후였으며, 또한 심한 출혈경쟁으로 몰아넣은 것도 MMF 수탁고 경쟁에서 비롯되었다 하겠다.

### ■ MMF도 길다. 더 짧게, SMMF 등장

'97년 6월에는 기존 투신사에 초단기 MMF가 허용되었다. 이름하여 SMMF(Short MMF)이다. 나중에 알게 되겠지만, MMF에 대한 운용 및 기간 제한이 변하게 됨에 따라 MMF의 명칭도 복잡하게 변하는 것을 알 수 있을 것이다. 일선 창구에서조차도 MMF의 명칭과 특징들을 헷갈렸을 정도였으니까! 예를 들어 방금 소개한 MMF, SMMF를 비롯해 신MMF, 뉴MMF, 신종MMF, 클린MMF 등이다. SMMF는 기존의 MMF가 30일 이상 기간제한이 있었다면 SMMF는 그야말로 아무런 기간제한을 두지 않고 거의 연 9%대의 이자를 주는 상품이었다. 단, 기존의 MMF가 운용상의 제한이 없었다면 SMMF는 신탁재산의 80%를 증권금융이 발행한 어음에 투자하는 제한을 두었다. 당연한 이야기겠지만 투신사에 대한 이러한 특혜성(?) 상품 허용은 다른 금융사의 반발을 사기에 충분했다. 이미 종금사는 기존의 CMA의 이자를 높이는 등 적극적인 대처에 나섰으며, 그 동안 발만 동동 굴리던 은행권에서도 새로운 단기상품 허용을 요구하고 나섰다. 그렇게 해서 나온 상품이 '97년 하반기부터 허용된 은행의 MMDA상품입니다. 기존 8투신인 선발투신사와 후발투신사가 본격적인 경쟁체제에 들어간 것은 '97년 7월 신설 투신운용사에 공사채형 펀드를 취급할 수 있도록 허용하면서부터이다. 그전까지 후발투신사는 주식형 펀드만 운용할 수 있었기 때문에 실질적으로 기존 8개 투신사의 영역을 엿보기에는 역부족이었다. 그러나 '97년 7월 공사채형 허용에 이어 8월에는 MMF와 SMMF까지 허용해줌으로써 그 동안 존재했던 진입장벽이 완전히 사라지게 된 것이다. 신설 투신운용사들은 높은 수익률을 무기로 급속하게 몸집을 불려나가기 시작하였다.

이제 수익률 경쟁은 기존 투신과 신설 투신은 물론 은행 등 전 금융권에까지 파급되기에 이르렀다. 급기야 '97년 11월 기존 MMF에 존재했던 환매수수료 부과체계를 완전히 자유화함으로써 하루만 맡겨도 연 13~14%까지 수익을 낼 수 있게 되었다. 그럼으로써 은행권의 MMDA에 다소 밀렸던 수익경쟁에서 다시 우위를 차지할 수 있게 되었다. 뿐만 아니라 동년 12월에 들어서는 MMF의 한도도 종전 공사채형 수탁고의 35%에서 50%까지 확대됨에 따라 그동안 한도소진으로 MMF판매에 적극 나서지 못하던 투신사에 물꼬를 터 주게 된 것이다.

'97년 들어 다소 안정된 모습을 보였던 시중 금리는 '97년 11월 들어서면서 다시 불안해지기 시작했다. 여기에는 '97년 벽두부터 터진 한보사태에 이어 기아사태에 이르기까지 전반적인 경제상황은 언제 터질지 모르는 시한폭탄처럼 노출되어 있었기 때문이었다. 3년 만기 회사채(A-)의 경우 11월 19일 14%대에 진입하더니 급격하게 채권수익률이 급등 하면서 한 달이 겨우 지난 '97년 12월 23일에는 무려 31.11%를 기록하기에 이르렀다. 콜금리는 사정이 더해서 12월 26일 31.74%를 기록하는 등 신년 새해 들어서까지도 30%를 넘어서는 초고금리 시기를 보내게 된다. 이미 과거가 되어 버렸는지는 모르겠지만 '97년 11월 초 IMF구제금융 신청을 두고 옥신각신하더니만 11월 21일 결국 정부는 IMF에 공식적으로 구제금융을 요청하기에 이른 것이다. 금리 급등은 펀드 수익률에도 영향을 주어 금리절정기에는 10%대 수익률은 명함도 못 내밀 정도로 치솟았다. IMF를 겪으면서 연25%를 웃도는 MMF수익률을 제시하는 투신사들도 등장하였다. 우스갯소리로 당시 나이 든 투자자들의 경우 IMF와 MMF를 혼동하고 IMF 통장하나 만들어 달라는 투자자들도 있었으며, 18%, 19% 수익률을 제시하면 무슨 이자가 이렇게 적냐며 콧방귀를 뀌는 투자자들도 많았을 정도였다.

### ■ 수익률 경쟁에 제동 건 신MMF

수익률 경쟁이 격화되자 '98년 2월 정부는 투신사의 MMF에 제동을 걸기 시작하였다. 기존의 MMF 판매를 중지시키고 운용에 제한을 둔 신MMF를 설정해 판매하도록 한 것이다. 신MMF에 당시 연12~13%하던 증권금융어음을 신탁재산의 10% 이상 편입하도록 함으로써 궁극적으로 펀드의 세전수익률을 연 20% 이하로 끌어내리도록 한 것이다. 한편 MMF에 편입된 증권금융어음을 통해 조성된 자금은 종금사 폐쇄 및 기업부도 등으로 떠안게 된 막대한 부실채권에 대한 고객들의 불안심리를 해소하기 위해 마련된 투자신탁안정기금에 대여하고, 우선 '97년 12월 문을 닫은 신세기 투자신탁(구 한일투신) 고객에 대한 환매자금으로 사용토록 하였다. 신MMF는 목표수익률을 연20% 이하로 낮추는 데는 성공했지만, 투신으로 몰렸던 수탁고가 빠지는 효과를 낳았다. 정부의 금리하락에 대한 단호한 입장은 시중 자금이 변동금리보다는 확정금리 상품으로, 단기보다는 장기형 상품으로 움직이도록 유도하였다.

이러한 영향으로 아직 증권사로 전환하지 않은 투신사(한투, 대투 등)에서만 취급하던 신탁형 상품으로 자금이 몰리기 시작하였다. 신탁형 상품은 투신사에서 판매할 수 있는 유일한 확정형 상품으로 본래 연 3%짜리 상품이었으나, 점차 이자율을 높이더니 이맘때쯤에서는 연 17~18% 확정금리로 판매하기 시작했다. 고금리의 신탁형 상품은 회사 입장에서 먹을 때는 단 맛이 나나, 뱉을 때는 그지없이 쓴 상품이었던 것이다. 즉, 확정금리의 유혹으로 고객을 쉽게 끌어들일 수는 있지만, 시중금리가 하락해 자금 운용처가 마땅하지 않을 경우 회사의 살을 도려내야 하는 결과를 초래할 수 있기 때문이다. MMF의 수익률이 급격하게 떨어지기 시작한 것은 '98년 8월 들어서부터이다. 직전 달까지 18~20%에 달했던 수익률이 13~14%수준까지 급격하게 떨어진 것이다. 6월말까지 15~17%대에서 움직이던 콜금리가 7월 들어 급격히 하락하더니 8월들어서는 9%대까지 하락했기 때문이었다. 회사채(A+)역시 12%대에서 안정을 찾는 모습을 보였다.

대형증권사에서는 역마진과 대량 환매에 따른 유동성 우려로 기관대상으로 MMF판매를 중단하기도 하였다.

### ■ 환매제한 둔 뉴MMF

한편, 증감원(현재는 금감원으로 통합)은 MMF펀드에 한 번 더 손질을 가하게 된다. 이로써 신MMF의 시대는 가고 뉴MMF가 새롭게 등장하게 된다. '98년 10월 7일 이후 MMF에 가입한 고객은 보름 전에 환매할 경우 이익금의 10%, 30일전에 환매할 때는 이익금의 5%를 각각 환매수수료로 부과하도록 MMF표준약관을 개정한 것이다. 또 MMF가 초단기상품인데도 불구하고 지나치게 장기물(회사채)로 운용되고 있는 문제점을 해소하기 위해 잔존만기 1년 이상의 채권은 편입할 수 없도록 표준약관을 변경하였다.

다만, 기존 신MMF에 대해서는 새로운 약관을 적용하지 않기로 했으며, 10월 13일까지 팔 수 있도록 허용하였다. 증감원이 MMF에 대해 규제를 가한 것은 금융기관 등이 환매수수료가 없는 점을 노려 거액의 유휴자금으로 돈놀이를 하는 등 MMF가 금융권의 정상적인 자금흐름을 왜곡하고 있다고 판단했기 때문이었다.

또 투신사들이 금리를 높이기 위해 장기채권을 무분별하게 편입함에 따라 집중 환매가 발생할 경우 유동성 부족사태가 생길 가능성을 막자는 취지였다. 1998년 9월말까지 MMF판매 잔고는 21조원으로 전체 수익증권에 차지하는 비율이 12.5%에 달하였다. 한편 콜금리가 6%대까지 떨어지고 회사채 유통수익률이 10%대로 하락하자 시중자금의 초단기화 현상은 무뎌지고 자금의 투자기간이 점차 장기화되기 시작했다. MMF의 수탁고 역시 보름새에 3조원 가까이 감소하는 퇴조의 길을 걷게 된다. IMF를 겪으면서 고금리 비행을 계속했던 투자자들에게 있어 이제 한자리수 금리는 만족스럽지 못했던 것이다. 거기에 증시가 살아나면서 단기투자에 치중했던 뭉칫돈들이 주식시장으로 흘러 들어가기 시작하였다. '98년 10월까지 300선에 머물렀던 종합주가지수가 12월에는 거의 600선 목전까지 이르렀으니, 너나 할 것 없이 대박의 꿈을 품은 채 주식시장으로 투자자들이 몰리기 시작하였다.

### ■ 단기상품의 피난처 신종MMF

'99년 새해 출발은 그렇게 산뜻하지는 않았다. 640선까지 치솟던 주가가 급체를 한 것 마냥 2월 들어서는 500선까지 밀렸으며, 시중금리도 다시 상승세로 반전했기 때문이었다. 시장 불안으로 자금은 단기 부동화 현상을 보이고 MMF수탁고도 다시 급격하게 늘기 시작했다. 그러나 '99년 2월말이후 3월에 들어서는 주식시장이 재상승을 시도하고 금리가 다시 하락안정세로 돌아서게 되었다. 사상 초유라고 일컬어지는 금리하락은 단기상품의 수익률을 낮추었고, 단기상품 수익률에 만족하지 못하는 투자자들의 대량 환매에 대한 우려를 낳게 되었다. 당시 대부분의 단기상품은 수익을 맞추기 위해서 장기채권을 많이 편입한 상태였는데, 대량 환매가 몰릴 경우 펀드 내 운용자산과 펀드 만기와의 미스매칭에 의한 유동성 위기까지 염려되는 상황이었다. 이제 단기상품을 대체할 만한 상품을 만들어주지 않으면 안될 입장이었던 것이다. 결국 다시 한번 MMF에 손을 댈 수밖에 없었다. 즉, 단기상품에 대한 피난처로 MMF를 지목한 것이다. 그런 연유로 나온 상품이 신종MMF이다. 즉, '99년 3월 22일부터 발매되기 시작한 신종MMF란 금융감독원이 단기공사채형 수익증권에 집중되는 자금을 MMF 등으로 돌리기 위해 새로 만든 상품이었다. 이때까지 MMF수탁고는 전체 수익증권의 9%수준까지 낮추어진 상태였다.

신종MMF에서는 다시 환매수수료를 없애기로 하였다. 또한 만기 1년 이하인 채권만 편입하도록 돼 있는 뉴MMF와 달리 5년 이하의 국채 및 통안채에도 30%까지 투자할 수 있도록 하였다. 수익률이 높아질 수 있도록 한 것이다. 대신 신용등급 BBB-이상과 A3-의 신용등급을 받은 회사채와 기업어음(CP)만을 편입토록 해 안정성을 높여 놓았다. 신종MMF의 열기는 시판 열흘만에 15조원이 몰릴 만큼 대단한 바람을 불러 일으켰다.

특히 주식시장의 활황은 MMF를 주식시장으로 가기 위한 대기처로서의 역할을 톡톡히 해내고 있었다. 주식시장과 신종MMF의 약진은 기존 채권형 펀드의 감소를 가져왔고 이러한 영향으로 펀드 내 채권을 시장에 내놓게 됨에 따라 장기위주로 금리가 상승하기도 하였다. 그러나 더 큰 시장의 암운은 너무나 성큼성큼 다가오고 있었다. 주식시장의 활황으로 기지개를 펴고자 했던 투신권을 송두리째 다시 끝없는 나락으로 떨어뜨릴 수 있는 초A급 태풍이었다. 이름하여 대우사태였다. 대우사태 영향으로 공사채형펀드 위주로 자금이 급격하게 감소하기 시작했다. 5월말 210조원대였던 공사채형 수탁고(MMF제외)가 6월말에는 170조까지 감소했기 때문이었다. 금융감독원은 부랴부랴 MMF의 채권편입구조를 변경, 만기 2년짜리 통화안정증권도 편입할 수 있도록 하였다. 이 같은 조치는 투신상품에 시중자금이 몰리도록 유도하기 위한 것이었다. 그동안 통안채의 경우 만기 1년짜리만 편입을 허용해 왔었다. 그러나 초단기 상품에 만기가 더 긴 채권 편입을 허용함으로써 투신권의 구조적인 문제인 미스매칭을 더 조장할 수 있다는 우려도 팽배해졌다. 이러한 가운데 1999년 8월 12일 저녁 금융감독원에서 대우채 환매제한 조치가 내려졌다. 이제 화약고에 불을 붙인 꼴이 되고 말았다. 특히 신종MMF에 편입이 불가능한 투자부적격인 대우채권을 사들인 투신사들이 상당한 것으로 드러나 투자자들의 불만은 극에 달하게 되었다. 또 그동안 수익증권의 판매・운용과정에서 갖가지 편법과 탈법을 저질러 온 것으로 드러나 환매과정에서 해당회사와 투자자들 간 마찰이 빚어지기도 했다. 일부 투신사의 경우 MMF에 편입이 불가능한 무보증 대우 채권의 비중이 무려 60%에 달해 충격을 주기도 했으며, 수익증권환매가 금지된 기간 중에도 "언제든지 수익증권을 환매해 주겠다"는 "확인서"를 써주고 수익증권을 판매한 사실도 확인되었다.

기관 및 법인자금을 유치하기 위해 그동안 편입한 대우그룹 채권을 개인이 사들인 수익증권에 편법적으로 편입한 사례까지 발견되었다. 투신권에 대한 불신의 골이 극에 달한 것은 불을 보듯 뻔한 것이었다. MMF의 경우 자유롭게 입출금하기 위한 자금이었다는 점에서 문제의 심각성은 더욱 컸다 하겠다. 이때부터 각종 클린 상품이 선을 뵈기 시작하였다. 눈가리고 아웅 격이지만 일단 대우채가 들어가지 않은 상품을 클린 상품이라고 해서 각 사마다 경쟁적으로 상품을 내놓았다.

### ■ 채권 신용등급 강화한 클린MMF

어쩌면 MMF에 클린이라는 이름이 붙은 것은 대우사태와 직접적인 연결이 있다 하겠다. 우선 클린MMF는 채권신용등급에 대한 제한을 더욱 강화해 회사채의 신용등급을 A-이상으로 제한하였다. 또한 신탁재산 보수의 하한선이 없어짐에 따라 기존 1~1.3%선이었던 보수를 0.7~1%선으로 낮춤으로써 신종MMF보다 더 높은 수익을 제시할 수 있도록 하였다. 단, 클린MMF는 30일 이전에 환매할 경우 이익금의 70%를 환매수수료로 물도록 했다. 이제 MMF펀드에 신종MMF와 클린MMF라는 쌍두마차가 존재하게 된 것이다. 이후 MMF는 금감원의 MMF개선책으로 인해 이 상품에 편입 가능한 국고채의 만기한도는 5년에서 3년으로, 통안증권은 2년에서 1년으로 축소되기도 하였다.

### ■ 채권시가평가제와 MMF

투신권의 자금줄 역할을 근근히 해왔던 MMF는 2000년 7월 본격적으로 실시된 채권시가평가제하에서도 장부가로 평가받을 수 있다는 점에서 그 중요한 입지를 굳건히 해왔다. 특히 올해 들어 자금이 투신권으로 다시 환류되면서 가장 두드러지게 늘어난 것이 MMF였다. 시중금리의 지속적인 하락 때문이었다. 그러나 손바닥으로 하늘을 가릴 수는 없는 노릇이다. MMF를 장부가로 평가하면서 단서 하나를 달았는데, MMF의 장부가와 시가의 갭이 0.5% 이상 벌어지면 시가로 평가한다는 것이었다. 그런데 이는 MMF에 가입하는 고객이 전혀 시가를 알지 못하는 사이에 아닌 밤중에 홍두깨처럼 갑자기 시가 적용을 받음에 따라 손실이 발생할지도 모른다는 우려 때문이었다. 그러나 정작 문제는 누차 반복되어져 왔던 MMF관련 문제들이 아무런 개선 없이 이번에도 재현되었다는 점이다. 우선 돈부터 받고 보자는 운용사와 판매사들의 안이한 자세가 이번에도 반복되었던 것이었다. 현시점에 와서 '이것이 정답이다'라고 자신 있게 말할 수 있는 것은 없다. 그러나 초단기 상품이면 이에 맞는 운용상의 제한이라든가, 장부가와 괴리율의 공시라든가, 무리한 수익률 경쟁의 억제 등 다양한 대안들이 있었을 것이다. 지금까지 살펴본 봐와 같이, '96년 이후 최근까지 MMF의 족적을 따라가다 보면 우리나라 펀드시장의 족적과 만나게 됨을 알 수 있다. 그만큼 말도 많고 탈도 많은 상품이기 때문이라 생각된다. 중요한 것은 지금까지 겪은 시행착오를 다시 되풀이하지 않도록 하는 시장 참여자 모두의 신중한 노력이 필요하다 하겠다.

**집중투자의 문제점**

강초보 : 멋진 교수님!! 배용준, 이영애, 유재석의 공통점을 아세요? 지금은 사라진 L카드의 모델이었는데, 모르셨지요?

김교수 : 강초보 자네가 나에게 퀴즈를 내다니.. 격세지감이군. 하하하. 자네가 사라진 카드회사 이야기를 하니까, 펀드 시장 내 카드채 사태가 다시 생각나는 나네, 아무래도 난 직업병이 심한가 보네.

카드채 및 SK글로벌 사태는 2003년 투신시장을 태풍속으로 몰아넣었다. 카드채 사태의 원인은 투자기간이 지나치게 짧으면서도 무리하게 목표수익률을 제시받아 투자하는 행태를 꼽을 수 있을 것이다. 2003년 3월초까지 채권시장은 강세기조 속에서도 이라크전쟁, 북핵 등의 변수로 인해 중장기 시황을 낙관하기 어려운 상황이었다. 여기에 주식시장의 침체까지 맞물리면서 마땅히 투자처를 찾지 못한 유동자금들이 단기채권형 펀드와 장부가 MMF펀드로 급격히 몰렸다. 연초 이후 2월말까지 16조원이 몰리면서 2002년 말 22 대 78이었던 장기채권펀드와 단기채권형 및 MMF펀드 비율이 2월말에는 19대 81로 바뀌었다. 문제는 이렇게 투자된 자금의 상당 부분이 일정이율을 제시받아 운용되고 있다는 점이었다. 불투명한 시장상황 하에서 운용회사는 단기화된 자금을 금리입찰을 통해 받았으나 실제 운용하기는 쉽지 않은 게 현실이었다. 결국 잔존만기는 짧고 표면금리가 높은 채권 및 기업어음(CP)을 선호하게 만들었다. 이런 조건을 충족하는 채권 및 CP는 재무상태 등에 문제가 있는 기업이 발행한 것이 될 가능성이 매우 높다. 신용평가회사의 평가등급이 높아 표면상 문제가 없는 것처럼 보였음에도 이번에 문제가 된 SK글로벌 및 카드사의 채권, CP가 바로 이러한 유가증권들이다. "다행히도 우리는 SK글로벌 채권을 보유하고 있지 않았습니다. 하지만 그것은 운용능력이나 리서치 능력이 뛰어났기 때문이 아닙니다. SK글로벌 CP가 발행될 때마다 입찰에 참여했지만 단기자금을 많이 받아 여유가 있던 J사, H사 등이 대거 매집해 가는 바람에 물건을 살 수 없었던 것이 오히려 새옹지마가 된 것이지요." 모 투신사 사장의 자조 섞인 말에서 단기자금에 대한 무리한 운용이 이번 사건의 큰 빌미가 됐음을 알 수 있었다.

실제로 SK글로벌 사태가 나기 직전에 MMF 펀드를 중심으로 상당수 운용회사가 목표수익률에 부담을 느끼고 사실상 자금을 받지 않았다. 당시에 피해가 큰 것으로 나타난 운용사 대부분이 이 시점에 자금을 공격적으로 받았던 곳이었음은 두말할 나위도 없다. 또한 바로 투자자와 운용회사의 원칙 없는 투자라고 할 수 있다.

펀드투자에 있어 가장 핵심부분인 분산투자의 원칙을 지키지 않은 것이 대표적이다. 아이러니 하게도 이번 사건의 경우 개인투자자들보다는 법인투자자들의 피해가 훨씬 크게 나타난 것으로 알려지고 있다. 각종 운용규제에서 자유로운 사모단독펀드로 운용되다 보니 분산투자의 혜택을 누리지 못했던 것이다. 일반 개인투자자들이 주로 투자하는 공모펀드의 경우에는 '10%룰'이 있어서 동일기업이 발행한 유가증권에 대하여는 10% 이상 투자하지 못하도록 되어있다. 분산투자를 유도하기 위해서이다. 그러나 사모펀드의 경우에는 이러한 규정을 적용받지 않는다. 운용사들은 기관투자가들이 요구하는 높은 기대수익을 충족시켜주기 위해 사모펀드의 장점(?)을 십분 이용, SK글로벌이나 카드채와 같이 위험에 노출되어 있는 유가증권에 집중 투자했다는 것이다. 계란을 한 바구니에 담지 말라는 펀드의 가장 기본적인 투자원칙을 너무나 쉽게 망각한 것이다. (사모)단독펀드를 만드는 이유가 펀드의 만기구조를 맞추고 운용에 따른 운신의 폭과 효율성을 높여 수익률을 제고하기 위한 목적이지만 분산투자원칙을 무시하라는 의도는 아님을 새겨야 할 것이다.

### 펀드 이름 속에 펀드성격이 있다

강초보 : 멋진 교수님!! 펀드 이름은 어떤 특징이 있나요?
가끔 잘되는 펀드를 보면 작명소에 가서 펀드명을 짓는 것 같기도 하고 무슨 의미가 있나요?

김교수 : 작명소라... 역시 강초보 자네는 생각이 참신하네. 하하하하
펀드의 이름은 나름의 규칙이 있지, 그걸 알아볼까?.

펀드 이름을 짓는데도 일정한 규칙이 있다. 간단하지만 이 규칙을 이해하면 펀드를 처음 접하는 데 있어 훨씬 편안해질 것이다. 다음의 예시

된 펀드이름에 숨은 의미를 살펴보자.

| 한국투자 | 삼성그룹 | 적립식증권 | 투자신탁 | 2 | (주식) | (A) |
|---|---|---|---|---|---|---|
| ① | ② | ③ | ④ | ⑤ | ⑥ | ⑦ |

먼저 펀드명 맨 앞의 단어(①)는 펀드를 운용하는 운용회사를 의미한다. '한국투자운용'에서 운용하는 펀드라는 의미이다. 다음 ②는 펀드의 투자대상을 의미한다. 예시 펀드는 주요 투자대상이 삼성그룹주식이라는 의미이다. 투자대상을 사전에 확정한 펀드들은 대체로 펀드명에 반영하는 것이 일반적이나, 펀드명만 전적으로 믿어서는 안 된다. 펀드명에서 밝힌 것과 실제 투자종목을 보면 다른 경우도 많기 때문이다. ③은 펀드의 투자방법을 의미한다. 투자자들이 펀드에 투자하는 방법을 의미하나, 예시처럼 '적립식'이라고 해서 일시에 목돈을 넣지 못하는 것은 아니다. ④는 이 상품의 유형을 의미한다. 일반 투자자들로부터 투자자금을 모아 신탁재산을 만들어 그 재산을 특정한 유가증권에 투자, 운용하는 것을 의미한다. ⑤는 시리즈펀드를 의미한다. 동일한 운용스타일이나 전략을 가진 펀드를 여러 가지 이유, 예를 들어 판매회사를 달리하거나, 수수료를 달리하거나, 운용팀을 달리하거나, 또는 운용규모 등의 이유로 시리즈펀드를 만들게 되는 것이다.

⑥은 펀드의 투자자산군을 반영한 것이다. 일반적으로 '주식'은 약관상 주식편입비가 60% 이상인 펀드를 말한다. 채권혼합형은 '채권혼합', 채권형은 '채권', 인덱스형은 '파생상품', 부동산형은 '부동산', 펀드오브펀드는 '재간접' 이라는 단어를 사용한다. 한편, 자산군 뒤에 '자' 또는 '모' 라는 단어가 들어가는 경우도 있는데, 모자형펀드 중 자(子)펀드, 모(母) 펀드를 의미한다. ⑦은 클래스펀드를 의미한다. 예시된 펀드처럼 표기하거나, 'Class', 간단히 'C' 또는 '종류형'이라고 표기하기도 한다.

참고로 멀티클래스 펀드에 표기되는 알파벳의 의미는 다음과 같다.

Class A : 선취판매수수료 부과
Class B : 후취판매수수료 부과
Class C : 선취, 후취 판매수수료 없음
Class D : 선취, 후취 판매수수료 모두 부과
Class E : 인터넷 전용(일반적으로 A-e, C-e 등으로 같이 표기)
Class H : 장기주택마련저축

이처럼 펀드명을 살펴보면 펀드에 대한 매우 기본적인 정보들을 얻을 수 있다. 하지만 모든 펀드가 위에 예시한대로 표기하지는 않는다. 운용사, 투자대상, 투자방법 등을 명시하지 않거나, 알 수 없는 펀드들도 많이 있다. 또는 펀드명과 실제 운용전략에 상당한 차이가 있다는 점도 잊지 말아야 할 것이다.

### 장마철에는 우산이 필요하다

강초보 : 멋진 교수님!! 저는 펀드같은 실적배당상품의 투자에 대해 여전히 불안감을 가지고 있는 것 같아요. 특히 요즘 같은 상황에서 주식형 펀드에 투자하면 불안하고, 채권형에 투자하는 것이 더 좋을 것 같기도 하고, 또 채권형 보다는 주식형이 나은 것 같기도 하고..
장마철에 비 올 것을 예상하여 우산을 들고 다니듯 불안한 투자시장에 대해 우산 같은 가림막이 있었으면 좋겠네요!

김교수 : 음... 불안감이라.. 강초보 자네의 불안을 좀 줄일 수 있는 것을 살펴볼까? 우산을 이야기 하니 갑자기 떠오르는 펀드가 있네. 엄브렐라 펀드

엄브렐라펀드란 전환형 펀드의 일종으로, 우산살처럼 하나의 펀드 아래 성격이 서로 다른 여러 개의 하위펀드(sub-fund:子펀드)가 구성되어 있다는 뜻에서 이런 이름이 붙었다. 하위펀드 사이의 교환이 자유로워 마치 카멜레온이 몸 색깔을 바꾸는 것과 비슷하다 하여 '카멜레온형 펀드'라고도 한다. 펀드 간의 전환이 자유롭다는 점에서 같은 전환형 펀드라고 하더라도 목표 수익률을 올리면 바로 채권형으로 전환되는 터치형 펀드와는 다르다. 여러 개의 하위펀드를 구성해 시장 상황이나 테마에 따라 변신이 가능하기 때문에 투자자가 직접 펀드를 선택할 수 있는 것이 장점이다. 상품 구성은 MMF(Money Market Funds)・인덱스형・채권형・성장형・코스닥주식형・인덱스혼합형・성장형・안정형 등 다양하며, 이 가운데 3개・4개・5개 등 운용회사에 따라 구성이 다르다. 그러나 다른 펀드 상품과 마찬가지로 엄브렐라펀드에 가입하기 위해서는 다음과 같은 사항을 유의해야 한다. 첫째 주식시장이 과열을 보이고 있을

때는 원금도 찾지 못 할 수 있기 때문에 이때는 피하고, 주식시장이 저평가되어 있다고 판단될 때 가입하는 것이 좋다. 둘째 주식 투자 비율이 각각 다르므로 주식에 70% 이상 투자되는 성장형과 30% 미만에 투자되는 안정형 펀드 등을 구별해 가입하는 것이 좋다. 셋째 펀드 운용사가 제시하는 전환수익률을 확인하고, 환매 수수료와 같은 부대조건도 꼼꼼히 따져 보는 것이 좋다.

### 평균 매입비용을 줄이는 것도 투자의 정도다

강초보 : 멋진 교수님!! 최근 기름값이 너무 올라서 차를 갖고 다니기 부담되요. 기름값이 낮을 때 기름을 많이 사면 이득인거 같은데, 도대체 언제 기름값이 떨어지는지? 또 얼마나 더 오를지? 여러 가지 고민이 많아요. 좋은 방법이 없을까요?

김교수 : 강초보 자네와 마찬가지로 나도 기름값이 오르는 것이 부담이 되네. 그렇다고 차를 운전하지 않을 수도 없고. 이러한 상황은 펀드투자를 하기 전에도 많이 고민되는 상황이지. 주가가 계속 오르거나, 떨어지면 언제 투자하는 것이 좋을까 고민하는 것처럼 말이지. 이럴 때는 기름이든 펀드든 나누어 사는 것이 좋은 방법일수도 있다네!

무엇인가를 나눠서 산다는 것은 코스트 애버리징 효과를 누리기 위함이다. 코스트 애버리징(Cost Averaging) 효과란 주가가 높을 때는 주식을 적게 사고, 주가가 낮을 때는 많은 주식을 매수함으로써 주식의 평균 매입단가가 낮아지는 것으로, 평균 매입단가 인하효과라고 한다. 매월 일정 금액을 투자하는 적립식 펀드나 변액보험에서 이런 효과를 누릴 수 있는데 적립식 투자는 주식이나 채권처럼 가격의 변동 폭이 커 투자시점을 잡기 어려운 자산에 투자할 때 유용한 방법이다. 가격의 움직임이 클 때 잘못 투자하면 큰 손실을 볼 수 있기 때문에 투자시점을 분산시키는 것이다. 쉽게 예를 들어보자! 1월부터 4월까지 매월 주식형 펀드에 10만 원씩 투자한다고 가정하고 주가변동에 따라 매입단가가 어떻게 변하는지 살펴보겠다. 이 기간 주가는 2월에 1월 대비 50% 하락했다가 3월에 다시 1월 대비 50% 오르고 4월에 다시 1월의 주가로 되돌아오는 것으로 가정해보면 다음과 같다. 1월의 기준가격이 1,000원이라고 하면 펀드가 설정된 첫 달인 1월에는 10만 원의 투자자금으로 펀드 10만 좌를 매입하게 되는 것이다. 이때까지의 투자수익률은 0%이다. 2월에는 주가가 내려 펀드의 기준가격이 500원이 되었다. 2월에는 1월과 똑같이 10만 원을 투자해도 펀드 가격이 더 싸져 1월의 2배에 이르는 20만 좌를 사게 되는 것이다.

1월과 2월에 총 20만 원을 투자해 30만 좌를 매수하였으므로 평균 매입단가는 667원으로 내리게 된다. 하지만 펀드의 기준가격 500원은 내가 펀드를 산 평균매입단가 667원보다 낮기 때문에 이 시점에서 투자자는 25%의 손실을 보게 된다. 3월에는 주가가 다시 급격히 올라 기준가격이 1,500원이 됐다고 가정해보자. 펀드의 기준가격이 올라갔으므로 3월에 10만 원을 투자하면 6만 6,667좌밖에 사지 못하게 된다. 이 때문에 평균 매입단가는 818원으로 올라갔지만 펀드의 기준가격이 1,500원이므로 83.4%의 이익을 보게 된다. 하지만 4월에는 주가가 다시 내려 펀드 최초 가입 시점인 1월의 주가와 같은 수준이 되었다고 가정해 보자. 펀드 기준가격이 1,000원으로 다시 내려 10만 원을 투자해 10만 좌를 살 수 있게 된다. 평균 매입단가는 857원으로 내렸지만 펀드의 기준가격이 1,000원이므로 143원 정도 이익을 보게 되는 것이다. 결과적으로 주가가 가장 낮은 2월에는 10만 원으로 20만 좌를 샀지만 주가가 가장 높은 3월에는 10만 원으로 6만 6,667좌를 사는 등 주가가 등락을 거듭하면서 평균 매입단가는 857원으로 줄어들게 된다. 매입단가 이상의 가격 상승은 모두 이익이므로 기준가격이 1,000원으로 돌아온 4월에 총 16.69%의 수익을 올리게 된 셈이다. 하지만 만약 1월에 40만 원을 한꺼번에 투자했다면 수익률은 0%를 기록했을 것이다. 이처럼 적립식 투자는 투자지식이 부족한 투자자들이 부적절한 시기에 목돈을 한 번에 투자해 큰 손실을 보는 것을 방지하는 효과가 있다. 또한 일반적으로 투자자들이 주가가 오르면 상황을 낙관해 더 투자하고 주가가 내리면 지나치게 비관해 돈을 서둘러 빼면서 투자 성과가 안 좋아지는 것과 달리 시장의 움직임과 반대로 투자하며 수익률을 올릴 수 있다는 장점도 있다. 그러나 적립식 투자가 모든 경우에서 꼭 좋은 것만은 아니다. 주가가 등락을 거듭할 때에는 유리할 수 있지만, 꾸준히 상승하는 경우에는 거치식 펀드가 더 유리하기 때문이다. 주가가 계속해서 상승 추세를 보일 경우 기준가격은 계속해서 올라가고 매월 매입할 수 있는 좌수는 줄어들게 된다. 펀드 투자의 수익률을 결정하는 것은 평균 매입단가가 아니라 최종 환매시점의 주가 수준이라는 점을 주의해야 한다. 적립식 투자 역시 손실이 발생할 수 있고 펀드에 언제 가입하느냐 보다 언제 환매해 차익을 얼마만큼 실현할 것인지가 더 중요하기 때문이다.

### 누군가가 나에게 월급을 준다

강초보 : 멋진 교수님!! 저는 언제까지 직장생활을 할 수 있을지 고민됩니다. 회사를 그만두게 되면 월급도 없어지고, 그럼 생활비를 위해 창업을 해야 되는데, 저 같은 사람이 창업도 쉽지도 않고 어떻게 하면 좋을 까요?

김교수 : 강초보! 자네의 말에 동의하네. 퇴직 후 창업이 능사는 아니지. 특히 창업이라는 것이 퇴직금 등의 투자를 전제로 하게 되어 있으니까. 그래서 자네에게 정기적으로 생활비를 주는 누군가를 알려 주겠네.

퇴직이 현실로 다가오면서, 자산을 어떻게 모을까 보다는 어떻게 받을까 하는 자산관리에 관심이 모아지고 있다. 이러한 대안으로 최근 은퇴자들을 중심으로 관심을 받고 있는 월지급식 펀드에 대해서 살펴보자! 우선 간단히 월지급식 펀드와 연금 펀드에 대해서 비교해 보겠다. 두 상품의 가장 큰 차이점은 연금을 수령하는 시기와 투자액 납입 방법이다. 연금펀드는 일정한 나이가 지나야 연금을 받을 수 있다. 하지만 월지급식 펀드는 나이와 관계없이 가입 다음 달부터 분배금을 받을 수 있다. 연금펀드는 매월 일정액을 일정기간 납입하여 목돈을 만든 후에 연금을 받는 방식이다. 그러나 월지급식 펀드는 목돈을 넣어두고 매월 분배금을 받는 방식이다. 월지급식 펀드의 특징으로는, 목돈을 넣어두고 가입한 다음 달부터 투자금액의 일정 범위에서 정해진 지급률대로 매월 분배금을 수령한다는 것이다. 지급률은 원금기준으로 0.1%부터 최대 0.7% 사이에서 정할 수 있고 지급률 변경은 수시로 가능하다. 분배금을 받고 남는 자산을 투자하기 때문에 투자성과가 좋을 경우에는 남은 자산이 불어날 수 있으나, 노후를 위한 상품이므로 위험을 줄이기 위해서 펀드 자산을 보수적으로 운용하는 경우가 일반적이다.

월지급식 펀드도 가입 전에 반드시 검토할 내용이 있다. 첫째, 투자를 통한 수익을 분배금으로 받는 것이 아니라, 투자원금을 포함한 평가금액에서 정해진 지급률대로 분배금을 지급하고 남는 자산으로 투자하므로, 분배금 이상의 성과가 없으면 원금이 줄어들 수 있다. 둘째, 투자상품이기 때문에 손실이 발생할 가능성을 항상 염두해 두어야 한다. 셋째, 상품마다 차이가 있으나, 최소 가입금액이 5,000만원, 1억원 이상 등 다른 상품에 비해 투자금액이 크다는 특징이 있다. 넷째, 주식에 투자되는 부분은 수익에 대한 이자부담이 없으나, 채권처럼 이자가 발생하는 자산에 대해서는 이자소득세를 부담해야 하며, 1년 이내에 환매하는 경우 환매수수료가 있다는 점도 고려하여야 한다. 월지급식 펀드도 투자상품이기 때문에 아무리 안전하게 운영한다고 하더라도 원금손실의 우려는 있을 수 있다. 이러한 월지급식 펀드의 장점과 단점을 꼼꼼히 살펴본 후에 가입을 결정하는 것이 올바른 투자라 할 수 있다.

### 고속도로 통행료에 투자하세요

강초보 : 멋진 교수님!! 저는 고속도로를 이용하다 보면, 통행료가 비싸다고 느낄 때가 있습니다. 그런데 뒤집어 보면 도로 만들고, 통행료 받는 장사가 많이 남을 것 같네요. 하하하하~
같이 도로 만드실래요?

김교수 : 강초보와 동업이라.. 누굴 고생시키려고...
나 말고 자네의 생각에 같이 할 수 있는 인프라 펀드라고 하는 좋은 친구를 소개 시켜주겠네.

인프라 펀드는 사회간접자본(SOC) 건설사업에 대한 출자와 융자, 관련 채권매입 등을 담당하는 투융자회사로, 투자자들이 주주로 참여하는 뮤추얼펀드의 하나이다. 기업의 주식이나 채권에 투자하는, 일반 뮤추얼 펀드와 달리 SOC 사업만을 투자대상으로 삼기 때문에 '인프라펀드'로 불린다. SOC부문의 민간투자를 활성화하는 역할을 한다. 간단히 설명한다면 인프라펀드는 투자자로부터 모은 자금을 사회기반시설사업을 영위하는 사업체에 투자해 그 수익을 투자자에게 배분하는 펀드라고 할 수 있다. 선진국에서는 1930년대 처음으로 활용된 이후 정착단계에 들어섰고, 아시아지역의 경우 홍콩, 싱가포르 등에 많은 인프라펀드가 설치, 운영되고 있다. 국내에서는 1999년 설립된 '한국인프라 I 호 투융자회사'에 이어 '한국도로인프라 투융자회사' 한국인프라 II 호 투융자회사 등이 인프라펀드로 운영되고 있다. 과거에는 인프라펀드가 사모펀드로만 설립, 운용되어 기관 또는 거액투자자들만 투자가 가능했지만, 최근에는 소액투자자들도 공모 및 상장된 인프라 펀드에 직접투자가 가능하게 되었다.

### 수익만큼의 고위험 옵션투자

강초보 : 멋진 교수님!! 제가 자동차를 사려고 하는데, 옵션이 왜 이리 많은지? 어떤 옵션을 선택해야 되나요?

김교수 : 음.. 옵션이라.. 내가 자동차 옵션은 잘 모르고, 국내시장에의 옵션투자에 대해 이야기를 조금 해보지

국가적 행사인 G20 정상회의가 열린 2010년 11월 11일, 전 세계 국가정상이 강남 코엑스 회의장에서 세계경제의 미래를 논의하던 그 시간에 여의도 증권가에는 메가톤급 폭탄테러와 다름없는 대형 금융사건이 일어났다. 여의도 증권가에 도이치 뱅크가 1조 6,000억원 짜리 매도폭탄을 던져 증시를 패닉상태로 만든 것이다. 누구도 예상 못했던 이날 사건은 우리나라 파생상품시장의 취약성을 극명하게 드러낸데 이어 일반 투자자들 사이에서 옵션 대박 열풍을 불러 일으켰다. 이날은 바로 옵션(Option) 만기일인 11월 11일 마감 10분 전이었다. 외국인 투자자들이 프로그램 매매 형태로 대량의 차익거래 물량을 쏟아내면서 콜옵션(Call Option) 시장은 천당에서 지옥으로 바뀌었다. 특히 KOSPI지수는 도이치뱅크의 매도폭탄으로 시가총액 상위종목들이 일제히 급락하면서 53포인트나 하락하였고, 이로 인해 수많은 금융기관과 개인투자자들이 엄청난 손해를 입게 된 것이다. 이러한 옵션 만기일 쇼크로 국내 와이즈에셋 자산운용사에서 자사 펀드의 위험부담액을 초과하여 무리하게 투자를 운영함으로

써 18억 원의 차익을 얻으려고 했다가 오히려 890억 원의 손해를 본 사건이다. 당시 와이즈에셋 자산운용사는 행사가격 252.5에 풋옵션(Put Option) 18만 계약을 매도하고 동시에 행사가격 257.5에 콜옵션 7만 계약을 매도하여 총 25만 계약의 옵션 매도로 18억 원의 프리미엄을 옵션 매입자에게서 챙겼다. 하지만 장 마감 10분을 앞둔 동시호가 직전만해도 안정적으로 움직이던 지수가 도이치뱅크 런던법인에서 쏟아진 2조원대의 매수차익거래 청산매물로 인해 지수가 53포인트(2.99%) 하락했고, 지수가 수익구간을 벗어나면서 풋옵션 매도 손실이 불어나 18억을 벌려다가 890억 원을 손해를 보게 된 것이다. 와이즈에셋 자산운용사는 당시 자사 펀드의 위험부담액을 초과하여 무리하게 스트랭글(Strangle) 매도 전략을 구사하였다.

스트랭글 매도는 콜옵션과 풋옵션을 동시에 매도하는 옵션투자전략 중에서도 콜옵션과 풋옵션의 행사가격이 다른 경우를 말한다. 와이즈에셋 자산운용사는 KOSPI200지수가 콜옵션과 풋옵션 행사가격 밴드인 252.5~257.5 사이에만 끝나면 옵션 매입자로부터 약 18억 원의 프리미엄(계약 당 7천 200원)을 챙길 수 있는 구조를 가지고 있었다. 그러나 이날 장 마감 동시호가에 도이치뱅크가 2조원대의 주식을 내다 팔면서 주가지수가 급락하여 코스피 200지수는 247.51로 마감되었다. 이로 인하여 와이즈에셋 자산운용사는 콜옵션에서는 5억 원의 이익이 났지만, 풋옵션에서만 약 890억 원의 대규모 손실을 입게 된 것이다. 이 사태로 인하여 여의도 증권가는 일대 혼란에 빠지게 되었다.

2010. 11. 11 옵션쇼크 사태가 암시하는 점은 무엇일까? 그동안 우리나라 파생상품 시장이 세계 1위라는 외형적인 모습에 도취되어 있어 제도 보완에는 무관심 했던 결과라는 지적이 여기저기에서 제기되었다. 즉, 국내시장에서 외국인 투자비중을 무시할 수 없다는 지적이 나왔다. 프로그램 차익거래에서 외국인 투자비중은 2009년 10%에서 50% 안팎으로 상승하였고, 대차거래 시장에서의 외국인 투자비중도 91%를 넘어섰다. 이처럼 외국인은 기관투자가로 큰손이고 높은 시장점유율을 차지하고 있기 때문에 국내시장을 좌지우지 할 수 있기 때문인 것이다.

**주식거래 중단제도**

강초보 : 멋진 교수님!! 주식은 여러 가지 요인에 의하여 천당과 지옥을 오가네요! 또한 거래가 중단되기도 하네요! 주식은 신도 모른다는 말이 맞는 것 같아요!

김교수 : 그렇지! 주식은 금융시장의 꽃이기는 하지만, 알면 알수록 어렵다네! 이번에는 주식시장의 거래정지 제도에 대하여 알아볼까?

세계 신용평가회사의 하나인 S&P는 2011년 8월 5일에 미국의 신용등급을 AAA에서 AA+로 1단계 강등했다. 유럽의 경제위기로 인하여 국내 주식시장이 가뜩이나 어려운 가운데 이러한 또 하나의 악재로 인하여 2011년 우리나라 주식시장에서는 서킷브레이커(Circuit Breakers)와 사이드카(Side Car)가 수차례 발동되었다. 2011년 8월 8일 코스닥 시장에서는 전날 대비 코스닥지수가 10.02% 하락했고 이러한 상황이 1분 이상 지속됨에 따라 서킷브레이커가 발동하게 되었다. 뿐만 아니라, 유가증권시장에서도 KOSPI 200선물이 5% 이상 하락한 상태가 1분 이상 지속됨에 따라 사이드카가 발동되었다.

■ 주식거래 중단제도라고 불리는 '서킷브레이커'

이처럼 주식시장에서 주가가 급락하거나, 가파르게 상승할 경우 주식매매를 일시적으로 중단하는 제도를 서킷 브레이커라 한다. 또 다른 말로 '주식거래 중단제도'라고 불리는 이 제도는 주식 투자자들의 손실을 최소화하기 위해 1998년 12월부터 도입되었다. 서킷브레이커는 현물주식과 선물옵션의 거래 중단여부에 따라 현물 서킷브레이커와 선물 서킷 브레이커로 나누어진다. 이는 전일 대비 종합주가지수가 10% 이상 하락한 상태가 1분 이상 지속될 경우 1일 1회에 한해 발동한다. 서킷브레이커가 발동될 경우, 초기 20분은 모든 주식거래가 중단되게 되며, 이후 10분간은 호가를 접수하여 단일가로 매매하게 된다.

〈역대 국내 증시 서킷브레이커 발동사례〉

| 코스닥 시장 (2001년 10월 15일 도입) | | | 유가증권시장 (1998년 12월 7일 도입) | | |
|---|---|---|---|---|---|
| 회차 | 일자 | 주요원인 | 회차 | 일자 | 주요원인 |
| 1 | 2006. 1. 23 | 미국 증시 악화 및 테마주 급락 | 1 | 2000. 4. 17 | 미국 증시하락 |
| 2 | 2007. 8. 16 | 서브프라임 위기 확산 | 2 | 2000. 9. 18 | 미국 증시하락 및 유가급등 |
| 3 | 2008.10. 23 | 미국 등 글로벌 증시 동반 하락 | 3 | 2001. 9. 12 | 미국 9. 11테러 |
| 4 | 2008.10. 24 | 미국 금융위기에 따른 실물경기 침체우려 | | | |
| 5 | 2010. 8. 8 | 미국증시 급락 | | | |
| 6 | 2010. 8. 9 | 미국증시 영향으로 2일 연속 발동 | | | |

■ 프로그램 매매호가를 일시 정지하는 '사이드카'

사이드카는 프로그램 매매호가의 효력을 일시적으로 정지하는 제도로 선물시장이 급변하는데 따른 현물시장의 피해를 최소화하기 위해 마련된 제도이다. 사이드카는 서킷브레이커와 마찬가지로 1일 1회에 한해 발동될 수 있으며 전일종가 대비, 코스피가 5%, 코스닥 6% 이상 등락하는 상황이 1분 이상 지속될 때 발동된다. 사이드카가 발동될 경우, 주식시장의 프로그램 매매호가의 효력이 5분간 정지되며, 효력이 끝난 후에는 주문순서에 따라 다시 프로그램 매매가 이루어진다.

주) 역사 속의 펀드이야기는 KG제로인의 자료를 기초로 작성하였다.

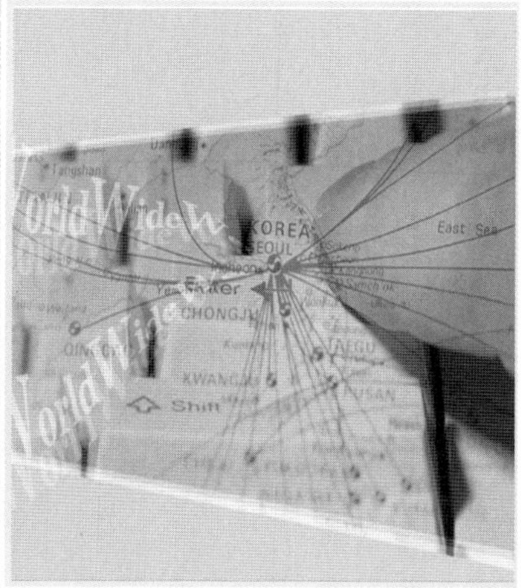

# 제Ⅱ편 펀드투자 실무 이해

제 1장 펀드투자와 관련된 법규의 이해
제 2장 펀드 구성 및 이해
제 3장 펀드영업실무
제 4장 펀드운용과 펀드평가
제 5장 파생상품펀드 법규
제 6장 파생상품펀드 영업
제 7장 파생상품펀드 투자
제 8장 부동산펀드 법규
제 9장 부동산펀드의 영업
제10장 부동산펀드 투자기법 및 포트폴리오
제11장 부동산펀드 투자

# 제1장
# 펀드투자와 관련된 법규의 이해



## 01 총설

### 1.1 투자펀드의 개념

투자펀드(Investment fund)는 다수의 투자자로부터 자금을 모아서 주식이나 채권 등의 자산에 투자하고, 그 수익을 투자지분에 따라 투자자에게 배분하는 집단적 · 간접적 투자제도를 의미한다. 2003년 간접투자자산운용업법(간접투자법)에서는 '간접투자기구'라는 용어를 사용하였으나 2009년 자본시장과 금융투자업에 관한 법률(자본시장법)이 시행되면서 '집합투자기구'라는 용어로 변경되었다.

### 1.2 투자펀드의 특징

펀드투자의 첫 번째 특징은 집단성과 간접성이다. 투자펀드에서는 자금제공자와 자금운용자가 분리되며, 자금은 집합되어 운용된다. 또한 자금운용과정에서 투자자는 소극적인 역할만 담당한다. 펀드투자의 두 번째 특징으로는 실적배당원칙과 투자자 평등의 원칙이 적용된다는 점이다. 투자펀드의 수익과 손실은 모두 펀드투자자에게 귀속되며, 펀드투자자는 펀드의 수익과 의결권 등에 있어 투자지분에 따라 동등한 권리를 갖는다. 펀드투자의 세 번째 특징은 펀드자산의 분리이다. 펀드자금은 펀드운용회사의 고유재산과 법적으로 엄격하게 분리되며, 이를 위해 투자신탁이나 투자회사제도 등이 이용된다.

## 1.3 투자펀드의 분류

### 1) 법적 형태에 따른 분류

투자펀드는 법적 형태에 따라 크게 회사형, 신탁형, 조합형으로 나뉜다. 종래 간접투자법(2003)에서는 공모펀드에 대해 주식회사 형태의 회사형 펀드(투자회사)와 신탁형펀드(투자신탁)만 인정하였으나, 자본시장법(2009)에서는 기존의 두 가지 외에 '유한회사', '합자회사', 상법상 익명조합, 민법상 조합의 형태로도 설정 · 설립이 가능하도록 하고 있다.

### 2) 운영구조에 따른 분류

투자자에게 '환매청구권'이 부여되는 지 여부를 기준으로 투자펀드를 분류하면 개방형과 폐쇄형으로 나눌 수 있다. 폐쇄형펀드는 환매할 수 없으며, 통상 최초공모방식으로 확정된 수량의 펀드지분을 발행한다. 폐쇄형펀드에서 펀드지분의 추가발행은 간헐적으로만 이루어진다. 공모 폐쇄형 펀드는 투자자의 투자자금 회수를 돕는 장치로써 최초로 발행한 날로부터 90일 이내에 상장하도록 규정하고 있다. 부동산펀드 등에 대해서는 폐쇄형펀드로만 만들도록 자본시장법에서 강제하고 있다.

### 3) 공모펀드 · 사모펀드, 내국펀드 · 외국펀드

공모펀드는 모집 또는 매출의 방식으로 투자자를 모은 경우로서 투자자가 50인 이상이어야 한다. 사모펀드는 사적으로 투자자를 모으는 경우로서 투자자의 수나 자격이 제한된다. 사모펀드의 경우 투자자는 49인 이하이다. 내국펀드란 우리나라 법률에 따라 만들어진 펀드를 말하며, 외국펀드는 외국의 법률에 따라 만들어진 펀드를 말한다. 외국펀드에는 원칙적으로 외국법이 적용된다, 다만 외국펀드를 내국인에게 판매하는 경우 국내법이 적용된다.

### 1.4 투자펀드에 대한 규제체계

#### 1) 투자펀드에 대한 규제 법률

우리나라에서 펀드투자에 관하여 규율하기 시작한 최초의 법률은 1969년에 제정된 증권투자신탁업법이다. 이후 이와 별도로 증권투자회사법이 제정(1998년)되었다가 양자가 통합된 것이 2003년의 간접투자법이다. 2007년에는 자본시장법이 제정되어 종래 간접투자법의 내용을 포괄하게 되었으며 현재 투자펀드에 대한 규제 법률로는 2009년부터 시행된 자본시장법과 종래 간접투자법 시절부터 부동산, 선박 투자 등에 대해 적용되어 오던 부동산투자회사법, 선박투자회사법 등이 있다 하겠다. 자본시장법 제5편은 펀드의 설립, 지배구조, 지분(집합투자증권) 발행, 환매, 집합투자재산의 보관 및 관리 등 펀드 자체에 관한 사항과 펀드 관계회사에 관한 사항에 대해 규정하고 있으며, 동법 제2편에는 집합투자업자의 펀드운용에 관한 행위 규제, 펀드판매와 관련한 행위규제를 다루고 있다. 집합투자증권을 공모로 발행하는 경우에는 제3편(증권의 발행 및 유통) 제1장(증권신고서)의 규율을 받게 된다.

#### 2) 투자펀드에 관한 공적 규제기관

투자펀드에 관한 공적 규제는 '금융위원회'가 담당하며, 그 집행은 '금융감독원'이 한다. 한국금융투자협회는 회원사인 집합투자업자 등에 대해 투자자보호 차원에서 자율규제를 실시한다. 특히 '펀드광고', '자격증시험' 등과 관련한 중요한 역할을 수행한다.

## 02 집합투자기구

### 2.1 집합투자

#### 1) 집합투자의 개념

'집합투자'란 무엇인가? 집합투자를 개념요소별로 정리해보면, ① 2인 이상의 자에게 투자'권유', ② 투자자로부터 모은 금전 등을 집합하여 운용할 것, ③ 투자자로부터 일상적인 운용지시를 받지 않을 것, ④ 재산적 가치가 있는 투자대상자산을 취득, 처분 그 밖의 방법으로 운용할 것, ⑤ 운용결과의 투자자에의 귀속으로 나누어 볼 수 있다. 집합투자는 반드시 2인 이상이 투자할 것을 요하지 않으며 2인 이상에게 투자 권유하는 것으로 족하다. 집합투자기구는 운용에 대하여 투자자로부터 일상적인 지시를 받지 아니하며, 투자자는 집합투자자총회를 통한 간접적인 관여만 허용된다.

자본시장법상의 '집합투자'에서 제외되는 경우로는 ① 부동산투자회사법, 선박투자회사법, 산업발전법, 여신전문금융업법 등의 특별법에 따라 사모방식으로 금전 등을 모아 운용·배분하는 경우, ② 자산유동화법상의 자산유동화증권(ABS), ③ 종금사 어음관리계좌(CMA), 지주회사, 투자자로부터 모은 금전 등을 투자자 전원의 합의에 따라 운용·배분하는 경우, ④ 신탁재산의 효율적 운용을 위해 금전을 공동 운용하는 경우를 들 수 있다.

## 2.2 집합투자기구의 개념, 구조, 기관 및 종류

### 1) 집합투자기구의 개념

집합투자기구란 집합투자를 수행하기 위한 기구를 말한다. 현행법상 인정되는 집합투자기구로는 ① 투자신탁, ② 투자회사, ③ 투자유한회사, ④ 투자합자회사, ⑤ 투자조합, ⑥ 투자익명조합과 ⑦ 사모투자전문회사가 있다.

### 2) 투자신탁과 투자회사의 구조

표 1-1 투자신탁과 투자회사의 구조

| 구분 | 투자신탁 | 투자회사 |
|---|---|---|
| 주요업무 | 집합투자업자는 투자신탁의 설정, 해지, 투자신탁재산 투자운용, 수익증권 발행을 한다. | 투자회사는 서류상으로만 존재하는 회사로서 ① 투자업무 외의 업무를 할 수 없으며, ② 본점 외의 영업소를 둘 수 없고, ③ 직원을 고용하거나 상근임원을 둘 수 없다. ④ 투자회사는 외부 전문가에 업무위탁을 통해 운영된다. 자산운용은 집합투자업자, 자산보관은 신탁업자가, 주식의 판매 및 환매는 투자매매업자, 투자중개업자가 담당하며 기타업무는 일반사무관리회사가 대행한다. |

| 구분 | 투자신탁 | 투자회사 |
|---|---|---|
| 신탁업무 | 신탁업자는 투자신탁 재산의 보관·관리, 집합투자업자의 운용지시에 따른 자산의 취득 및 처분, 환매대금 및 이익금의 지급을 담당한다. | 신탁회사는 투자회사의 재산보관, 법령(자본시장법)에 따른 집합투자업자에 대한 감시의무를 부담한다. |
| 수익자 (투자자) | 수익자는 신탁원본의 상환 및 이익분배에 대한 투자지분에 균등한 권리를 가지며, 언제든지 수익증권의 환매청구가 가능하다 | 투자자는 투자회사가 발행하는 주식을 취득함으로써 투자회사의 주주가 된다. |

### 3) 기관

집합투자기구의 기관은 법적 형태에 따라 다른데, 투자신탁의 기관은 수익자 총회이며, 투자회사는 이사(법인이사, 감독이사)와 이사회가 있다. 투자회사의 이사회는 자본시장법과 정관에 정한 사항에 한해 의결한다. 자본시장법에서 이사회의 의결사항으로 규정한 것은 ① 집합투자업자 등과의 업무위탁계약의 체결, ② 자산의 운용 또는 보관 등에 따르는 보수의 지급, ③ 금전의 분배 및 주식의 배당에 관한 사항, ④ 그 밖에 투자회사의 운영상 중요하다고 정관이 정하는 사항이다. 법인이사는 3개월마다 1회 이상 업무집행상황 및 자산운용내역을 이사회에 보고해야 한다. 주주총회는 자본시장법, 상법 및 정관에 정한 사항에 한해 의결한다. 자본시장법에서는 ① 합병, ② 환매연기, ③ 정관 중요사항의 변경을 주총 결의사항으로 정하고 있다.

표 1-2 투자신탁의 수익자 총회

| 구분 | 주 요 내 용 |
|---|---|
| 구성 | 전체 수익자로 구성한다. |
| 권한 | 자본시장법 또는 신탁계약에 정한 사항에 한하여 의결한다. 수익자총회 의결사항은 합병, 환매연기, 신탁계약의 중요내용 변경이다. 집합투자업자 변경은 수익자 총회의 의결사항으로 규정되어 있지 않다. |
| 소집 | 집합투자업자가 소집하되, 신탁업자 및 5% 이상 보유수익자도 집합투자업자에 대해 총회 소집을 요구할 수 있다 |

| 구분 | 주 요 내 용 |
|---|---|
| 결의 | 발행된 수익증권 총좌수의 과반수출석으로 성립하여, 출석 수익자 의결권의 3분의 2 이상과 발행된 수익증권 총좌수의 3분의 1 이상의 찬성으로 의결하며, 서면으로도 가능하다. 신탁계약으로 정한 수익자총회 의결사항의 경우 출석 수익자 의결권 과반수와 발행 수익증권 총좌수의 4분의 1이상의 수로 의결한다. |
| 연기수익자총회 | 수익자들의 무관심으로 수익자 총회가 성립하지 않을 경우 수익자 총회의 성립을 확보하는 방법이다. 수익자총회 예정시각 1시간 경과 시에도 회의가 성립되지 않을 경우 그날로 2주 이내에 연기수익자총회를 소집하며, 연기수익자총회 예정시각 1시간 경과 시에도 회의가 성립하지 않은 경우에 출석 수익자 총좌수로써 총회가 성립된 것으로 간주하여 출석한 수익자의 3분의 2 이상으로 의결할 수 있다. 신탁계약으로 정한 수익자총회 의결사항의 경우 출석한 수익자 의결권의 과반수로 의결할 수 있다. |
| 반대수익자의 수익증권 매수청구권 | ① 매수청구권이 인정되는 경우는 투자신탁계약 변경 및 투자신탁 합병결의에 한정된다.<br>② 환매와 동일한 방법으로 매수한다.<br>③ 매수청구기간 종료일의 다음날의 기준가격으로 매수한다.<br>④ 매수청구한 수익자에 대하여 매수수수료, 기타비용을 부담시킬 수 없다. |

표 1-3 투자회사의 감독이사

| 구분 | 주 요 내 용 |
|---|---|
| 업무 | 집합투자업자의 업무집행을 감독하고 투자회사 업무 및 재산상황을 감독하는 이사이다. 2인 이상이어야 한다. |
| 감독이사가 될 수 없는 자 | 독립적인 감독업무 수행을 위해 집합투자업자 등과 일정한 관계에 있는 자는 감독이사가 될 수 없다.<br>① 금융투자업자의 임원결격사유 해당자<br>② 해당 투자회사의 발기인(최초 감독이사 선임 시)<br>③ 투자회사의 대주주 및 그 특수관계인<br>④ 법인이사의 특수관계인 또는 법인이사로부터 계속적으로 보수를 지급받고 있는 자<br>⑤ 관련 투자 판매업자 또는 투자중개업자의 특수관계인<br>⑥ 관련 일반사무관리회사, 펀드평가회사, 채권평가회사, 투자매매업자 및 투자중개업자의 임직원 및 회계감사인(법인의 경우 소속 공인회계사) |

# 03 집합투자증권의 발행, 판매, 환매

## 3.1 집합투자증권의 발행

### 1) 발행절차

#### (1) 투자신탁 수익증권

신탁업자의 확인을 받아 집합투자업자가 발행(무액면, 기명식)하며, 발행가액의 납입은 원칙적으로 금전으로 해야 하나 사모투자신탁으로서 다른 수익자 전원의 동의를 얻은 경우에 한해 증권, 부동산 또는 실물자산으로 납입이 가능하다. 수익증권의 발행은 실물증권 발행에 따르는 문제점들을 제거하기 위해 한국예탁결제원 명의로 일괄예탁방식으로 발행한다.

#### (2) 투자회사의 주권

투자회사의 이사회가 결정하여 투자회사가 발행(무액면, 기명식), 발행가액은 기준가격에 기초하며, 투자회사는 수종의 주식, 상환주식, 전환주식으로 발행할 수 없고 오로지 '보통주'로만 발행하여야 한다.

### 2) 집합투자증권의 공모발행

자본시장법은 집합투자증권의 공모발행도 일반 사업법인의 증권발행과 동일하게 공모규제를 적용(증권신고서, 투자설명서)받도록 하고, 특성을 감안하여 일정부분 특례를 부여하고 있다.

① 증권신고서의 효력발생기간은 개방형, 폐쇄형 모두 원칙적으로 15일이며, 정정신고서의 효력발생기간은 원칙적으로 3일이다. 개방형집합투자기구는 증권신고서 제출관련 특례를 두어 일괄신고서를 제출할 수 있다. 즉, 최초 공모 시에만 증권신고서를 제출하고 이후에는 별도의 신고서를 추가로 제출하지 않아도 집합투자증권을 계속 발행할 수 있다.

② 투자설명서는 법정 투자권유문서이다. 따라서 증권을 공모함에 있어 청약의 권유를 하고자 하는 경우에는 반드시 투자설명서에 의하여야 한다. 투자설명서의 종류에는 (정식)투자설명서, 예비투자설명서, 간이투자설명서

가 있다. 증권신고의 효력이 발생한 집합투자증권을 취득하고자 하는 자에게는 반드시 (정식)투자설명서를 교부해야 한다. 요건이 충족되면 전자문서의 방법으로도 교부할 수 있다. 다만, 전문투자자, 모집매출기준인 50인 산정대상에서 제외된 자(=회계법인, 신용평가회사, 발행인에게 용역을 제공하고 있는 법무법인 등 전문자격자, 발행인의 사업을 잘 아는 연고자 등) 및 투자설명서를 받기를 거부한다는 의사를 서면으로 표시한 자에 대해서는 교부하지 않아도 된다.

## 3.2 집합투자증권의 투자권유

### 1) 설명의무와 적합성의 원칙

#### (1) 적합성의 원칙

펀드를 판매하려는 자는 투자자가 일반투자자일 경우에 투자자의 특성을 파악(서명, 날인, 녹취, 전자우편, 우편, ARS의 방식)하여 투자목적, 재산상황 및 투자경험 등에 비추어 그 투자자에게 적합하지 않다고 인정되는 투자권유를 하여서는 안 된다. 따라서 투자자의 특성을 확인받아 이를 유지관리해야 하며, 확인받은 내용을 투자자에게 지체 없이 제공하여야 한다. 적합성의 원칙은 일반투자자에게만 적용되고 전문투자자에게는 적용되지 않는다. 따라서 일반투자자인지 전문투자자인지 확인을 먼저 해야 한다. 단, 전문투자자가 일반투자자와 동일한 대우를 받겠다는 의사를 서면으로 통지하면 일반투자자로서의 보호를 받을 수 있다.

#### (2) 적정성의 원칙

'파생상품'을 판매하려는 경우, 해당 파생상품 등이 해당 일반투자자에게 적정하지 않다고 판단되는 경우에는 그 사실을 알리고 서명 등의 방법으로 확인을 받아야 한다.

#### (3) 설명의무

투자증권의 내용과 위험, 기타 중요한 사항(집합투자증권의 투자성에 관한 구조와 성격, 수수료에 관한 사항, 계약 해제·해지에 관한 사항, 조기상환조건)에 대해 투자자가 이해할 수 있도록 설명하고 '서명 등의 방법'으로 확인을 받아야 한다.

표 1-4 전문투자자

| 구분 | 전문투자자의 종류 |
| --- | --- |
| 구분 | ① 지방자치단체<br>② 한국은행<br>③ 금융기관(다만 산림조합, 신협, 새마을금고 등은 중앙회, 연합회만)<br>④ 주권상장법인<br>⑤ 해외증권시장에 상장된 주권을 발행한 국내법인<br>⑥ 공사, 연기금, 공제회<br>⑦ 금융투자상품잔고가 100억원 이상인 일반법인<br>⑧ 금융투자상품잔고가 50억원 이상 인 개인<br>⑨ 외국정부 및 외국중앙은행, 국제기구<br>⑩ ①~⑧에 준하는 외국인 전문투자자중 일정한 자 |

### 2) 부당권유의 금지

금융투자업자는 법이 정하는 일정한 행위유형의 부당권유를 하여서는 안된다. 부당권유로 금지되는 행위유형은 다음과 같다. ① 거짓의 내용을 알리는 행위, ② 불확실한 사항에 대해 단정적인 판단을 하거나 오인의 소지가 있는 내용을 알리는 행위, ③ 장외파생상품의 경우 방문, 대화 등 실시간 대화방법을 이용한 불초청권유, ④ 명백한 거부의사에 반하여 계속하여 투자를 권유하는 행위(다만, '투자성있는 보험계약', '1개월이 경과'한 경우, '다른 종류의 금융투자상품'에 대해서는 예외로 한다), ⑤ 거래관계 없이 금전대여 등을 조건으로 투자권유를 하는 행위는 부당한 권유에 해당하여 금지된다.

### 3) 투자권유준칙

금융투자업자는 투자권유준칙을 마련하여 홈페이지 등을 통해 공시해야 한다. 파생상품 등에 대하여는 투자자 등급별로 차등화된 투자준칙을 마련해야 한다. 금융투자협회는 '표준투자준칙'을 제정할 수 있다.

### 4) 불건전영업행위 금지

자본시장법은 투자매매업자 또는 투자중개업자가 해서는 안 될 불건전 영업행위 유형을 열거하고 있다. 자본시장법에 의하면, ① 일반투자자에게 빈번하거나 과도하게 투자를 권유하는 행위, ② 집합투자판매와 관련하여 투자자에게 한도를 초과하여 재산상 이익을 제공하거나 제공받는 행위, ③ '무자격자'에 의한 투자권유행위, ④ 투자자의 위법행위에 대하여 은폐하거나 방조하는 행위, ⑤ 투자자로부터의 집합투자증권을 매수하는 행위, ⑥ 일반투자자를 상대로 한 차별적인 판매촉진 노력(다만, 투자자의 이익에 부합하는 합리적 근거 있을 때는 예외이다.), ⑦ 판매대가로 집합투자업자를 상대로 매매주문을 강요하는 행위, ⑧ 판매대가로 부당한 매매수수료를 요구하는 행위, ⑨ 투자자를 상대로 수익률을 보장하는 행위, ⑩ 손실보전, 이익보장행위(다만, 사적 화해, 손해배상, 분쟁조정 또는 재판상 화해수준으로서 사전에 준법감시인에게 보고한 경우는 예외이다)는 불건전 영업행위로서 금지된다.

### 5) 투자권유대행인

투자권유대행인은 금융투자회사로부터 위탁을 받아 금융투자상품(파생상품은 제외) 판매의 중개업무를 하는 자를 말한다. 투자권유대행인은 투자상담사 또는 투자운용인력시험 등에 의한 자격증을 보유한 자이어야 한다. 해당 금융투자회사는 투자권유대행인으로 하여금 투자권유를 하게 하려면 '금융투자협회'에 투자권유대행인으로 등록해야 한다.

펀드는 은행, 증권회사, 보험회사를 통하여 가입할 수 있다.
사진은 한투증권과 농협, IBK기업은행, SC제일은행

## 3.3 집합투자증권의 광고, 판매보수 및 수수료

### 1) 광고

자본시장법은 광고 규제와 관련하여 다음과 같이 상세한 규정을 두고 있다.

**(1) 광고에 반드시 포함시켜야 할 사항**

① 집합투자증권 취득 전에 투자설명서를 읽어볼 것을 권고하는 내용
② 투자원금 손실가능성 및 손실의 투자자 귀속사실
③ 과거의 운용실적이 미래수익률을 보장하지 않는다는 사실

**(2) 광고에 포함시킬 수 있는 사항**

① 집합투자업자와 보수
② 해당 펀드의 투자운용인력
③ 과거운용실적
④ 환매사항
⑤ 펀드평가회사의 평가결과 등

**(3) 광고 시 준수사항**

① 수익률이나 운용실적을 표시하는 경우 좋은 기간의 것만을 표시하지 말 것
② 비교광고 시 명확한 근거없이 다른 펀드를 열등하거나 불리한 것으로 표시하지 말 것
③ 준법감시인의 사전 확인을 받을 것
④ 광고계획서 및 광고안에 대하여 금융투자협회의 심사를 받을 것
⑤ 광고와 관련한 내부통제기준을 수립하여 운영할 것
⑥ 광고문에 금융투자협회 심사필과 준법감시인의 심사필을 받을 것
⑦ 금융투자업자의 경영실태 평가 결과와 영업용순자본비율 등을 다른 금융투자업자의 그것과 비교하는 방법으로 광고하지 말 것 등

### 2) 판매보수 및 판매수수료

투자매매업자 등은 집합투자증권 판매와 관련하여 판매보수 및 판매수수료를 받을 수 있는데 이들은 각각 징구근거가 다르기 때문에 두 가지를 모두 받을 수도 있고 어느 하나만 받을 수도 있다. 여기서 '판매보수'는 판매한 업자가

투자자에게 지속적으로 제공하는 용역의 대가이며, '판매수수료'는 집합투자증권을 판매하는 행위에 대한 대가를 의미한다. 판매보수와 판매수수료에 대해서 자본시장법은 상한을 정하고 있으나 상한에 관한 규정은 공모펀드에만 적용될 뿐, 사모펀드에는 적용되지 않는다. 판매보수는 집합투자재산의 연평균가액의 100분의 1을 초과하여 받을 수 없다. 판매수수료는 판매시점의 선취판매수수료와 환매시점의 후취판매수수료로 나눌 수 있는데 판매수수료는 집합투자규약에서 정하는 바에 따라 판매방법, 판매금액, 투자매매업자 또는 투자중개업자, 투자기간 등을 기준으로 차등하여 받을 수 있다. 다만, 판매수수료는 납입금액 또는 환매금액의 100분의 2를 초과하여 받을 수 없다

## 3.4 집합투자증권의 환매

### 1) 환매

환매란 개방형펀드를 매입한 투자자가 펀드의 순자산대로 자신의 투자지분을 전부 또는 일부 회수하는 제도이다. 폐쇄형펀드의 경우 집합투자증권이 시장에 상장되므로 투자자는 시장에서의 거래를 통해 투자자금을 회수할 수 있을 뿐, 환매는 허용되지 않는다.

### 2) 환매방법

원칙적으로 금전으로만 환매대금을 지급해야 하나, 예외적으로 당해 투자자 전원의 동의가 있는 경우 집합투자 재산으로 지급할 수 있다. 해당 펀드를 판매한 업자와 집합투자업자 및 신탁업자는 환매 요구받은 집합투자증권을 자기의 계산으로 취득하거나 타인으로 취득하게 해서는 안 된다. 다만, 예외적으로 ① MMF를 판매한 업자가 MMF 판매금액의 5% 금액과 100억원 중 큰 금액의 범위내에서 기준가격으로 매입하는 경우, ② MMF 이외의 증권을 판매한 업자가 규약에서 정한 환매가격으로 불가피하게 매수하는 경우는 취득이 가능하다. 환매기간은 15일을 넘지 않는 범위 내에서 규약으로 정할 수 있다. 다만 ① 집합투자기구 자산총액의 10%를 초과하여 '시장성 없는 자산'에 투자하는 경우, ② 집합투자기구 자산총액의 50%를 초과하여 외화자산에 투자하는 경우는 환매기간을 15일을 초과하여 정할 수 있다.

#### 3) 환매연기

환매연기란 순자산가치를 산정하기 곤란한 사유 등의 사유가 발생하여 일정기간 환매를 중단하는 것을 말한다. 환매연기사유로는 ① 집합투자재산의 처분이 불가능하여 사실상 환매에 응할 수 없는 경우, ② 투자자간의 형평을 해칠 염려가 있는 경우, ③ 환매를 청구받거나 환매에 응할 것을 요구받은 판매한 업자나 집합투자업자, 신탁업자, 투자회사 등이 해산등으로 인하여 환매를 할 수 없는 경우, ④ 그 밖에 금융위원회가 인정하는 경우가 있다. 환매연기를 하려면, ① '집합투자업자 등에 환매연기결정', ② '6주 이내 집합투자자 총회에서 의결', ③ '투자자에 통지'의 절차를 거쳐야 한다.

### 3.5 집합투자증권의 거래가격

#### 1) 순자산 가치, 미래가격

**(1) 순자산가치(기준가격)에 의해 거래**

집합투자증권의 판매와 환매는 집합투자재산의 순자산가치(기준가격)로 하여야 한다. 순자산가치(기준가격)는 자산총액에서 부채총액을 뺀 값을 집합투자증권발행총수로 나누어서 계산한다. 집합투자증권을 순자산가치에 비해 할증 또는 할인하여 판매하거나 환매할 수 없다.

**(2) 미래가격에 의한 거래**

자본시장법은 투자자로부터 집합투자증권의 매수 또는 환매청구를 받은 이후에 최초로 산정된 순자산가치로 판매 및 환매가격을 정하도록 규정하고 있다.

#### 2) 판매가격

투자자가 집합투자증권의 취득을 위하여 금전을 납입한 후 최초로 산정되는 기준가격으로 판매하여야 한다. 다만 MMF를 매수하는 경우는 자본시장법 시행령으로 정한 경우에 예외적으로 금전 등의 납부일에 공고되는 기준가격으로 한다.

#### 3) 환매가격

환매가격은 환매청구일 이후에 산출되는 기준가격으로 한다. 즉, 환매청구일로부터 기산하여 2영업일 이후에 공고되는 기준가격으로 해야 한다. MMF의 경우에는 규약으로 정한 경우에는 환매청구일에 공고되는 기준가격으로 할 수 있다.

#### 4) 장 마감 후 거래(late trading) 규제

'장 마감 후 거래'란 투자설명서에서 정하고 있는 펀드지분의 판매 및 환매 주문 접수 종료시점 이후에 접수된 주문에 대하여 종료시점 이전에 접수된 주문처럼 거래가격을 적용하는 불법적인 거래를 말하는데, 자본시장법은 장 마감 후 거래에 대해 '기준시점 이전에 매입 또는 환매를 청구한 투자자에게 적용되는 기준가격 다음에 산출되는 기준가격'을 적용한다고 규정하고 있다.

## 04 집합투자업자의 영업행위 규칙

### 4.1 신의성실의 의무 및 선량한 관리자의 주의 의무

(1) 자본시장법 제37조는 금융투자업자에 공통으로 적용되는 신의성실의무를 규정하고 있다. 따라서 금융투자업자는 신의성실원칙에 따라 공정하게 금융투자업무를 영위하여야 하며, 금융투자업을 영위함에 있어 정당한 사유 없이 투자자의 이익을 해하거나 자기가 이익을 얻거나 제3자가 이익을 얻도록 하여서는 아니 된다.

(2) 자본시장법 제79조는 집합투자업자에 적용되는 선량한 관리자의 주의의무(선관의무)를 규정한다. 따라서 집합투자업자는 투자자에 대하여 선량한 관리자의 주의로서 집합투자재산을 관리하여야 하며, 투자자의 이익을 보호하기 위하여 해당업무를 충실하게 수행해야 한다.

### 4.2 자산운용의 지시 및 실행

#### 1) 운용대상자산

종래 간접투자법은 투자대상자산을 명시적으로 열거하여 규정하였으나 자본시장법에서는 투자대상자산을 한정하지 않고 '재산적 가치가 있는 모든 자산'으로 규정하고 있다. 따라서 현행법상으로는 펀드의 운용대상은 재산적 가치가 있는 자산이면 모두 투자할 수 있게 되었다. 다만, MMF에 대해서는 그 특성상 운용대상자산에 대해 일정한 규제가 따른다.

### 4.3 자산운용의 제한

자본시장법은 투자자 보호 및 집합투자재산의 안정적 운용을 위해 집합투자업자의 집합투자재산 운용에 대해 일정한 규제를 하고 있다.

#### 1) 증권

**(1) 동일종목 투자제한**

각각의 집합투자기구는 동일종목증권에 자산총액의 10%를 초과하여 투자하지 못한다. 다만, 리스크가 거의 없거나 적은 증권에 대해서는 그 제한을 대폭 완화하고 있다. 예컨대, 국고채권, 통화안정증권, 정부 원리금보증채권 등은 100%까지, 지방채, 특수채, 파생결합증권, OECD 회원국 국채 등은 30%까지, 시가총액 비중이 10%를 넘는 지분증권에 대해서는 그 시가총액 비중까지 투자가 가능하다.

**(2) 동일법인 발행 지분증권 투자제한**

각각의 집합투자기구는 그 자산총액으로 동일법인이 발행한 지분증권총수의 10% 그리고 집합투자업자가 운용중인 모든 집합투자기구 자산총액으로 '동일법인이 발행한 지분증권'의 20%를 초과하여 투자하지 못한다. 이는 펀드자산으로 특정회사의 지분증권을 과다 취득할 경우 당해 회사를 지배하게 되는 점 그리고 특정회사 지분증권 집중투자에 따른 리스크 증가 등을 방지하기 위한 것이다. 동일법인 발행 지분증권 투자제한 규정은 공모펀드에만 적용될 뿐, 사모펀드에는 적용되지 않는다.

#### 2) 파생상품

**(1) '장외'파생상품 거래상대방 제한**

일정한 적격요건을 갖추지 못한 자와 장외파생상품을 거래할 수 없다. 장외

파생상품의 위험성을 고려하여 투자자 보호를 위한 규정이다.

**(2) 파생상품 매매에 따른 위험평가액 제한**

위험평가액이 순자산총액(자산총액에서 부채총액을 뺀 가액)의 100%를 초과하여 파생상품에 투자하지 못한다.

**(3) 동일증권을 기초자산으로 한 파생상품투자에 따른 위험평가액을 10%로 제한한다.**

**(4) 장외파생상품 거래상대방 위험평가액을 10%로 제한한다.**

### 3) 부동산

국내소재 부동산을 취득한 경우 취득일로부터 3년 이내에는 처분하지 못한다. 다만, 펀드의 합병, 해산의 경우에는 예외가 인정된다. 공작물이 없는 토지를 취득한 후 개발사업 시행 전에 처분하지 못한다. 다만, 펀드의 합병, 관련법령 개정으로 사업성이 현저히 떨어진 경우에는 예외가 인정된다.

### 4) 집합투자증권

'동일한 집합투자업자'가 운용하는 모든 집합투자기구(펀드)에 대한 투자는 집합투자자산총액의 50%를 초과할 수 없다. 다른 집합투자기구에 주로 투자하는 펀드인 펀드오브펀드(Fund of fund)에 투자하는 것은 금지된다. 사모집합투자기구에 투자하는 것도 마찬가지로 금지된다.

### 5) 기타

환매조건부 매도, 증권의 대여, 증권 차입에 대해서도 일정한 제한이 가해진다. 즉, 각 집합투자기구에 속하는 증권총액의 50%를 초과하여 환매조건부매도를 할 수 없으며, 각 집합투자기구에 속하는 증권의 50%를 초과하여 증권을 대여할 수 없다. 각 집합투자기구 자산총액의 20%를 초과하여 증권을 차입할 수 없다.

## 4.4 금전차입 및 대여 제한 등

### 1) 금전차입 제한

집합투자업자는 펀드 재산으로 금전을 차입할 수 없다. 차입을 제한없이 허용하면 펀드 재산의 부실화를 유발할 소지가 크기 때문이다. 다만, ① 일시적 자금부족에 대응하기 위한 예외가 허용된다. 이 경우에 차입 상대방은 금융기관 등이어야 하고, 차입금 총액은 차입 당시 집합투자재산총액의 10%를 초과할 수 없다. 또한 차입금 전액을 변제하기 전에는 투자대상 자산을 추가로 매수할 수 없다. ② 환매청구가 대량으로 발생하여 일시적으로 환매대금 지급이 곤란하게 된 경우, ③ 안건에 반대하는 투자자의 매수청구가 대량으로 발생하여 일시적으로 매수대금 지급이 곤란한 경우에 예외가 인정된다.

### 2) 금전대여 제한

집합투자업자는 펀드재산인 금전을 타인에게 대여할 수 없다. 다만, 예외적으로 콜론(금융기관 등에 대한 30일 이내의 단기 대출)은 허용된다.

### 3) 보증 및 담보제공 금지

집합투자업자는 펀드재산으로 '해당 집합투자기구 외의 자'를 위하여 채무보증이나 담보제공을 할 수 없다.

## 4.5 이해관계인과의 거래 등에 대한 제한

### 1) 이해관계인과의 거래 제한

집합투자업자는 집합투자재산을 운용함에 있어 이해관계인과 거래를 할 수 없다. 이해관계인의 범위에 포함되는 자로는 ① 임직원 및 그 배우자, ② 대주주 및 그 배우자, ③ 계열회사 임직원 및 그 배우자, ④ 해당펀드의 집합투자증권의 30% 이상 판매 또는 위탁판매한 판매회사(투자매매업자 또는 투자중개업자), ⑤ 전체 집합투자재산의 30% 이상을 보관관리하고 있는 신탁업자, ⑥ 집합투자업자가 법인이사인 투자회사의 감독이사 등이다. 다만, 이해관계인과의 거래라 하더라도 해당 펀드와 이해상충 우려가 없는 거래에 대해서는 예외를 인정한다. 예외가 인정되는 경우로, ① 이해관계인이 되기 6개월 이전에 체결한 계약에 따른 거래, ② 불특정다수인이 참여하는 공개시장(증권시장 등)을 통한 거래, ③ 해당 펀드에 유리한 거래, ④ 펀드자산총액의 10% 범위 내에서 이해관계인과의 '단기대출' 또는 '환매조건부 매수', ⑤ 이해관계인인 신탁업자와의 '외국통화'의 매매, ⑥ 전체 금융기관 예치액의 10% 범위 내에서 이해관계인인 '금융기관에의 예치', ⑦ 이해관계인의 중개, 주선, 대리를 통해 이해관계인이 아닌 자와 행하는 투자대상자산의 매매, ⑧ 이해관계인과의 채무증권, 원화표시 양도성예금증서(CD), 어음('기업어음' 제외) 매매 등이 있다.

#### 2) 집합투자업자 및 그 계열사 발행 증권에 대한 투자 제한

집합투자업자는 집합투자재산을 운용함에 있어 펀드 재산으로 집합투자업자가 발행한 증권을 취득할 수 없다. 계열사 발행증권에 대해서는 일정한 제한이 가해지는데, 계열사 발행증권은 ① 지분증권의 경우, 펀드 자산총액의 50%, 해당 펀드의 지분증권 투자 가능 금액의 10%를 초과할 수 없으며, ② 지분증권외의 증권인 경우는 계열회사 전체가 그 집합투자업자에 대해 출자한 '비율 해당 금액'을 한도로 한다. 출자비율은 의결권 있는 주식수를 기준으로 산정한다.

### 4.6 불건전 영업행위 금지

자본시장법은 투자자 보호와 건전한 거래질서 유지를 위해 집합투자업자에게 선행매매, 펀드재산으로 자기 또는 이해관계인이 인수한 증권 매수, 시세조종, 펀드간의 자전거래 등을 불건전한 영업행위로 보아 금지하고 있다. 자본시장법이 금지하는 불건전영업행위의 유형에는 다음과 같은 것이 있다.

① **선행매매**: 금융투자상품 기타 투자대상 자산의 가격에 중대한 영향을 미칠 수 있는 매수·매도의사를 결정한 후 이를 실행하기 전에 집합투자업자 자기 또는 제3자의 계산으로 매수·매도 또는 권유하는 경우

② 자기 또는 관계인수인이 인수한 증권을 펀드재산으로 매수하는 행위

③ **시세조종**: 인수업무를 담당한 법인의 특정증권 등에 대해 인위적인 시세를 형성하기 위해 펀드재산으로 그 특정증권 등을 매매하는 행위

④ **펀드간 자전거래 등**: 계약 또는 담합에 의하여 펀드재산으로 특정자산에 교차하여 투자하는 경우

⑤ 펀드의 이익을 해하면서 자기 또는 제3자의 이익을 도모하는 행위

⑥ 투자운용인력이 아닌 자에게 집합투자재산을 운용하게 하는 행위

### 4.7 성과보수의 제한

집합투자업자는 펀드 운용실적에 연동하여 미리 정해진 산정방식에 따른 성과보수를 받을 수 없다. 다만, ① 사모펀드, ② 공모펀드의 경우에도 투자자보호 및 거래질서 저해 우려가 없는 경우로서 일정한 경우에는 예외적으로 성과보수를 받을 수 있다. 공모펀드에서 성과보수를 받을 수 있기 위해서는 일정한 요건에 해당하여야 하는데, ① 성과보수가 금융위원회가 정하는 일정한 기준지표에 연동하여 산정될 것, ② 운용성과가 기준지표의 성과보다 낮은 경우 성과보수를 적용하지 않는 경우보다 적은 운용보수를 받게 되는 보수체계일 것, ③ 운용성과가 기준지표의 성과를 초과하더라도 해당 운용성과가 부의 수익률을 나타내거나 일정성과가 금융위원회가 정하는 기준에 미달하는 경우에는 성과보수를 받지 않을 것, ④ 금융위원회가 정하는 '최소투자금액 이상을 투자한 투자자'로만 구성되어 있을 것, ⑤최소 존속기간이 1년 이상이고, '폐쇄형펀드' 형태여야 하며, 집합투자증권을 추가로 발행하지 않을 것을 요한다. 성과보수를 받는 펀드는 투자설명서에 성과보수에 관한 사항을 기재해야 한다.

### 4.8 의결권 제한 등

집합투자기구에서 취득한 주식에 대한 의결권 행사는 운용의 한 부분이므로 집합투자업자가 의결권을 행사한다. 자본시장법은 집합투자업자의 의결권 행사와 관련하여 몇 가지 제한을 규정하고 있다.

#### 1) 중립투표의무

집합투자업자가 의결권을 행사함에 있어 일정한 경우에는 중립적으로 의결권을 행사하여야 한다(의결권 행사의 제한). 중립투표의무가 요구되는 경우로는, ① 집합투자업자가 주식발행법인을 계열회사로 편입하기 위한 경우, ② 집합투자재산인 주식을 발행한 법인이 그 집합투자업자와 계열회사 관계 또는 사실상 지배자관계에 있는 경우, ③ 그 밖에 대통령령이 정하는 경우이다. 다만, 이에 해당하는 경우에도 집합투자재산인 주식을 발행한 법인의 합병, 영업의 양수

도, 임원의 임면, 정관변경 기타 이에 준하는 사항으로서 집합투자재산에 손실을 초래할 것이 명백하게 예상되는 경우에는 예외적으로 적극적으로 의결권을 행사할 수 있다. 그러나 예외에 해당하는 경우에도 집합투자업자가 '상호출자제한 기업집단'에 속하는 경우에는 특별한 경우(이 경우 특수관계인의 의결권을 포함 15%범위 내에서 행사)를 제외하고는 예외가 적용되지 않는다.

#### 2) 의결권 행사의 금지

집합투자업자는 ① 동일종목 투자한도 초과, ② 동일회사 발행주식 투자한도 초과, ③ 계열회사 발행주식 투자한도 초과의 경우에는 의결권 행사가 금지된다.

#### 3) 의결권 교차 행사의 금지

의결권 행사 제한 또는 금지 규정을 회피하기 위하여 제3자와의 계약을 통해 의결권을 교차 행사하는 행위는 금지된다.

### 4.9 자산운용에 관한 공시

#### 1) 자산운용보고서

집합투자업자는 자산운용보고서를 작성, 신탁업자의 확인을 받아 3개월마다 1회 이상 투자자에게 직접 또는 전자우편의 방법으로 교부해야 한다. 작성, 교부 비용은 집합투자업자가 부담한다. 자산운용보고서에는 집합투자기구의 자산과 부채, 기준가격, 해당운용기간의 운용경과의 개요 및 손익사항, 보유자산 종류별 평가액과 비율, 해당운용기간 중 매매한 주식의 총수, 매매금액 및 매매회전율, 이해관계인과의 거래사정, 상위 3개 증권회사에 대한 지급내역 등을 기재하여야 한다.

#### 2) 수시공시

자산운용보고서 이외의 공시방법으로 ① 인터넷홈페이지(집합투자업자, 판매회사 및 협회)를 통해 공시, ② 판매회사가 전자우편을 통해 투자자에게 송달, ③ 집합투자업자, 판매회사의 본지점, 영업소에 게시가 있는데 투자운용인력변경, 투자자총회결의 내용, 투자설명서 변경, 기준가격변경, 환매연기 등의 경우에는 위에 열거한 3가지 모두의 방법으로 공시를 이행하여야 한다.

### 3) 집합투자재산에 관한 보고

#### (1) 정기보고

집합투자업자는 매분기 영업보고서를 매분기 종료 후 2개월 이내에 작성하여 금융위원회 및 금융투자협회에 제출하여야 한다.

#### (2) 수시보고

① 집합투자기구의 회계기간 종료, ② 계약기간 또는 존속기간 종료, ③ 해지 또는 해산사유가 발생한 경우 사유발생일로부터 2개월 내에 금융위 및 협회에 결산서류를 제출해야 한다.

### 4) 관계 회사

#### (1) 일반사무관리회사

일반사무관리회사는 투자회사 운영에 관한 업무, 투자회사 주식발행 및 명의개서, 투자회사 재산의 계산, 법에 정한 통지 및 공고, 주주총회 소집 등의 업무를 담당한다. 상법상 주식회사, 명의개서대행회사, 기타 특수은행이 일반사무관리회사가 될 수 있는데, 금융위에 등록해야 한다.

**(2) 펀드 평가회사** : 금융위원회에 등록해야 한다.

> (주)KG제로인은 1996년에 설립하여 국내 간접투자 상품에 대한 종합적인 정보를 연기금 등 기관투자가, 일반기업체, 운용사, 투자자문사에게 제공하는 회사로 주요 기능은 펀드평가, 운용사 및 펀드선정, 투자 이후 모니터링, 사후평가, 성과개선을 위한 운용프로세스 진단 등에 있으며, 2009년 9월에 한국펀드평가(주)를 흡수합병함으로서 국내에서 대표적인 펀드평가사가 되었다.

### Eye Insight

#### ■ 서브프라임 사태

2007년 전 세계 경제를 뒤흔들었던 서브프라임 사태에 대하여 알아보자! 서브프라임 사태란 2000년대 들어 유동성 과잉과 저금리로 부동산 가격이 급등하자, 이에 편승한 모기지론(mortgage loan) 업체들 간의 과당 경쟁으로 인하여 미국 주택담보대출 시장에서 서브프라임 등급이 차지하는 비중이 급상승하다가 주택 값이 하락세로 돌아서고, FRB(미국연방준비제도이사회)에서 정책금리를 대폭 올리자 이자부담이 커진 저소득층이 원리금을 제때 갚지 못하게 됨으로써 발생하게 된 사태이다. 이로 인해 서브프라임의 연체율이 20%로 급상승하였고, 2007년 4월 미국 제2의 서브프라임 모기지론 회사인 뉴 센트리 파이낸셜(New Century Financial)이 파산신청을 내는 것을 시작으로 이른바 '서브프라임 모기지론 사태'가 일어나게 된 것이다.

주택을 담보로 해서 대출을 받는 상품은 신용도에 따라 우량고객은 프라임(Prime), 중간층에겐 알트에이(Alt-A), 신용도가 낮은 층에겐 서브프라임(Subprime)으로 나누어져 있다. 문제는 신용도가 낮은 서브프라임대출에 대해서도 무분별한 대출이 이루어지면서 지불능력도 안 되는 사람들에게 지나치게 대출이 많이 이루어진데 있었다. 낮은 신용도로 이자율이 높게 책정되고 지불능력이 한계에 다다르면서 연체가 쌓이는 결과를 낳고, 대출기관의 채무상환에 문제가 발생하게 된 것이다. 서브프라임상품은 대출 초기 2~3년은 약 4%가량의 이자를 지불하지만 이후 15%가량으로 증가하는 구조를 가지고 있다. 이 시기에 연체자와 파산자가 속출하게 된 것이다. 서브프라임은 2007년 7월에 미국의 베어스턴스(Bear Sterns)가 서브프라임상품에 투자한 2개 헤지펀드가 파산했음을 발표하면서 표면화되었다. 이 펀드에 투자되었던 상품의 자산담보에 해당하는 비우량 모기지대출 상품의 연체율이 지속적으로 늘어나면서 2007년 9월 들어 16%를 넘어서면서 현금흐름에 문제가 생겼기 때문이다. 아메리칸 홈 모기지(American Home Mortgage)사가 파산신청하는 것을 시작으로 미국연방이 지급을 보증하는 주택금융공사인 페니메이와 프레디맥까지 사실상 파산상태에 이르러 미국정부는 2천억 달러의 공적자금을 투입하게 된다. 이러한 미국 주택대출업체의 재정문제는 그들에게 투자를 한 투자은행과 상업은행의 현금흐름까지 문제를 일으키고, 금융시장의 신용도까지 추락하게 만들었다.

자금을 가지고 있었던 투자기관들은 어느 곳에 투자를 했든 간에 원금회수가 불확실한 금융공항 상태에 이르게 된 것이다. 이와 같은 금융공황 사태가 2008년 들어 더욱 심해져 베어스턴스, 리먼브라더스, 메릴린치 등의 투자은행과 AIG, 와코비아 등 금융전반에 파산사태를 몰고 와서 글로벌 금융위기로 확산되게 된 것이다.

서브프라임 모기지 시장의 규모는 5천억 달러 정도로 전체 주택담보대출의 13%에 불과했었다. 그러나 이러한 자금은 몇 단계에 걸쳐 증권화를 거치는 동안 한 단계의 과정마다 엄청난 거품을 만들어 냈다. 부동산을 담보로 대출하는 과정에서 대출자는 집의 가치만큼의 현금을 갖게 되고 대출은행은 집의 가치만큼 저당권을 가지게 된다. 이 과정을 통해 시장에 주택자산이 2배로 증가하게 된 것이다. 은행은 이 담보를 주택담보유동화증권(RMBS)이란 형태의 상품으로 증권화하여 판매를 하였다. 이 상품은 각 투자은행 등으로 흘러들어가 각 RMBS들을 다시 한번 재조합하여 부채담보부증권(CDO)이란 상품으로 판매가 되었다. 이 CDO는 최종 투자자에게 판매되기도 하지만 위험도에 따라 나누어져 있는 CDO를 섞어 다시 한번 증권화하여 합성CDO로 만들어져 판매되기도 하였다. 이런 부채를 담보로 한 상품들은 채무자가 이자를 지불하지 않거나 파산하게 되면 수익은 물론 투자원금까지도 잃을 수 있기 때문에 투자자들은 신용부도스왑(CDS)이나 모노라인(Monoline) 같은 유사보험상품을 새로 만들어냈다. 하지만 이런 상품들은 법적제재가 없는 유사보험상품으로 안전을 보장하는 원 취지와 달리 투기의 수단으로 변질되었다. 또한 신용부도스왑마저 증권화되어 재투자되는 현상을 보이며 2009년 초에는 그 가치가 약 62조 달러에 이르게 되었다. 다 쓰러져가는 할렘가의 주택가격은 실제 시장가치보다 높게 책정되어 대출되고 이 대출담보가 증권화되면서 몇 번의 뻥튀기와 혼합을 통해 현실에서 있지 않은 수십 배에서 백배가 넘는 허위자산이 만들어졌다. 주택 대출자는 상환여력에 대한 부담보다는 현재 손에 쥐어진 돈과 향후 집값 상승에 대한 기대에 들떠 있었고 각 금융사들은 경쟁이라도 하듯 거품불리기에 열중했었던 것이다. 최후의 헤지펀드 투자자는 결국 원래 서브프라임자산의 수십 배에서 백배가 넘는 규모로 커진 투자자금을 활용하게 된다. 이러한 역피라미드 형식의 거품자본의 형성상태에서 그 기초가 되는 실물자산의 손실이 전체 시장에 기하급수적인 파산의 도미노를 가져오게 하였던 것이다.

# 제2장 펀드 구성 및 이해



## 01 집합투자기구의 분류

### 1.1 집합투자의 개념

앞서 본 바와 같이 '집합투자'라고 하기 위해서는 ① 2인 이상에게 투자의 권유가 있어야 하며, ② 집합투자업자가 운용의 독립성을 유지해야 한다. 또한, ③ 재산적 가치가 있는 투자대상자산을 취득하여 처분하거나 그 밖의 방법으로 운용하여야 하고, ④ 운용결과는 수익과 손실이 모두 투자자에게 귀속하여야 한다.

### 1.2 집합투자기구의 유형

현행법상 집합투자기구의 유형으로는 투자신탁형, 회사형(투자회사, 투자유한회사, 투자합자회사), 조합형태(투자조합, 투자익명조합)의 집합투자기구가 있다.

### 1.3. 집합투자기구의 종류

#### 1) 증권집합투자기구

집합투자재산의 50%를 초과하여 증권에 투자하는 집합투자기구를 의미한다.

간접투자법에서는 파생상품간접투자기구, 재간접투자기구를 별도의 투자기구 유형으로 분리하였으나, 자본시장법에서는 파생상품간접투자기구와 재간접투자기구를 증권집합투자기구에 통합하였다. 따라서 증권집합투자기구이면서 파생상품에 대한 비중이 높은 집합투자기구가 있을 수 있다.

### 2) 부동산집합투자기구(부동산펀드)

집합투자재산의 50%를 초과하여 부동산 또는 부동산에서 파생된 자산에 투자하는 집합투자기구를 의미한다. 부동산펀드의 투자대상으로는 실물부동산 뿐만 아니라, ① 부동산을 기초자산으로 하는 파생상품, ② 부동산개발과 관련된 법인에 대한 대출, ③ 부동산을 담보로 하는 금전채권, ④ 부동산과 관련된 증권(부동산투자회사 발행주식, 부동산개발회사 발행증권, 주택저당증권, 부동산투자목적회사 발행 지분증권 등)이 포함된다.

### 3) 특별자산집합투자기구(특별자산펀드)

집합투자재산의 50%를 초과하여 증권 및 부동산을 제외한 투자대상자산인 특별자산에 투자하는 집합투자기구를 의미한다. 특별자산펀드의 투자대상으로는 와인, 그림 등 예술품, 날씨 같은 것을 예로 들 수 있겠다.

### 4) 혼합자산집합투자기구

집합투자재산 운용에 있어 증권, 부동산, 특별자산 집합투자기구와 관련 된 규정의 제한을 받지 아니하는 집합투자기구를 의미한다. 법령상 주된 투자대상 및 최저투자한도 등에 대한 제한이 없어 어떠한 자산이든 투자비율의 제한 없이 투자가능하나, '환매금지형' 집합투자기구로 설립되어야 한다.

### 5) 단기금융집합투자기구(MMF)

집합투자재산의 전부를 일정한 단기금융상품에 투자하여야 하는 집합투자기구를 의미한다. MMF는 단기 금융상품에 투자하는 펀드로 투자대상은 ① 잔존만기 6개월 이내의 CD(양도성예금증서), ② 잔존만기 5년 이내의 국고채권, 잔존만기 1년 이내의 지방채, 특수채, 사채권(주식관련사채권, 사모사채권 제외) 및 CP(기업어음), ③ 금융기관 발행 등 어음, ④ 6개월 이내의 금융기관 예치, 단기대출, 다른 MMF 증권이다. MMF와 다른 집합투자기구의 가장 큰 차이점은 다른 집합투자기구가 보유재산을 '시가'로 평가하는 반면에 MMF는 '장부가'로 평가한다는 점이다. 보유재산을 장부가로 평가할 경우 그 기준가격의 등락이 작아 금융시장의 등락에도 불구하고 마치 은행에 예금을 가입하듯 일정한 수익을 기대할 수 있다는 장점이 있다.

※ **운용제한** : 장부가 평가원칙을 적용할 경우, 채권시세 급등락 시에 시가와 장부가 사이의 차이가 발생하여 투자자 리스크로 작용할 수 있다는 점을 감안하여, MMF에는 강화된 운용제한 기준이 적용된다.

① 증권을 대여하거나 차입하지 아니할 것
② 남은 만기가 1년 이상인 국고채권에 집합투자재산의 5% 이내에서 운용할 것
③ 환매조건부 매도는 해당 집합투자기구가 보유하는 증권 총액의 5% 이내일 것
④ 주가지수 연동, 신용 연동 등으로 원리금 등이 확정되지 않은 자산에 투자하지 않을 것
⑤ 집합투자증권의 40% 이상을 채무증권(환매조건부채권 매매 제외)에 운용할 것
⑥ 취득시점의 채무증권의 신용평가등급이 상위 2개 등급 이상일 것
(예외 : 보증인의 신용평가등급이 상위 2등급 이내이거나 평가위원회가 이에 상응한다고 인정한 경우)

## 1.4 특수한 형태의 집합투자기구

### 1) 환매금지형 집합투자기구(폐쇄형펀드)

환매금지형집합투자기구는 '폐쇄형펀드'라고도 하며, 만기 전까지 환매가 허용되지 않는 집합투자기구를 말한다. 투자자의 투자자금 회수를 돕기 위해 자본시장법은 환매금지형집합투자기구의 경우 해당 집합투자기구의 집합투자증권 최초 발행일로부터 90일 이내에 해당 증권을 증권시장에 상장하여야 한다고 규정하고 있다. 부동산집합투자기구, 특별자산집합투자기구, 혼합자산집합투자기구의 경우 반드시 환매금지형으로 설정·설립하여야 한다.

### 2) 종류형 집합투자기구(Multi-Class Fund)

동일한 집합투자기구 내에서 다양한 '판매보수 또는 수수료' 구조를 가진 클래스를 만들어 그 자산을 합쳐서 투자할 수 있도록 규모의 경제를 실현한 집합투자기구를 의미한다. 종류형 집합투자기구의 경우 집합투자업자 및 신탁업자

보수는 클래스별로 차별화 하지 못한다. 종류형 집합투자기구는 여러 종류의 집합투자증권 간에 전환권을 부여할 수 있고 이 경우 전환에 따른 환매 수수료를 부과할 수 없다.

### 3) 전환형 집합투자기구(Umbrellar Fund)

다양한 자산과 투자전략을 가진 투자기구를 묶어 하나의 '투자기구 세트'로 만들어 세트 안에서 투자기구 간 교체투자를 가능하게 해주는 투자기구를 의미한다.

### 4) 모자형 집합투자기구

집합투자업자의 '운용의 효율성'을 위해 도입된 제도로서 다수의 펀드(자펀드)의 자산을 하나의 펀드(모펀드)에 모아서 통합 운용하는 형태의 집합투자기구를 의미한다. 이 펀드에 있어 자펀드와 모펀드의 집합투자업자가 동일하다. 이와 유사한 해외사례로는 일본의 Family Fund와 미국의 Master-Feeder Fund를 들 수 있다. 모자형 집합투자기구는 구별해야 할 것으로 펀드오브펀드(Fund of Funds)가 있는데, 펀드오브펀드는 운용회사의 '운용능력 아웃소싱'을 위해 도입된 제도로써 투자자는 해당 투자기구 자체에 투자하며, 투자기구와 투자대상 투자기구의 집합투자업자가 상이한 경우가 대부분이다.

### 5) 상장지수집합투자기구(ETF)

ETF(Exchange Traded Fund)는 설정된 특정주가지수를 따라가면서 수익을 실현하는 인덱스펀드로서 추가형 투자기구, '개방형' 투자기구이나 그 집합투자증권이 증권시장에 '상장'되어 있다. 증권시장에 상장되어 거래되기 때문에 주식과 같은 방법으로 거래가 가능하다. ETF는 일반 투자기구와 달리 '증권 실물'로 투자기구의 설정 및 해지를 할 수 있다는 점이 특징이다. ETF의 투자과정을 보면, 발행시장에서 지정참가회사(AP)를 통해 설정, 해지가 발생하고 유통시장에서 일반투자자와 지정참가회사가 ETF 수익증권의 매매를 하게 된다. ETF는 주권이 아닌 '수익증권'이므로 증권거래세의 부과대상이 아니다. 즉, ETF에 대한 과세는 일반적인 펀드의 과세방법에 따른다. 해지시점의 과세표준 기준가격으로 세금을 부과하며, 개인은 과세표준의 15.4%, 법인은 14%를 적용한다. ETF는 일반적인 펀드와는 다른 속성이 있어 법령상 일부 규정의 적용을 배제한다. 예컨대, ① 대주주와의 거래제한, ② 계열사 발행주식에 대한 중립투표의무, ③ 자산운용보고서 제공 의무와 각종 보고 의무(주식 등의 대량거래 등의 보고, 임원 등의 특정증권 등 소유상황 보고) 등이 적용되지 않는다. 또한 ETF의 특성을 고려하여 운용상의 특례가 인정되는데, 자산총액의 30%까지 동일종목에 투자할 수 있으며, 동일법인이 발행한 지분증권의 20%까지 투자할 수 있도록 운용상 제한이 완화되어 있다. 또한 이해관계인과의 거래제한을 배제하여, ETF의 설정, 추가설정을 목적으로 이해관계인과 증권의 매매 그 밖의 거래를 할 수 있다. ETF는 인덱스펀드의 일종이므로 ETF가 추적하는 지수의 성과나 공정성이 중요하다. 따라서 ① 추적 오차율이 10%를 초과하여 3개월 동안 지속하는 경우, ② 지수를 산정할 수 없거나 이용할 수 없게 되는 경우에는 상장을 폐지하고 그 잔여재산을 투자자에게 분배하여야 한다.

#### 6) 사모집합투자기구(사모펀드)

공모에 의하지 않고 사모방식으로 자금을 모집하여 설정하는 집합투자기구이다. 투자자는 49인까지만 가능하다. 사모의 경우에는 투자자의 수가 적으므로 상대적으로 낮은 수준의 제약요건을 적용하고 있다. 즉, 투자광고, 투자제한, 거래제한, 자산운용보고서 작성의무, 수시공시의무, 회계감사인의 손해배상책임에 대해서도 특례를 인정하여 그 적용을 배제하고 있다. 또한 환매금지형펀드의 집합투자증권 최초 발행 후 '90일 내 상장의무'도 사모펀드의 경우에는 면제된다. 사모펀드에 대해 운용규정이 완화되는 예로는, ① 파생상품 매매에 따른 위험평가액은 각 사모펀드 순자산총액의 400%까지 가능하다(공모펀드의 경우 100%까지 가능하다). ② 집합투자증권에 대한 투자를 각 집합투자기구 자산총액의 50%까지 가능하다(공모펀드의 경우 20%까지 가능하다).

### 1.5 실무상의 분류

#### 1) 펀드 성격에 따른 분류

**(1) 추가형과 단위형**

펀드의 좌수를 추가로 설정할 수 있느냐에 따라 추가 설정이 가능한 '추가형'과 그렇지 않은 '단위형'으로 구분한다.

**(2) 개방형과 폐쇄형**

신탁계약기간 중간에 환매가 가능한지 여부에 따라 중도환매가 가능한 '개방형'과 그렇지 않은 '폐쇄형'으로 구분한다. 폐쇄형으로 펀드를 설정할 경우에는 법에 의하여 증권시장에 강제적으로 상장해야 하므로 이를 피하기 위해 개방형으로 하는 경우가 많다.

**(3) 주식형(60%) · 채권형(60%) · 혼합형(50%)**

투자대상자산의 비중에 따른 분류이다. 주식형은 펀드재산의 60% 이상을 주식에 투자하는 펀드를 말하고, 채권형은 펀드재산의 60% 이상을 채권에 투자하는 펀드를 말한다. 혼합형은 채권형이나 주식형 이외의 펀드로서 신탁계약서상 최대주식편입비율 50% 이상인 펀드를 주식혼합형, 최대주식편입비율 50% 미만인 펀드를 채권혼합형으로 분류한다.

**(4) 증권형, 파생상품형**

종전 간접투자법에서는 파생상품의 위험평가액을 기준으로 그 위험평가액이 10%를 초과하면 파생형으로, 10% 이하이면 증권형으로 구분하였으나 자본시장법에서는 파생상품펀드라는 분류가 없어졌다. 다만 실무적으로 투자자가 부담하는 위험의 정도의 차이를 고려하므로 여전히 의미있는 실무상의 분류이다.

**(5) 모집식과 매출식**

판매회사의 판매방식에 따른 구분으로 청약을 받아 그 자금으로 설정하는 모집식과 판매회사 고유재산으로 설정하는 매출식이 있다.

### 2) 투자지역에 따른 분류

① **글로벌투자펀드** : 투자대상지역을 특정하지 않는다.

② **지역투자펀드** : 글로벌투자펀드보다 조금 더 좁은 지역에 투자한다. 이머징마켓투자펀드, BRICs, 범중화권투자펀드, 동남아펀드, 중남미펀드가 이에 해당한다.

③ **개별국가펀드** : 중국투자펀드가 그 예이다. 다만 중국투자펀드라고 하여 반드시 중국본토에 투자하는 펀드를 의미하지는 않는다. 시중에서 '중국펀드'라고 하면 대부분 중국기업이 홍콩주식시장에 상장한 주식(이른바

'H주')에 투자하는 펀드를 말한다.

### 3) 투자전략에 의한 분류

#### (1) 액티브 펀드

시장수익률을 초과하는 것을 목표로 하는 펀드를 의미한다. 액티브펀드에는 정통형(대부분의 해외투자펀드가 이에 해당한다. 펀드매니저의 운용능력에 따라 수익률이 결정되므로 운용회사 및 펀드매니저 선택이 중요하다), 스타일투자(사전에 정해진 투자기준에 따라 투자하는 펀드이다. 대형주, 중소형주, 성장형, 가치형으로 구분한다), 테마투자(특정테마를 기준으로 투자하는 펀드이다. water펀드, 대체에너지펀드, 지배구조펀드가 이에 해당한다.)가 있다.

#### (2) 패시브 펀드

사전에 정해진 룰에 따라 펀드재산을 투자하는 펀드로 인덱스펀드, 포트폴리오 보험전략펀드가 이에 해당한다. 인덱스펀드는 비교지수를 정하고 펀드의 수익률이 비교지수의 수익률과 유사하도록 운용하는 펀드를 말하며, 포트폴리오 전략펀드는 펀드가 감내할 수 있는 손실의 범위를 정하고 그 정해진 손실의 범위 내에서 펀드의 손실이 발생할 수 있도록 사전에 정해진 방법에 의하여 운용하는 펀드이다. 인덱스펀드는 장기투자에 유리하며, 개별종목의 리스크를 줄이는 장점이 있다. 한편 인핸스드 인덱스펀드(Enhanced Index Fund)라는 것이 있는데 이는 추적대상지수 수익률을 초과하는 수익률을 목표로 하는 인덱스 펀드이다. 따라서 인핸스드 인덱스펀드의 추적오차는 정통 인덱스펀드의 추적오차보다 크다. 인핸스드 인덱스펀드가 사용하는 전략으로는 포트폴리오 구성을 통해 추적대상지수보다 높은 수익을 올리겠다는 '알파추구전략', 투자대상자산과 그 자산에서 파생된 상품간의 가격차이를 활용하는 '차익거래'가 이에 해당한다.

#### (3) 섹터펀드

투자대상 시장 내 '특정산업'에 집중하여 투자하는 펀드이다. 소비재펀드, 금융섹터펀드, 인프라펀드가 이에 해당한다.

# 02 집합투자기구의 설립과 등록

## 2.1 집합투자기구의 설립

### 1) 증권신고서 제출

하나의 집합투자기구를 설정하기 위해서는 증권신고서를 제출하여 동 신고서의 효력이 발생하여야 하고, 동시에 해당 집합투자기구를 금융위원회에 등록하여야 한다. 이 두 가지 절차 중 하나만으로는 집합투자기구의 설정이 불가능하다. 다만 '사모투자신탁'이나 '모투자신탁'의 경우 증권신고서의 대상이 아니다.

### 2) 신고의 효력

신고의 효력은 금융위원회가 신고서를 수리한 후 그 효력발생일은 집합투자기구마다 다르다. ① 증권시장에 상장된 환매금지형 집합투자기구는 10일, ② 일반적인 환매금지형 집합투자기구는 7일, ③ 그 외의 집합투자기구는 15일이 경과한 날에 신고의 효력이 발생한다.

### 3) 설립절차

#### (1) 투자신탁의 설립절차

집합투자업자가 신탁업자와 신탁계약서에 의하여 신탁계약을 체결함으로써 설립한다. 신탁계약서에 기재해야 할 사항으로는, ① 펀드운용관련사항, ② 수익자총회 관련사항이 있다. 집합투자업자가 신탁계약을 변경하고자 하는 경우 신탁업자와 변경계약을 체결해야 한다. 변경하고자 하는 사항이 수익자 보호에 중대한 영향을 미치는 경우에는 수익자총회의 결의를 거쳐야 한다.

> ※ **수익자총회 결의사항은 다음과 같다.**
> ① 보수, 기타 수수료인상, ② 집합투자업자 또는 신탁업자의 변경, ③ 신탁계약기간 변경, ④ 투자신탁종류 변경, ⑤ 주된 투자자산 변경, ⑥ 개방형 펀드의 폐쇄형 펀드로의 변경, ⑦ 환매대금지급일 연장, ⑧ 기타 금융위원회가 정하는 사항

계약을 변경한 때에는 그 내용을 공시해야 하며, 수익자 총회를 거쳐 변경한 때에는 수익자에게 개별 통지해야 한다.

### (2) 투자회사의 설립절차

1인 이상의 발기인이 정관을 작성하여 기명날인함으로써 설립·등기를 하여야 설립이 완료된다. 투자회사는 발기설립만 허용한다. 즉, 발기인은 발기 시 발행하는 주식 총수를 인수해야 한다. 발기인에 대해서는 일반적 결격사유(집합투자업자 임원결격사유 준용)만 있고 특별한 자격요건은 없다. 통상 집합투자업자가 발기인이 된다. 정관변경은 이사회 결의로 하고, 중요한 사항의 변경은 사전에 주주총회 결의를 거쳐야 한다.

## 2.2 집합투자기구의 등록

집합투자기구는 금융위원회에 등록하여야 한다. 투자신탁 이외에는 자본금 또는 출자금이 1억원 이상이어야 등록할 수 있다. 등록의무자는 ① 투자신탁 및 익명투자조합은 해당 집합투자업자가 되며, 회사형 펀드(투자회사, 투자유한회사, 투자합자회사) 및 투자조합은 당해 회사 또는 조합이다. 일정한 경우에는 등록의제가 적용되는데 ① 등록신청서와 증권신고서를 동시 제출한 경우 '증권신고서가 수리'된 때(절차의 일원화), ② 등록신청서 효력발생 후 정정신고서 제출 시에는 '정정신고서 효력발생'으로 변경등록 의제된다. 등록내용의 변경이 있는 경우 변경일로부터 2주 이내에 '금융위원회'에 변경등록 하여야 한다.

### 1) 외국집합투자기구의 등록

외국집합투자기구의 등록 요건은 다음과 같다.

표 2-1 외국집합투자기구의 등록요건

| 구분 | 주요내용 |
|---|---|
| 외국집합투자업자 요건 | ① 운용자산규모가 1조원 이상일 것<br>② 인가 업무별 최저 자기자본 요건을 충족할 것<br>③ 3년간 본국 및 국내에서 업무정지 이상의 행정처분 또는 벌금형 이상의 형사처벌을 받은 사실이 없을 것<br>④ 적격 연락책임자를 국내에 둘 것 |
| 외국집합투자증권 요건 | ① OECD 가맹국, 홍콩, 싱가포르 법률에 의하여 발행<br>② 보수 등의 비용이 명확히 규정되어 있고 국제관례에 비추어 지나치게 높지 않을 것<br>③ 투자자 요구 시 투자금액 회수가 가능할 것<br>④ 기타 금융위원회가 정하는 요건을 충족할 것 |
| 등록취소 | ① 허위로 등록한 경우 ② 등록요건을 갖추지 못하게 된 경우<br>③ 국내 판매 규정을 위반한 경우 ④ 감독, 검사에 따른 명령을 위반한 경우 |

# 03 집합투자기구의 해산

## 3.1 투자신탁의 해지

### 1) 법정해지

① 신탁계약기간의 종료, ② 수익자총회에서의 해지결의, ③ 투자신탁의 피흡수합병, ④ 투자신탁의 등록취소의 경우에는 투자신탁은 법률규정에 의해 당연히 해지된다.

### 2) 임의해지

법정해지 이외에도 금융위원회의 승인을 얻어 해지가 가능하다. 다만, ① 수익자 전원의 동의, ② 1개월간 계속하여 투자신탁원본액이 100억 원에 미달하는 경우, ③ 당해 투자신탁 전부에 대해 환매가 청구된 경우에는 금융위원회 승인을 요하지 않는다.

3) 투자신탁이 해지되면 상환 및 이익분배금 지급의 절차가 따른다.

4) 미수금 채권이나 미지급채무가 있으면 집합투자업자가 인수하거나 타펀드에 자전거래를 통해 양수시키게 된다.

## 3.2 투자회사의 해산 및 청산

### 1) 해산사유

투자회사의 해산사유는 다음과 같다. ① 정관에서 정한 존속기간의 만료 그 밖의 해산사유의 발생, ② 주주총회의 해산 결의, ③ 피흡수합병, ④ 투자회사 파산, ⑤ 법원의 명령 또는 판결, ⑥ 등록의 취소로 투자회사는 해산된다. 투자회사가 해산한 경우 청산인은 30일 이내에 해산사유 등을 금융위에 보고하여야 한다.

### 2) 청산

#### (1) 청산인회

투자회사가 합병과 파산 이외의 사유로 해산한 경우에는 청산인 및 청산감독인으로 구성되는 청산인회를 둔다. 투자회사가 존속기간의 만료, 주주총회의 의결로 해산한 때에는 법인이사 및 감독이사가 청산인 및 청산감독인이 되며, 법원의 판결 또는 명령으로 해산한 때에는 이해관계인의 청구나 직권으로 금융위원회가 선임 및 해임한다.

#### (2) 청산절차

청산인은 취임 후 15일 이내에 재산목록과 재무상태표를 작성하여 청산인회의 승인을 얻은 후 금융위원회에 제출한다. 청산인은 취임 후 1개월 이내에 1개월 이상의 기간을 정하여 2회 이상 공고함으로써 채권자 보호절차를 진행하여야 한다. 청산감독인은 청산인이 업무수행과 관련하여 법령이나 정관에 위반되거나 현저하게 손해를 끼칠 우려가 있는 사실을 발견한 때에는 금융위원회에 보고해야 한다.

**Eye Insight**

■ 2011년 유럽 발 금융위기

유로존은 유로(유로존이 사용하는 화폐)를 사용하는 17개국을 의미한다. 영국은 유럽국가이지만 유로존 국가는 아니다(영국은 파운드라는 화폐를 사용하고 있다). 유로존에서 가장 큰 경제대국은 독일과 프랑스이다. 그럼 유로존 금융위기는 왜 발생 되었을까?

2008년도 미국의 모기지 사태로 인해 세계굴지의 투자은행인 리먼 브라더스가 파산하면서 세계 각국은 신용위기를 맞기 시작하였다. 이로 인해 세계 경제는 침체되었고 소비자들은 지갑을 닫고 소비를 하지 않게 되었다. 그 결과 기업에서 생산된 제품은 재고로 쌓이게 되었고 수출이 되지 않는 어려움을 겪게 되었다. 이러한 현상은 미국뿐만 아니라 전 세계를 강타한 금융위기로 이어졌다. 이를 해결하기 위해 세계 각국은 저금리 정책(금리를 낮춰야 기업들이 대출을 받아서 투자하기 때문)을 사용하고 국채를 발행해서 자본을 유치했다. 그 결과 국가의 빚은 늘어 갔지만, 기업들의 활발한 투자활동을 유도하고 국민들의 소득과 소비의 증가로 경제 활성화를 도모하게 된 것이다. 하지만 유로존 일부국가들은 국채를 지나치게 많이 발행해서 국가의 빚은 늘어났지만 자국의 경제가 활성화되지 않아, 기업이나 개인들로부터 세금이 걷히지 않게 되자 국가의 빚만 늘어나게 되고, 채권이 만기가 되어도 상환할 수 없는 상태에 이르게 된 것이다. 이러한 문제를 해결하기 위해 유로존 국가와 유럽중앙은행이 그리스, 이탈리아 등에 자금을 추가로 대출해 주기 위한 기금을 마련하여 국가부도의 사태를 막기 위해 노력하고 있는 것이다. 유럽 발 금융위기의 원인을 살펴보자면, 우선 금융기관의 부실채권 처리과정에서 발생하였고, 두 번째로 유로존 단일통화 사용으로 인한 만성적 무역적자로 인하여 발생이 된 것이다. 2008년 서브프라임 금융위기 전까지는 남유럽 국가들의 재정적자가 5% 이하로 영국, 일본 등에 비하면 심각한 수준은 아니었다. 그러나 남유럽 국가들은 월가와 유럽의 주요 금융회사들이 초래한 경제위기에 대처하는 과정에서 국가채무가 급속히 상승하게 되었다. 2008년 위기는 미국의 모기지 파생상품의 부실로 자금경색이 일어나 은행 연쇄부도가 발생하고 실물경제까지 침체되었다. 당시 금융회사들은 남유럽 국채를 많이 보유하고 있었는데, 금융회사들의 부실을 메우면서 남유럽 국가들의 부채가 급증하여, 복지 축소와 국가자산 매각으로 국민들이 희생을 감수하였던 것이다.

다음의 원인으로는 유로존 통합의 후유증을 들 수 있다. 유로존에 편입된 남유럽 국가들이 경제위기 속에서 독립적인 통화정책을 사용하지 못하면서 국가부도 상태에 몰리게 되었다. 경쟁력이 높은 독일, 네덜란드 등 북유럽 국가와 경쟁력이 낮은 남유럽 국가가 화폐를 통일하자, 독일 등은 통화가치가 저평가되어 무역 흑자를 나타내었지만, 남유럽 국가들은 통화가 고평가되어 만성적인 무역적자를 보게 된 것이다. 따라서 남유럽 국가들의 재정위기는 유로존으로 흑자를 본 북유럽 국가들이 공동으로 해결해야 할 문제로 볼 수 있다. 이런 상황을 고려하지 않고, 남유럽 채권을 보유한 독일, 프랑스, 미국 등이 금융회사의 손실을 우려하여 모든 부담을 남유럽 국가들에게 부담하려 하는 것은 올바르지 않다고 볼 수 있다.

세계 각국의 투자자들은 세계 여라 나라에 투자를 다변화한다. 특히 우리나라처럼 기업이 튼튼하고 안정적이라 판단되는 국가에 자본을 많이 투자하게 된다. 하지만 유럽 국가들이 재정위기에 처하고 그 나라 은행들이 현금흐름에 문제가 생기자 부도위험이 커지게 되었다. 이로 인해 세계 각국에 투자한 자금을 회수해서 유럽에 투자해 손실을 보는 것을 충당하려는 행위를 한다. 이러한 유럽계 투자자의 투자행태로 인하여 우리나라 증시는 하락(외국 자본 이탈)하여 환율은 급상승(원화 팔고 달러 사고)하면서 우리나라 경제가 휘청거리게 될 수가 있다. 환율이나 증시 같은 금융시장이 안정되어야 개인이나 기업, 정부는 미래를 예측해서 효율적인 경제활동을 하지만 금융시장이 불안해 지면 미래예측이 불가능해져 투자에 소극적이게 되고 소비를 줄이게 된다. 그러면 다시 경제가 침체될 것이고 이러한 악순환이 반복되게 되는 것이다.

# 제3장
# 펀드영업실무



## 01 영업실무 총론

### 1.1 집합투자증권 영업실무

집합투자증권 영업실무란 판매회사가 집합투자증권을 투자자에게 매매하는 경우에 발생하는 모든 업무를 총칭하는 의미이다. ① 집합투자증권 매매업무, ② 수익증권 저축업무(가장 기본적인 업무이다.), ③ 투자회사주식 통장거래업무, ④ 이익분배금 · 상환금 지급업무, ⑤ 기타 영업을 위해 수행하는 각종 업무를 말한다.

### 1.2 집합투자증권 매매방식 변천사

(1) 1968년 11월 자본시장육성에 관한 법률 : '증권투자신탁업' 규정되었고, 이후 1969년 8월 증권투자신탁업법이 제정 · 공포됨에 따라 투자신탁제도가 본격적으로 시행되었다.

(2) 1975년 7월 증권투자신탁업법 개정으로 '수익증권 저축제도'가 도입되었다. 종래의 수익증권 예탁통장제도가 가지고 있는 좌수 위주의 보관개념을 금

액위주의 저축개념으로 전환시킴으로써 저축의 시기와 금액별로 임의식, 거치식, 적립식 등 다양한 종류의 저축을 투자자 수요에 맞게 설계할 수 있게 되었다. 수익증권 예탁통장제도란 고객이 수익증권을 매수한 다음 그 수익증권을 판매회사에 보관하는 제도를 말한다. 수익증권 저축은 판매회사가 고객으로부터 저축금을 받아 그 자금으로 수익증권을 매수하여 보관관리하고 저축자에게 저축통장을 교부해주는 제도로, 수익증권의 매수 및 보관관리를 처음부터 판매회사에 위임하는 제도이다.

(3) 자본시장법 시행 이후에도 대부분의 집합투자증권의 매매는 투자신탁의 '수익증권저축제도'에 의한 통장거래로 이루어지고 있으며, 투자신탁의 수익증권이나 투자회사의 주식 등의 실물발행을 통한 매매는 거의 없는 실정이다.

## 1.3 펀드 표준판매 매뉴얼

펀드 표준판매 매뉴얼은 자본시장법 및 협회 규정에 의하여 제정된 '표준투자 권유준칙 제47조'를 근거로 제정되었으며, 판매회사가 투자자에게 펀드를 판매함에 있어 준수해야 하는 최소한의 사항을 제시하는 것을 목적으로 한다. 판매회사는 펀드 표준판매 매뉴얼을 참고하여 판매회사별로 표준판매절차를 제정하여 교육하고 판매에 활용하여야 한다.

### 1) 1단계 : 투자자정보 파악

투자자가 판매회사 영업점을 방문하여 펀드상담 또는 매수를 원할 경우 판매전담창구로 안내 한 후 ① 투자자가 전문투자자인지 일반투자자인지 확인하고 ② 상담 등을 통해 투자자의 투자목적, 재산상황, 투자경험 등을 파악한다(투자정보 확인서). 투자자 정보확인은 투자자에게 펀드 투자를 권유할 때마다 다시 확인해야 한다. 투자권유를 필요로 하지 않고 모든 투자를 스스로 판단하겠다는 고객(투자권유 불원고객)에게는 그 의사를, 투자권유를 받겠다고 한 고객 중 '투자정보확인서'를 제출하지 않으면 일반투자자로서 보호받을 수 없다는 점을 통지하였음에도 불구하고 투자정보확인서를 제공하지 않겠다고 하는 고객(정보미제공 고객)에게도 그 의사를 서면으로 제출받아야 판매가 가능하다. 투자자 정보응답은 원칙적으로 투자자 본인이 해야 하지만, 불가피한 경우 대리인이 본인과 위탁자의 실명확인 증표 및 판매회사가 요구하는 서류 등을 지참하여 대리하는 것을 허용한다.

### 2) 2단계 : 투자자 유형 분류

투자자를 유형별로 분류하면, 안정형, 안정추구형, 위험중립형, 적극투자형, 공격투자형으로 나눌 수 있는데, 투자자정보 확인서를 활용하여 투자자의 투자성향을 각 유형별로 구분하여야 한다. 투자자에게 본인의 위험등급(투자성향)을 알려주고, 분석결과가 나오게 된 과정 및 그 의미를 설명해야 한다. 위험등급이 낮은 투자자를 높은 위험등급으로 유인하는 행위는 금지된다.

표 3-1 투자자 유형 분류표

| 분류 | 내 용 |
|---|---|
| 안정형 | 예금 또는 적금 수준의 수익률을 기대하며, 투자원금에 손실이 발생하는 것을 원하지 않는다. |
| 안정추구형 | 투자원금의 손실위험은 '최소화'하고, 이자소득이나 배당소득 수준의 안정적인 투자를 목표로 한다. |
| 위험중립형 | 투자에는 그에 '상응'하는 투자위험이 있음을 충분히 인식하고 있으며, 예금이나 적금보다 높은 수익을 기대할 수 있다면 '어느 정도의 손실' 위험을 감수할 수 있다. |
| 적극투자형 | 위험을 '감내'하더라도 '높은 수준의 투자수익' 실현을 추구한다. 투자자금의 상당부분을 주식, 주식형펀드 또는 파생상품 등의 '위험자산에 투자'할 의향이 있다. |
| 공격투자형 | '시장평균 수익률을 뛰어넘는'(훨씬 넘어서는) 높은 수준'의 투자수익을 추구하며 이를 위해 자산가치의 변동에 따른 손실을 감내한다. 즉, '위험을 적극 수용'한다. '투자자금 대부분'을 주식, 주식형펀드 또는 파생상품 등의 위험자산에 투자할 의향이 있다. |

### 3) 3단계 : 투자자에게 적합한 펀드 설정

투자자 정보 파악절차에 따라 파악된 투자자 유형분류 등급에 부합하는 펀드상품을 선정하여 투자권유를 하여야 한다. 다만 둘 이상의 금융투자상품에 분산투자하는 '포트폴리오 투자'의 경우 이를 구성하는 개별 펀드상품의 위험등급이 투자자의 위험등급을 초과할 수 있는 경우도 있다. 이 경우 포트폴리오 가중평균 위험등급이 투자자의 위험등급을 초과해서는 안 된다. 투자자가 자신의 투자자 유형분류에 따른 권유 펀드를 거부하고, 보다 높은 위험수준의 펀드 매수를 요구하는 경우 투자자가 자신의 판단과 책임으로 투자한다는 내용의 확인을 받아 판매하거나 또는 판매회사의 정책에 따라 판매를 거부할 수 있다.

표 3-2 투자자 유형에 따른 펀드별 위험등급표

| 투자자의 유형 | 투자자에게 투자권유하기 위한 펀드별 위험 등급 |
|---|---|
| 안정형 | 5등급 |
| 안정추구형 | 4~5등급 |
| 위험중립형 | 3~5등급 |
| 적극투자형 | 2~5등급 |
| 공격투자형 | 1~5등급 |

### 4) 4단계 : 펀드에 대한 설명

투자자에게 투자설명서를 이용하여 투자권유 펀드의 주요사항을 구체적으로 설명하여야 한다. 이때 설명의 효율성을 높이고 구체적인 설명 사실을 증명하기 위하여 '투자자 체크리스트'를 활용할 수 있다.

### 5) 5단계 : 투자자 의사 확인

설명을 들은 투자자가 펀드 매수를 원하지 않는 경우 투자자 의사를 재차 확인하고 해당 펀드의 권유를 중지하여야 한다. 설명을 들은 투자자가 펀드 매수를 원할 경우 투자설명서 교부확인서 징구, 투자금 수령, 통장 교부 등 펀드 매수 절차를 진행한다.

### 6) 6단계 : 사후관리

수동적 서비스로는 투자자 전화문의에 대한 응대, 투자자 보고서 발송(자산운용보고서 등)이 있고, 적극적 서비스로는 펀드 잔고 통보, 자산관리보고서 발송, 우수펀드 추천, 투자자 세미나 개최 등이 있다. 판매회사는 자신이 부여한 펀드 위험이 변경된 경우 이를 인터넷 홈페이지, 영업점 게시 등을 통해 투자자에게 이를 공지하여야 한다.

# 02 집합투자증권의 판매

## 2.1 집합투자증권의 판매방법

### 1) 모집식과 매출식

모집식이란 펀드 설정 전에 투자자로부터 미리 투자자금을 모집하고, 설정일에 그 모집된 자금규모에 따라 집합투자증권을 발행·교부함으로써 매각하는 방식을 말한다. 모집식은 판매회사의 자금부담을 덜어준다. 추가형보다는 '단위형' 펀드에 적합하다. 매출식은 판매회사의 보유현금이나 증권으로 자금을 납입하여 집합투자증권을 발행한 후 그 집합투자증권을 매각하는 방식을 말한다. 매출식은 적기에 펀드 설정이 용이하지만 판매회사의 입장에서는 자금부담이 크다는 단점이 있다.

2) 과거 장부가평가방식 시절에는 대규모 자금을 통한 매출방식이 일반적이었으나 시가평가방식으로 변경된 이후에는 자금부담과 함께 증권의 매각부진에 따른 금리변동리스크를 판매회사가 진다는 점에서 점점 모집된 자금의 당일 설정방식이 보편화되었다.

## 2.2 집합투자증권의 판매가격

### 1) 판매가격 결정방식

판매가격 결정방식에는 과거가격방식과 미래가격방식이 있다. 과거가격방식은 '매수한 당일의 기준가격'을 적용하여 집합투자증권을 매수하는 방식이고 미래가격방식은 '매수신청 이후에 산정된 가격'을 적용하여 집합투자증권을 매수하는 방식이다. 과거가격방식은 주가가 대폭 상승한 날에 신규투자자가 당일의 기준가격으로 매수하게 되면 기존투자자에게 귀속된 수익이 신규투자자에게 전가되는 이른바 '펀드 희석화'의 문제가 발생할 수 있다는 단점이 문제로 지적된다.

### 2) 현재의 판매가격 결정방식

과거에는 주식형, 채권형의 구분 없이 모두 과거가격방식을 적용하였다. 그러나 표준신탁약관의 개정으로 1999년 9월부터 주식형 펀드에 대해 미래가격방식이 도입되었다. 이후 채권형펀드와 MMF에도 순차적으로 적용됨으로써 현재는 모든 펀드에 대해 원칙적으로 '미래가격'이 적용되고 있다.

표 3-3 현재가격 적용 예외 분류표

| 구분 | 주요 내용 |
|---|---|
| 당일가격이 적용 | ① 집합투자기구의 최초 설정, 설립 시<br>② 판매회사가 MMF를 판매하는 경우로서 일정한 경우 : 집합투자증권의 매도나 환매에 따라 수취한 결제대금, 급여 등 정기적으로 받는 금전으로 매수, 외국환평형기금 또는 여유자금을 통합하여 운용 시 |
| 제3영업일 또는 그 이후에 공고되는 기준가격 적용 | 최초 산정 기준가격 적용이 해당 펀드 투자자 이익을 침해할 우려가 있다고 집합투자재산 평가위원회가 인정하는 경우 : ① 해외주식을 주된 투자대상 자산으로 하는 집합투자기구 ② Fund of Funds(다른 집합투자기구의 집합투자증권을 주된 투자대상자산으로 하는 집합투자기구)의 경우 |
| 장마감 후 거래 (late trading)방지 | ① 판매 및 환매 기준시점 경과 후에 집합투자증권의 매수 또는 환매를 청구한 투자자에게는 기준시점 이전에 청구한 투자자에게 적용하는 기준가격 다음에 최초로 산출되는 기준가격을 적용한다.<br>② 매수 청구일 또는 환매 청구일을 구분하기 위한 기준 시점 : 주식편입비율 50% 이상인 집합투자기구는 증권시장 종료 이전(15시), 그 이외의 집합투자기구는 매수청구일 또는 환매청구일의 17시 이전. |
| 판매회사 변경에 따른 기준가격 특례 | 투자자가 판매회사를 변경함에 따라 판매업자 사이에 당해 집합투자증권을 이전하거나 이전받는 경우에는 '판매회사의 변경신청일에 공고하는 기준가격'으로 판매하여야 한다. |

표 3-4 집합투자증권의 매수 흐름도(Flow)

| 구분 | | T일(당일) | T+1일(2일차) | T+2일(3일차) |
|---|---|---|---|---|
| 주식 50% 이상펀드 | 3시 이전 | 매수청구일 | 적용기준가<br>매수일 | |
| | 3시 이후 | 매수청구일 | | 적용기준가<br>매수일 |
| 주식 50% 미만 펀드, 채권형펀드, MMF | 5시 이전 | 매수청구일 | 적용기준가<br>매수일 | |
| | 5시 이후 | 매수청구일 | | 적용기준가<br>매수일 |

## 2.3 판매수수료 및 판매보수

### 1) 부담방법 및 한도

**(1) 판매수수료**

집합투자증권을 판매하는 행위에 대한 대가로 '투자자'로부터 받는 금전이다. 판매수수료는 납입금액 또는 환매금액의 2%를 한도로 한다. 이 경우 관련 세금은 감안하지 않는다.

**(2) 판매보수**

판매회사가 투자자에게 지속적으로 제공하는 용역의 대가로 '집합투자기구'로부터 받는 금전이다. 판매보수는 집합투자재산의 연평균가액의 1%를 한도로 한다. 다만 체감형의 경우 1.5% 한도로 한다. 판매수수료 및 판매보수의 취득한도는 사모펀드에 대해서는 적용하지 되지 않는다.

### 2) 차등적용 여부

판매수수료는 집합투자규약으로 정하는 바에 따라 판매방법, 판매회사, 판매금액, 투자기간 등을 기준으로 차등하여 받을 수 있다. 판매회사별 차등 적용의 경우에는 증권신고서 제출 시 판매수수료를 일정범위 내에서 판매회사별로 차등적용할 수 있다는 내용을 기재해야 하고 투자자들이 쉽게 알 수 있도록 공시하여야 한다.(2009년 7월 시행)

### 3) 이연판매보수의 적용(구 자산운용협회가 제정한 투자신탁의 표준신탁약관에 규정)

① '주식투자신탁'과 '혼합투자신탁'의 경우 종류형 투자신탁으로의 설정을 의무화해야 한다.

예

CLASS A : 선취판매수수료만을 적용
CLASS B : 후취판매수수료만을 적용
CLASS C : 선취 및 후취판매수수료를 모두 징구하지 않는 종류
CLASS D : 선취 및 후취판매수수료를 모두 징구

② 이연판매보수(CONTINGENT DEFERRED SALES CHARGE, CDSC) 프로그램을 판매보수에 적용한다.(기간별로 판매보수가 일정비율로 체감함에 따라 일정기간 경과 후에는 낮은 수준의 판매보수를 적용하는 프로그램으로서 다양한 보수체계를 가진 투자신탁에 대한 투자자의 선택의 폭을 넓히고 실질적인 인센티브 부여를 통한 투자의 장기화를 유도하기 위하여 도입하였다)

③ 전환하는 클래스 간에는 보유기간에 따라 판매보수를 달리 정하여야 하고 이 경우 판매보수의 수준은 전환전 클래스 판매보수의 90% 이하로 정해야 한다.

금융기관 간 업무영역 구분이 없어짐에 따라 은행에서 펀드판매를 실시하고 있다.
사진은 신한은행, 우리은행, KB국민은행, KEB외환은행

## 03 집합투자증권의 환매

### 3.1 집합투자증권의 환매방법

#### 1) 환매

펀드 투자자가 투자자금을 회수하는 방법에는 환매, 해지 또는 해산, 집합투자증권을 제3자에게 양도하는 방법이 있다. 이 중에 가장 많이 사용하는 방법이 환매이다. 환매란 펀드투자자가 집합투자재산의 순자산가치대로 자신의 투자지분의 전부 또는 일부를 회수하는 제도이다.

#### 2) 환매청구

① 투자자는 법령 및 집합투자규약에서 제한하지 않는 한 언제든지 집합투자증권의 환매 청구를 할 수 있다.

② **환매청구의 상대방** : 원칙적으로 해당 펀드를 판매한 판매회사에 청구해야 하나, 판매회사가 해산, 업무정지 등 정상적인 업무가 곤란한 경우에는 집합투자업자나 집합투자업자가 판매한 판매회사와 협의를 통해 정한 다른 판매업자를 통해 청구할 수 있다. 한편 환매청구를 받은 집합투자업자가 해산 등으로 인하여 환매에 응할 수 없는 경우에는 해당 집합투자재산을 보관 관리하는 신탁업자에게 청구할 수 있다.

③ **환매청구에 대한 대응** : 환매청구를 받은 판매회사는 ㉠ 수익증권 또는 투자익명조합의 지분증권인 경우 해당 투자신탁 또는 투자익명조합의 집합투자업자에 대하여, ㉡ 투자회사 등이 발행한 집합투자증권인 경우 그 투자회사 등에 대하여 지체 없이 환매에 응할 것을 요구해야 한다.

#### 3) 환매의 제한

투자신탁이나 투자회사 등은 일정한 경우 환매에 응하지 않을 수도 있다. 환매에 응하지 않을 수 있는 경우로, ① 집합투자기구(투자신탁 제외)가 해산한 경우, ② 투자회사의 순자산액이 정관에 정하는 최저순자산액에 미달하는 경우, ③ 법령 또는 법령에 따른 명령에 따라 환매가 제한되는 경우, ④ 수익자명부 또는 주주명부 폐쇄기간 중에 환매청구한 경우가 있다.

#### 4) 환매방법

환매방법에는 집합투자기구의 계산에 의한 경우와 판매회사의 계산에 의한 경우가 있다. 판매회사의 계산에 의한 경우에는 판매회사가 시장조성자(Market Maker)로서 집합투자증권의 취득과 처분에 필요한 유동성을 제공하는 기능을 한다. 원칙적으로 환매대금을 지급하는 경우 집합투자재산을 처분하여 조성한 금전으로 하여야 하며, 집합투자기구의 판매회사, 집합투자업자, 신탁업자는 자기의 계산으로 취득하거나 타인에게 취득을 권유해서는 안 된다. 다만, ① MMF를 판매한 판매회사가 그 MMF별 판매규모의 5% 또는 100억원 중 '큰 금액'의 범위에서 개인투자자로부터 기준가격으로 MMF를 매수하는 경우, ② 판매회사가 집합투자규약에 정한 환매가격으로 환매일에 집합투자증권의 일부를 불가피하게 매수하는 경우에는 예외가 인정된다. 집합투자증권을 환매한 경우 그 집합투자증권은 소각한다.

#### 5) 환매대금 지급일

환매대금은 투자자가 환매 청구한 날로부터 15일 이내에 지급하는 것이 원칙이다. 다만, ① 펀드 자산총액의 10%를 초과하여 시장성 없는 자산에 투자하는 경우(부동산펀드, 특별자산펀드, 혼합자산펀드 등), ② 펀드 자산총액의 50%를 초과하여 외화자산에 투자하는 경우에는 15일을 초과하여 환매일을 정할 수 있다.

### 3.2 집합투자증권의 환매가격

#### 1) 원칙

과거 가격방식에 의할 경우 주가가 대폭 하락한 날에 환매를 하게 되면 잔존 투자자에게 손실을 전가하는 문제가 발생하기 때문에, 모든 집합투자기구(MMF 포함)에 대하여 원칙적으로 미래가격방식(forward pricing)이 적용되고 있다.

#### 2) 예외 : 당일가격(backward pricing)이 적용되는 경우

① 판매회사가 MMF를 판매하는 경우로서 투자자가 금융투자상품 등의 매수에 따른 결제대금을 지급하기 위하여 MMF로 환매하기로 그 판매회사와 미리 약정한 경우

② 투자자가 공과금 납부 등 정기적으로 발생하는 채무를 이행하기 위하여 MMF를 환매하기로 그 판매회사와 미리 약정한 경우
③ 판매회사가 외국환 평형기금 또는 국가재정법에 따른 여유자금을 통합하여 운용하는 MMF 및 증권 펀드에 MMF를 판매한 경우

## 3.3 환매수수료

### 1) 환매수수료 부담주체

환매수수료는 집합투자증권의 환매를 청구하는 해당 '투자자'가 부담한다.

### 2) 환매수수료의 귀속주체

투자자가 부담한 환매수수료는 중도환매에 따른 포트폴리오 구성변화로 인한 손실에 대한 벌과금적 성격의 수수료이기 때문에 집합투자재산에 귀속된다.

### 3) 징구방법

환매수수료는 환매를 청구한 투자자가 그 집합투자증권을 보유한 기간별로 징구한다. 환매수수료는 환매금액 또는 이익금을 기준으로 부과할 수 있는데 이 경우 관련세금은 감안하지 않는다.

표 3-5 집합투자증권의 환매 흐름도(Flow)

| 구분 | | T일<br>(당일) | T+1일<br>(2일차) | T+2일<br>(3일차) | T+3일<br>(4일차) | T+4일<br>(5일차) |
|---|---|---|---|---|---|---|
| 주식 50% 이상 | 3시 이전 | 환매청구 | 적용기준가 | | 환매금지급 | |
| | 3시 이후 | 환매청구 | | 적용기준가 | 환매금지급 | 환매금지급 |
| 주식 50% 미만 | 5시 이전 | 환매청구 | | 적용기준가 | 환매금지급 | |
| | 5시 이후 | 환매청구 | | | 적용기준가 | 환매금지급 |
| 채권형 펀드 | 5시 이전 | 환매청구 | | 적용기준가<br>환매금지급 | | |
| | 5시 이후 | 환매청구 | | | 적용기준가<br>환매금지급 | |
| MMF | 5시 이전 | 환매청구 | 적용기준가<br>환매금지급 | | | |
| | 5시 이후 | 환매청구 | | 적용기준가<br>환매금지급 | | |

(참고) 주식 50% 이상 펀드의 경우 3시 이후 환매청구 시 환매대금지급은 4일차와 5일차 중에서 집합투자업자가 자율적으로 정한다.

## 04 이익분배금 및 상환금

### 4.1 이익분배금의 지급

#### 1) 이익분배금

이익분배금이란 집합투자재산의 회계기간의 종료 및 해지 또는 해산 등에 따라 동 기간 중 발생한 수익금 중 투자자에게 지급되는 금액을 말한다. 실무적으로는 운용수익에서 규약이 정하는 신탁보수와 제비용을 공제하고 준비금을 적립하며, 전기이월 결손금이 있는 경우 이를 보전한 후에 투자자 별로 과세상당액을 차감하고 지급한다.

#### 2) 지급방법

이익분배금은 금전 또는 새로 발행하는 집합투자증권으로 분배하여야 하며, 이익금의 분배방법과 시기는 규약이 정하는 바에 따른다. MMF를 제외하고는 규약이 정하는 바에 따라 이익금의 분배를 집합투자기구에 유보할 수 있다.

#### 3) 재투자

금전분배가 아니라 새로 발행하는 집합투자증권으로 분배하는 것을 실무상으로는 '재투자'라고 말한다. 재투자 시 소득세법상으로 배당소득의 수입시기로 인식되어 세액을 징수하므로 재투자 시에도 투자자에게 이익분배금 및 원천징수 내역을 통보하여야 한다.

#### 4) 이익금의 초과분배

투자신탁 등의 집합투자업자나 투자회사 등은 이익금을 초과 분배할 필요가 있을 경우에 규약에 미리 정하여 금전으로 분배할 수 있다. 투자회사의 경우 순자산액에서 최저순자산액을 차감한 금액을 초과하여 분배할 수 없다.

### 4.2 상환금의 지급

#### 1) 상환금

상환금이란 투자신탁의 신탁계약기간의 종료 및 신탁계약의 해지 등에 따라 투자신탁을 결산하고 수익자에게 귀속되는 이익분배금을 제외한 원본해당금액을 말한다. 운용실적이 좋지 않아 기준가격이 하락하는 경우에는 상환금이 권면액에 미달하는 경우도 있다.

#### 2) 지급방법

집합투자업자는 상환금지급사유가 발생하면 신탁업자로 하여금 투자신탁원본의 상환금 및 이익분배금을 판매회사를 경유하여 수익자에게 즉시 지급하여야 한다.

#### 3) 시효

수익자가 이익분배금 또는 상환금 등의 지급개시일로부터 5년간 지급을 청구하지 않을 경우에는 그 권리를 상실하고 판매회사가 이를 취득할 수 있다.

## 05 현물거래와 저축거래

### 5.1 수익증권 현물거래

1969년 8월에 제정 공포된 "증권투자신탁업법" 시행 당시의 수익증권의 매매는 현물거래로 이루어졌으나 2003년 "간접투자자산운용업법"이 시행되면서 집합투자업자는 한국예탁결제원을 명의인으로 하여 기명식수익증권을 발행하여야 하고, 수익증권의 양도 또는 질권 설정도 수익증권 고객계좌부에의 대체 기재로 가능하게 됨으로써 최근에는 수익증권 현물에 의한 직접매매가 거의 이루어지지 않고 있다.

## 5.2 수익증권 저축거래

### 1) 수익증권저축

판매회사가 저축가입자로부터 저축금을 받아 그 자금으로 수익증권을 매입하고 보관 관리함으로써 저축자의 편익을 도모하는 제도를 의미한다.

### 2) 수익증권저축계약의 성립

판매회사가 저축자로부터 저축가입 신청과 저축금을 받아 수익증권 저축통장을 교부함으로써 성립한다.

### 3) 수익증권저축의 종류

#### (1) 임의식

저축자가 저축금 인출요건, 저축기간, 저축금액 및 저축목표금액을 정하지 않고 임의로 저축하는 방식이다. 동일계좌 내 저축금의 추가납입과, 일부 인출이 가능하며 저축재산 인출 시 환매수수료를 징구한다.

#### (2) 목적식

저축자가 저축금 인출요건, 저축기간, 저축금액 또는 저축목표금액을 정하여 저축하는 방식이다. 이에는 거치식(① 수익금 인출식과 ② 일정금액 인출식), 적립식(① 정액 정립식과 ② 자유 적립식), 목표식이 있다. 판매회사는 저축자의 요청에 따라 기존에 정한 저축기간의 종료 또는 저축목표금액의 도달과 관계없이 저축기간을 연장하거나 저축금액 또는 저축목표금액을 감액 또는 조정할 수 있다.

### 4) 저축자에 대한 우대조치

저축기간을 1년 이상으로 하는 목적식 저축의 경우 저축기간 종료 이후 수익증권을 환매하는 때에는 그 수익증권의 환매 수수료를 면제한다. 거치식저축의 경우 저축기간 중 '수익금에 상당하는 금액'의 수익증권을 환매하거나 사전에 정한 일정금액에 상당하는 수익증권을 환매하는 때에는 그 수익증권의 환매수수료를 면제한다. 다만 만기 전에 저축원금의 일부 또는 전부를 인출하는 경우에는 면제하였던 환매수수료를 소급하여 징구한다.

저축재산에서 발생한 이익분배금으로 다시 당해 투자신탁의 수익증권을 매수한 경우 그 수익증권의 환매 시에는 환매수수료를 면제한다(재투자 우대). 소규모 집합투자기구의 해지 시 저축자가 그 상환금으로 판매회사가 정한 수익증권을 매수한 경우 그 선취판매수수료를 면제하고, 그 수익증권을 환매하는 경우 후취판매수수료(환매수수료)를 면제한다. 투자신탁 수익증권 양도 시 저축자간 과세금액을 확정하기 위하여 저축자가 수익증권 전부를 환매하고 즉시 그 환매자금으로 당해 수익증권을 재매수하는 경우에는 환매하는 수익증권의 환매수수료를 면제한다. 이 경우 재매수한 수익증권의 환매수수료 기산일은 당초의 수익증권 매수일로 한다. 저축자가 세금정산목적으로 수익증권 전부를 환매하고 즉시 그 환매자금으로 당해 수익증권을 재매입하는 경우 환매하는 수익증권의 환매수수료 및 매입하는 수익증권의 판매수수료는 연 2회에 한하여 면제한다. 이 경우 재매입한 환매수수료 기산일은 당초의 수익증권 매입일이다.

### 5) 수익증권 매매 시의 입출금 처리

#### (1) 입금산식 : 좌수절상, 금액절사제도

① 금액을 좌수로 환산할 경우 좌 미만의 단수는 수납 시에는 절상하고 지급 시에는 절사하여 계산한다. 매수좌수는 좌 미만은 절상하고 환매좌수는 좌 미만은 절사한다.

② 좌수를 금액으로 환산하는 경우에는 원 미만의 단수는 수납 시에는 절사하고 지급 시에는 절상하여 계산한다. 저축금액은 원 미만은 절사하고 평가금액은 원 미만은 절상한다.

#### (2) 출금산식

출금금액 = 환매 시 평가금액 - 환매수수료 - 세액

### 6) 양도의 제한

저축통장은 판매회사의 승인 없이 양도 또는 질권의 목적으로 사용하지 못한다.

### 7) 판매회사의 책임한계

판매회사는 다음의 경우 책임을 지지 않는다. ① 판매회사가 출금표, 수표, 어음 또는 제신고서에 찍힌 인영 또는 서명을 육안에 의하여 상당한 주의로써 신고한 인감과 대조하여 틀림없다고 인정하고 출금표 등에 적힌 비밀번호가 신고한 것과 일치하여 저축금을 지급하거나 기타 처리한 경우, ② 저축자가 사고, 변경사항의 신고의무를 이행하지 않아 손해가 발생한 경우, ③ 판매회사가 책임질 수 없는 사유로 계좌번호, 비밀번호 등이 누설되어 저축자에게 손해가 발생한 경우

## 06 집합투자기구와 세제

### 6.1 금융소득과 금융소득 종합과세

#### 1) 금융소득의 과세

금융상품이나 금융투자상품에서 발생하는 소득은 대체로 이자소득과 배당소득 또는 양도소득에 해당한다. 이자소득은 금전의 사용에 따른 댓가로 받은 이자를 말하며, 배당소득이란 지분투자에 따른 이익의 분배금으로 받은 댓가를 말한다. 현행 소득세법은 거주자별 금융소득의 합산액이 2천만원을 초과하는 경우 종합과세하고 있으며, 분리과세되는 경우와 형평을 맞추기 위해 금융소득 종합과세 시 세액계산 특례를 두고 있다.

[예제] 다음 중 소득세법상의 과세대상이 아닌 것은?

① 저축성보험의 보험차익　　② 비상장주식의 매매차익

③ 직장공제회 초과 반환금　　④ 옵션으로부터 얻는 이익

정답 : ④

[해설] 파생상품에 대해서는 소득세법에 양도소득 과세규정을 두고 있지 않다. 따라서 옵션의 성과를 복제하는 델타복제펀드는 비과세.

#### 2) 이자소득(소득세법 제16조 제1항에 열거하고 있다)

① 채권 · 증권의 이자와 할인액, ② 국내 또는 국외에서 받는 예금, 적금의 이자와 할인액, ③ 상호저축은행법에 의한 신용계 또는 신용부금으로 인한 이익, ④ 채권 또는 증권의 환매조건부 매매차익, ⑤ 저축성보험의 보험차익, ⑥ 직장공제회 초과반환금, ⑦ 비영업대금의 이익, ⑧ 유사이자소득(각종 공제회의 공제급여의 이자, 파생금융상품의 이자 등)

### 3) 배당소득(소득세법 제17조 제1항에 열거하고 있다.)

① 이익배당, ② 상법상 건설이자의 배당, ③ 법인으로 보는 단체(법인격이 없는 사단·재단)로부터 받는 배당 또는 분배금, ④ 의제배당, ⑤ 인정배당, ⑥ 국내 또는 국외에서 받은 집합투자기구로부터의 이익, ⑦ 외국법인으로부터의 배당, ⑧ 조세피난방지세제 규정상의 배당으로 간주되는 금액, ⑨ 유사 배당 소득, ⑩ 주가연계증권(ELS), 파생결합증권(DLS)에서 발생하는 소득

### 4) 양도소득

양도소득이란 토지, 건물 등 부동산과 그 권리 및 주식 등 일정한 지분증권의 양도에서 발생하는 소득을 말한다. 지분증권 이외의 채무증권, 파생결합증권 등의 증권과 파생상품의 매매차익이나 차손에 대해서는 별도의 규정을 두고 있지 않다. 따라서 파생결합증권, 파생상품의 양도차익은 소득세법상 비열거소득에 해당한다. 즉, 소득세법상의 과세대상이 아니다.

## 6.2 집합투자기구 세제

소득세법 제4조 제2항은 소득을 구분함에 있어서 '집합투자기구로부터의 이익'은 배당소득으로 과세하고, 집합투자기구 이외의 신탁의 이익은 소득의 내용별로 소득을 구분하여 과세하도록 하고 있다.

### 1) 세법상 집합투자기구와 신탁, 변액보험의 구분

#### (1) 신탁형태의 집합투자기구

투자신탁(집합투자기구로부터의 이익이므로 배당소득으로 과세한다.)

#### (2) 집합투자기구 외의 신탁

투자신탁 외의 신탁으로서 자본시장법에 의한 특정금전신탁 이나 재산신탁, 신탁법에 의한 신탁을 의미한다. 집합투자기구 외의 신탁의 이익은 그 재산권에서 발생하는 소득의 내용에 따라 과세한다. 즉, 투자신탁과 그 외 신탁의 과세방법은 서로 상이하다.

#### (3) 변액보험

보험회사의 변액보험은 저축성보험이며 동시에 자본시장법상의 투자신탁이다. 따라서 이론적으로는 저축성보험의 보험차익(이자소득)으로도 과세될 수 있고, 집합투자기구로부터의 이익(배당소득)으로도 과세될 수 있다고 하겠으나 소득세법은 변액보험을 소득세법상의 저축성보험의 보험차익으로 과세한다.

### 2) 집합투자기구로부터의 이익

세법은 2008년 말 개정을 통해 자본시장법에 의하여 새로이 도입된 집합투자기구인 투자조합, 투자익명조합, 투자유한회사, 투자합자회사에 대해서도 그 성격에 따라 기존의 투자신탁 또는 투자회사 세제와 동일하게 구성하였다. 즉, ① 조합형인 투자조합과 투자익명조합은 '투자신탁'으로 간주하여 과세하고, ② 회사형인 투자유한회사와 투자합자회사는 세법상 '투자회사'로 간주하여 과세한다.

#### (1) 세법상의 요건(소득세법 시행령 제23조 제1항, 제8항)

① 자본시장법에 의한 집합투자기구일 것
② 당해 집합투자기구의 설정일로부터 매년마다 1회 이상 결산, 분배할 것
③ 금전으로 위탁받아 금전으로 환급할 것
④ 자본시장법 상의 사모펀드로서 사실상 1인 펀드, 투자자가 사실상 자산운용에 관한 의사결정을 하는 경우가 아닐 것

#### (2) 효과

① 요건을 모두 충족하는 경우에는 소득세법상 적격 집합투자기구가 되어, 집합투자기구에 귀속되는 모든 소득은 통산되어 투자자가 환매 또는 결산분배를 통해 그 이익을 수령할 때 과세되며('배당소득'으로 과세), 그 이익 중 일정한 손익은 과세 제외되고, 운용보수 등 각종 수수료를 과세소득계산에 있어 차감할 수 있게 된다.
② 요건 모두를 충족하지 못하는 경우에는 ㉠ 투자신탁 등은 소득의 내용별로 과세되며, ㉡ 투자회사 등은 일부 손익과세 제외규정의 적용 없이 통산되어 배당소득으로 과세된다.

#### (3) 과세소득 계산

① 일부 손익이 과세제외되는 경우는 집합투자기구가 '직접 취득'한 증권으로서 ㉠ 증권시장에 상장된 증권(채권, 외국 펀드의 주식 또는 수익증권은 제외), ㉡ 벤처기업육성법에 의한 벤처기업의 주식 또는 수익증권, ㉠의 증권을 대상으로 하는 장내파생상품의 거래나 평가로 인하여 발생한 손익 ('국외 상장주식'에 대한 과세제외는 2009년 말로 만료하였다.)은 과세 제외된다. 집합투자기구가 직접 취득한 경우에 한하므로 집합투자기구가 간접 취득한 경우에는 그 매매평가손익은 과세대상이 된다. 다만 소득세법은 다른 펀드가 자본시장법에 의한 집합투자기구의 집합투자증권에 투자하여 취득하는 증권은 투자신탁이 직접 취득한 증권으로 본다.

② 수수료 공제에 있어서 집합투자업자, 신탁업자, 판매회사가 받는 모든 보수와 판매수수료, 환매수수료 등 각종 수수료는 투자자의 과세소득을 계산함에 있어서 차감된다.

③ 수입시기에 있어서 집합투자기구의 경우 소득이 신탁재산에 귀속되는 때가 아니라 투자자에게 소득이 분배되는 때가 수입시기이다. 소득세법(시행령 제46조 제7호)은 그 시기를 다음과 같이 규정하고 있다. ㉠ 집합투자기구로부터 이익을 지급받은 날, ㉡ 원본 전입 특약이 있는 분배금의 경우 특약에 의하여 원본에 전입되는 날, ㉢ 신탁계약기간을 연장하는 경우 그 연장하는 날이다

### 3) 집합투자증권의 양도

원칙적으로 배당소득으로 과세하되, 회사형 집합투자증권의 양도는 양도소득으로 과세한다.

### 4) 부동산 펀드 운용에 따른 과세

#### (1) 취득 시

부동산 펀드의 자산으로 취득하는 부동산의 취득세, 등록세는 세액의 50% 감면한다, 다만 과밀억제지역에 대한 취득세 3배 중과규정은 적용(원시취득에만 적용되며, 승계취득은 적용되지 아니한다)되나 등록세 3배 중과규정은 배제된다.

**(2) 보유 시**

부동산투자펀드가 별도합산대상 '토지'를 보유하고 있는 경우에는 분리 과세된다(주택은 제외).

**(3) 처분 시**

부동산펀드에 귀속된 부동산 양도소득은 펀드단계에서 과세되지 아니하고, 투자신탁에 귀속되는 다른 소득과 통산되어 투자자가 환매금 또는 이익분배금을 수령할 때 배당소득으로 과세된다.

## 6.3 투자자 단계에서의 과세

### 1) 투자자가 거주자인 경우

**(1) 금융소득 종합과세**

금융소득을 무조건 분리과세, 조건부 종합과세, 무조건 종합과세 대상으로 구분한다. 무조건 분리과세는 원천징수로서 납세의무가 종결된다. 조건부 종합과세는 14% 원천징수한 후 다른 금융소득과 합산하여 연간 2천만 원을 초과하는 경우 그 초과분에 대하여 다른 소득과 합산하여 종합과세 된다. 무조건 종합과세 되는 금융소득은 원천징수가 되지 않는 예외적인 금융소득에 적용된다.

**(2) 집합투자기구 이익에 대한 적용**

① 투자신탁이익을 지급하는 때 14% 원천징수한다(개인은 15.4%). ② 무조건 분리과세되는 경우는 원천징수로서 과세가 종결되며, 무조건 분리과세 이외의 투자신탁은 다른 금융소득과 합산하여 2천만 원을 초과하는 경우에는 종합소득에 합산하여 누진세율로 과세한다.

### 2) 투자자가 내국법인인 경우

① 법인세법은 원칙적으로 내국법인에 귀속되는 소득 중 이자소득에 대해서만 원천징수하고, 배당소득 등 그 외의 소득에 대해서는 원칙적으로 원천징수하지 않는다.

② 배당소득으로 구분되는 '투자신탁의 이익'은 예외적으로 원천징수 대상인

반면 투자회사의 이익은 일반원칙에 따라 원천징수 되지 않는다.

③ 금융기관(증권사, 자산운용회사, 보험사)은 금융소득 획득 목적으로 사업을 영위하는 법인이므로 이러한 법인의 이자소득이나 투자신탁 이익은 이자소득이 아닌 사업소득에 해당되어 원천징수 소득대상이 되지 않는다.

표 3-6 투자자별 원천징수 의무자 요약표

| 구분 | | 소득 구분 | 납세자별 원천징수 의무 | | |
|---|---|---|---|---|---|
| | | | 거주자 | 내국법인 | 금융법인 |
| 집합투자기구 | 투자신탁의 이익 | 배당소득 | ○ | ○ | x |
| | 투자회사의 이익 | 배당소득 | ○ | x | x |

**Eye Insight**

■ 키코(KIKO)라는 파생상품

키코(KIKO)는 2008년 미국발 서브 프라임 모기지 사태와 더불어 국내 산업계와 금융계에 크게 이슈화된 상품으로서 파생상품의 위험성에 대하여 경각심을 심어준 사건이라 할 수 있으며, 아직도 이러한 키코상품을 판매한 은행과 가입하였던 기업과의 법적인 분쟁이 지속되고 있다. 키코는 Knock In Knock Out의 머리글자만 딴 Option을 혼합한 파생상품이다. 키코상품에 가입한 대부분의 기업은 수출을 주로 하고 있었던 중소기업들이었다. 이러한 중소기업은 환율의 변화에 따라 매출에 큰 영향을 받게 된다. 예를 들면, 수출을 주로 하는 중소기업의 입장에서는 환율이 상승하게 되면 그만큼 동일한 달러로 환전할 수 있는 원화가 늘어나기 때문에 유리하게 된다. 그러나 환율이 하락하게 되면 동일한 달러를 가지고 환전할 수 있는 원화가 줄어들기 때문에 손해를 보게 되는 것이다. 그래서 환율변화에 따른 손익구조는 우상향하는 선도계약(Futures)의 매입포지션과 같은 직선의 형태를 가진다. 이러한 환율변화에 따른 매출의 변화를 고정시키기 위한 목적으로 키코가 탄생하게 된 것이다. 기본적인 구조를 살펴보면 키코는 풋옵션(Put Option) 매입(Long)과 콜옵션(Call Option) 매도(Short)로 구성되어 있고 이 옵션들의 행사가격은 현재의 환율보다 5~10원 높은 곳으로 결정된다. 그런데 행사가격이 동일한 풋옵션을 사고 콜옵션을 파는 것은 선도계약을 매도하는 포지션과 그 손익구조가 동일하다. 그러나 키코는 이러한 옵션이 일반적인 거래소에서 판매되는 옵션이 아닌 장외시장(Over The Counter)에서 거래되는 장외옵션이란 점이다.

키코 파생상품에 대한 이해를 돕기 위하여 예를 들어 보겠다. Knock In 포인트를 1,010원, Knock Out 포인트를 910원으로 설정했다면 환율이 910원 이하로 떨어질 경우 Knock Out 풋옵션은 그것으로 계약해지 되어 향후 다시 920원 선이 된다 하더라도 그에 따른 옵션 수익은 전혀 없게 되는 것이다. 반대로 콜옵션의 경우는 1,010원 전까지는 옵션의 효력이 발생하지 않기 때문에 프리미엄을 얻게 되지만 1,010원 이후부터는 콜옵션이 효력을 발휘하게 되어 손실이 시작된다. 이것이 키코의 기본적인 옵션 구조이다. 그러나 이 상품은 환율이 이러한 조건하에 움직인다면 별 문제가 없었을 것이다. 왜냐하면 환율이 하락해서 Knock

Out 베리어인 910원 이하로 찍으면 손실이 나지만 그 이상이라면 행사가격을 현재 환율보다 10원 높게 설정했기에 최소 970원에 달러를 팔수 있기 때문이다. 그러나 국내에서 판매된 키코는 이런 일반적인 키코가 아니었다. 국내에서 판매된 키코는 2-레버리지(leverage), 혹은 2-1 키코라 부르는 것으로 콜옵션을 2계약을 매도한 것이다. 즉, 풋옵션은 행사가격이 현재 가격보다 높은 내가격(In The Money) 옵션인데 콜옵션은 행사가격이 현재 가격보다 높은 외가격(Out of The Money) 옵션이기에 풋옵션의 가격이 콜옵션의 가격보다 훨씬 비싼 것이다. 그렇기 때문에 콜옵션 2계약을 매도해서 얻은 프리미엄으로 내가격(In The Money)인 풋옵션을 사는 것이다. 이러한 방법은 옵션 구입비용을 거의 0에 가깝게 만들기 위해서 취한 방식인 것이다. 이렇게 콜옵션을 2계약 매도하면 Knock In 구간을 넘어섰을 때 손실이 2배가 되는 것이다. 키코 계약을 한 중소기업이 이익을 볼 수 있는 구간은 설정구간인 910원에서 1,010원 뿐 환율이 나머지에 위치해 있을 때 중소기업은 무조건 손해를 보는 구조였던 것이다. 2008년 서브 프라임 모기지 사태로 인해 환율이 급격하게 변동하게 되어 키코에 가입한 중소기업들은 환율이 계약구간을 벗어나게 되어 엄청난 손실을 보게 된 것이다.

# 제 4 장
# 펀드운용과 펀드평가



## 01 채권에 대한 기본적 이해

### 1.1 채권개요

#### 1) 채권이란

채권은 채권발행자가 이자와 원금의 상환조건을 사전에 정한 채무증서이다.

#### 2) 채권의 종류

① **발행주체에 따른 분류** : 국채, 지방채, 공사채, 은행채, 회사채

② **이자지급방법에 따른 분류** : 이표채, 할인채, 복리채

③ **상환기간에 따른 분류** : 단기채, 중기채, 장기채

④ **모집방법에 따른 분류** : 사모채, 공모채

⑤ **보증유무에 따른 분류** : 보증채, 무보증채

⑤ **원금상환에 따른 분류** : 만기상환채, 분할상환채

⑥ **기타** : 담보채, 후순위채

### 3) 채권의 특성

채권의 특성으로는 ① 고정금리를 지급한다는 점, ② 만기가 존재한다는 점, ③ 상대적으로 안전한 투자대상이라는 점, ④ 만기 이전에 매매 가능하다는 점을 들 수 있다.

## 1.2 채권수익률과 채권가격

### 1) 채권수익률

"채권수익률은 채권가격과 반대로 움직인다."

채권수익률이 올라가면 채권가격이 떨어지고, 채권수익률이 하락하면 채권가격이 올라간다. 채권수익률은 '할인율'의 개념이기 때문이다.

### 2) 말킬의 채권가격정리

① 채권가격과 채권수익률은 반비례한다. 즉, 동일한 조건을 지닌 채권의 경우에 수익률이 상승하면 채권가격은 하락하고 수익률이 하락하면 채권가격은 상승한다.

② 채권의 잔존기간이 길수록 동일한 수익률변동에 대한 가격변동률은 커진다. 즉, 동일한 채권이라도 발행 후 시간이 경과하여 잔존기간이 짧아진 채권은 잔존기간이 오래 남아있는 경우보다 동일한 수익률 변동에 대하여 가격변동률이 적다.

③ 잔존기간이 증가하면 가격변동폭의 크기는 증가되나 그 변동률은 잔존기간의 변동률보다 적어진다.

④ 동일한 크기의 수익률 변동이 발생하더라도 채권가격의 변동은 수익률이 하락할 때와 상승할 때가 동일하지 않다. 수익률 하락으로 인한 가격 상승폭이 수익률 상승으로 인한 가격 하락폭 보다 크다.

⑤ 표면이자율이 높을수록 가격변동폭이 작다.

### 3) 채권의 가격계산

**(1) 이표채(만기이전에 현금흐름이 있는 채권)의 경우**

$$PV = \frac{c_1}{(1+r)^1} + \frac{c_2}{(1+r)^2} + \cdots + \frac{c_n}{(1+r)^n}$$

단, $c_1, c_2, c_n$은 현금흐름, $r$은 채권수익률, $n$은 잔존일수

**(2) 할인채, 복리채, CD(만기이전에 현금흐름이 없는 채권)의 경우**

$$PV = \frac{FV}{(1+r)^n \times (\frac{1+r \times d}{365})^t}$$

$PV$: 현재가격, $FV$: 미래현금흐름, $n$: 잔존연수, $r$: 할인율,
$d$: 1년이내의 잔존일수, $t$: 총잔존일수

## 1.3 채권수익률곡선과 듀레이션

### 1) 채권수익률곡선

채권수익률곡선은 신용위험이 동일한 채권의 잔존만기 차이에 따른 이자율의 관계를 나타내는 시장지표이다. 수익률곡선은 잔존만기별 채권수익률을 표시하고 있기 때문에 수익률곡선을 살펴보는 것만으로도 채권시장의 현황을 파악할 수 있을 정도로 채권의 가격정보를 효율적으로 제공해준다.

### 2) 내재이자율

현재의 채권금리에 내포되어있는 미래의 일정기간에 대한 금리를 의미한다.

### 3) 듀레이션(Duration)과 컨벡시티(Convexity)

듀레이션은 1938년 F. R. Macaulay가 '채권금리(할인율) 변화에 따른 채권가격 변동성'을 간편하게 계산하기 위하여 개발한 개념이다. 옵션부 채권 등장 이전에는 '현재가치로 환산된 가중평균 상환기간'의 개념이었다. 콜옵션부 채권 등 채권시장 금리에 따라 잔존만기가 변화하는 채권이 등장하면서 듀레이션 개념이 '채권금리 변화에 대한 채권가격 변동의 민감도'로 바뀌었다.

$$\frac{dP}{P} = (-) \times \text{듀레이션} \times dY$$

단, $\frac{dP}{P}$ : 채권가격 변동율, $dY$ : 금리변화율

### 4) 듀레이션의 특징

#### (1) 이표채의 경우

표면이자율(고정금리)이 높으면 듀레이션이 짧아지고 표면이자율이 낮으면 듀레이션이 길어진다.

#### (2) 무이표 채권인 할인채와 복리채의경우

채권의 만기 이전에 이자를 지급하지 않으므로 채권의 잔존만기와 듀레이션이 일치한다.

**[예제]** 3년 만기 연 5%(3개월 이표채) 회사채의 듀레이션이 2.5이고, 채권수익률이 오늘 하루 중에 4.8%에서 4.7%로 0.1% 하락할 경우 채권가격은 몇 % 상승할까? 듀레이션을 이용하여 계산해 보아라!

정답 : 채권가격변동률 = (-) × 2.5 ×(-0.1%) = +0.25%

### 5) 채권의 볼록성(Convexity)

채권가격과 채권수익률의 관계는 반비례 관계이나, 직선이 아니고 곡선이다. 따라서 듀레이션으로 측정한 곡선과 실제의 곡선과의 오차를 줄이기 위해 Convexity를 사용한다.

$$\text{채권가격변동율} = (-) \times \text{듀레이션} \times dY + Convexity \times (dY)^2$$

단, $dY$: 금리변화율

### 6) 듀레이션의 활용 : 금리민감도 분석

듀레이션은 채권의 투자위험 및 투자성과를 사전에 파악하는 데 유용하게 이용된다. 채권의 투자성과를 측정하는 방법 중 가장 간단하면서 효율적인 방법은 채권투자성과를 이자수익과 자본손익으로 구분하여 측정하는 방법이다.

채권투자성과 = 이자수익(Income Gain) + 자본손익(Capital Gain)
단, 이자수익 : 매입금리(연 %),
자본손익 : (-) × 매도시의 듀레이션 × 금리변동 × 연율화

**[예제]** 3년 만기 은행채(복리채)를 매입하여 1년 경과 후에 매도하는 전략으로, 매입금리는 5%, 매도금리가 4.8%일 경우의 자본손익을 구해보라.

정답 : 자본손익 = (−)×1×(−0.2%) = +0.2%

## 1.4 채권투자 위험

### 1) 가격변동위험

가격변동위험이란 채권을 만기 이전에 매도하려고 할 경우에 채권금리가 상승하게 되면 채권가격이 하락하는 위험을 말한다. 금리가 상승하거나 하락함에 따라 채권가격이 변동하게 되는 위험을 의미한다.

### 2) 신용위험

#### (1) 부도위험

채권 발행사가 원리금을 지급하지 않을 위험을 의미한다.

#### (2) 신용등급하향위험

채권의 신용등급이 하락하면 채권수익률이 상승하여 채권가격이 하락한다.

☞ 신용평가등급은 채권투자에 있어서 크레딧물 투자 시 가장 중요한 지표이다.

#### (3) 신용스프레드 확대위험

무위험채권과 위험채권 간의 금리차이를 '신용스프레드'라고 하는데 일반적으로 경기가 활황일 때는 신용스프레드가 축소되고, 경기침체기에는 신용스프레드가 확대되는 경향이 있다.

#### (4) 신용평가

국채 등 정부보증채를 제외한 채권을 모두 '신용채권'이라 하며 신용채권은 신용등급평가회사로부터 신용등급을 받는다.

표 4-1 채권평가 등급표

| 등급 | 등급에 대한 의미 |
|---|---|
| AAA | 원리금 지급확실성이 최고수준으로 투자위험도가 극히 낮으며, 현 단계에서 합리적으로 예측 가능한 장래의 어떠한 환경변화에도 영향을 받지 않을 만큼 안정적임 |
| AA | 원리금 지급확실성이 매우 높아 투자위험도가 매우 낮지만 AAA등급에 비해 다소 열등한 요소가 있음 |
| A | 원리금 지급확실성이 높아 투자위험도는 낮은 수준이지만 장래 급격한 환경변화에 따라 다소 영향을 받을 가능성이 있음 |
| BBB | 원리금 지급확실성은 인정되지만 장래 환경변화로 지급 확실성이 저하될 가능성이 있음. |
| BB | 원리금 지급 확실성에 당면 문제는 없지만 장래의 안정성 면에서는 투기적 요소가 내포되어 있음. |
| B | 원리금 지급 확실성이 부족하여 투기적이며, 장래의 안정성에 대해서는 현단계에서 단언할 수 없음. |
| CCC | 채무불이행이 발생할 가능성을 내포하고 있어 매우 투기적임. |
| CC | 채무불이행이 발생할 가능성이 높아 상위 등급에 비해 불안요소가 더욱 많음 |
| C | 채무불이행이 발생할 가능성이 극히 높고 현 단계에서는 장래 회복될 가능성이 없을 것으로 판단됨. |
| D | 원금 또는 이자가 지급불능 상태에 있음. |

☞ AA등급부터 CCC등급까지는 등급내의 상대적인 우열에 따라 +, - 기호가 부여된다.
☞ 투자적격등급은 AAA등급부터 BBB등급까지이며, BB등급 이하등급을 투기등급(junk bond)이라 한다.

### 3) 유동성위험

유동성위험이란 채권을 매도할 때, 매수세가 부족해서 제값을 받지 못할 위험을 말한다. 신용등급이 낮은 종목은 신용위험이 높을 뿐만 아니라 유동성 위험이 추가되어 채권수익률(할인율)이 높게 형성된다.

### 4) 콜위험

채권발행 후 일정기간이 경과된 후에 채권발행인이 만기이전에 상환할 수 있는 채권을 '콜옵션부 채권'(callable bond)이라고 한다. 콜옵션부 채권은 일반채권에 비해 콜옵션가치만큼 채권가치가 하락하고 채권수익률(할인율)은 상승한다. 옵션부 채권중에서 채권보유자가 만기이전에 상환할 수 있는 채권은 '풋옵션부 채권'(putable bond)이라 한다.

## 1.5 주식관련 채권

주식관련 채권이란 채권으로 발행되었으나 주가가 상승할 경우에는 주식으로 전환할 수 있는 채권이다. 전환사채(Convertible Bond : CB), 신주인수권부사채(Bond with Warrant : BW), 교환사채(Exchangeble Bond : EB) 등이 주식관련 채권의 대표적인 예이다. 주식관련 채권은 주가가 하락할 때에는 채권으로 원리금을 확보하고 주가가 상승하면 주식으로 전환해서 차익을 볼 수 있는 투자자산이다.

주식관련 채권의 수익률을 주식, 회사채와 비교하여 보자. 동일 발행사가 발행한 회사채의 수익률의 7%, 전환사채의 수익률이 4%라고 하였을 때, 회사채 수익률이 전환사채에 비해 3% 높기는 하지만 회사채로는 주가상승에 따른 차익을 기대할 수 없다. 한편, 주식과 비교하여 볼 때, 주가가 연 10% 상승할 경우 주식에 투자를 한다면 전환사채의 수익률보다 높긴 하지만 주가가 하락할 경우에는 원금 손실까지 감수하여야 한다. 전환사채는 주식이 횡보장이거나 하락할 경우에는 연 4%의 수익률을 보장받고, 주가가 상승할 경우에는 주식으로 전환하여 높은 수익률을 얻을 수 있다. 물론 투자대상 기업이 부도가 날 경우를 대비하여 신용위험에 대한 철저한 분석이 있어야 할 것이다.

## 1.6 금리예측

표 4-2 주요 경제변수와 금리와의 관계

| 구 분 | 주 요 내 용 |
|---|---|
| 경제변수 | 금리에 미치는 영향 |
| 물 가 | 물가상승은 금리상승요인 |
| 소 비 | 소비증가는 금리상승요인, 감소는 하락요인 |
| 투 자 | 투자증가는 금리상승요인, 감소는 하락요인 |
| 정부지출 | 정부지출 증가는 금리상승요인. 구축효과에 의하여 민간지출이 감소할 경우 중립 |
| 순 수 출 | 순수출(상품수지) 흑자는 금리상승요인 |
| 환 율 | 환율상승은 금리상승요인, 하락은 하락요인 |

## 02 주식에 대한 기본적 이해

### 2.1 경제분석

#### 1) 국내총생산과 주가

주가상승률 = 명목 GDP 성장률 = 실질 GDP 성장률 + 물가상승률

#### 2) 이자율과 주가

이자율 상승으로 요구수익률이 높아지면 증권가격은 하락, 이자율 하락으로 요구수익률이 하락하면 증권가격은 상승한다.

#### 3) 인플레이션과 주가

인플레이션은 대체투자자산(부동산, 금 등)의 상대적 수익률을 상승시킴으로써 투자자의 요구수익률을 상승시켜 증권가격의 하락을 초래한다.

#### 4) 환율과 주가

환율의 상승은 단기적으로 수출비중이 높은 기업의 대외경쟁력 및 채산성에 긍정적인 변화를 주는 반면, 외화표시 부채가 많은 기업은 상당한 환차손을 입게 된다.

#### 5) 정부의 경제정책과 주가

**(1) 재정정책(정부지출과 세제변화와 관련)**

정부가 적자예산을 편성하여 세출을 증가시키고, 세율을 인하하게 되면 수요를 진작시킨다. 반면 정부가 차입을 증가시키는 재정적자는 상대적으로 민간의 차입기회를 감소시킴으로써 이자율을 상승하여 수요를 감소시킨다.

**(2) 금융정책(시중 통화량의 조절을 통하여 이자율에 영향을 미침으로써 투자와 소비수요를 좌우하는 것을 목표로 하는 정책)**

통화공급의 증가는 시장이자율을 하락시켜 투자와 소비수요를 증가시키지만 장기적으로는 물가상승으로 이어져 그 효과가 상쇄되기 쉽다. 금융정책의 수단

으로는 기준금리의 변경, 국채의 매각과 매입, 시중은행의 지불준비율의 변경이 이용되고 있다.

#### 6) 인구통계학적 변화와 주가

인구증가율, 연령분포, 저출산과 고령화, 지역별 분포, 소득과 연령분포의 변화는 소비, 저축, 투자활동에 다각적 영향을 미치며 관련 산업에는 기회와 위협요인이 된다.

#### 7) 경기순환과 주가

일반적으로 경기순환은 회복 → 활황 → 후퇴 → 침체의 4개 국면으로 나누어 볼 수 있는데 주가는 경기 선행지표를 의미한다.

### 2.2 산업분석

#### 1) 산업의 경쟁구조 분석

(1) 기업의 경영성과는 그 기업이 속해있는 당해 산업의 경쟁강도에 따라 영향을 받는다.

(2) 포터(M. E. Potter)에 의하면 "진입장벽, 대체가능성, 기존경쟁업체 간의 경쟁치열도, 구매자의 교섭력, 공급자의 교섭력의 총체적인 힘에 의하여 그 산업 내의 궁극적인 이윤잠재력이 결정된다"라고 한다. 여기서 ① 진입장벽은 높을수록 좋고, ② 대체가능성은 낮을수록 좋으며, ③ 기존 경쟁업체간의 경쟁치열도는 낮을수록 좋다. ④ 구매자 및 공급자의 입장에서는 높은 교섭력이 있으면 좋다.

#### 2) 제품수명주기(Life Cycle)에 의한 산업분석

제품수명주기는 도입기, 성장기, 성숙기, 쇠퇴기 등 4단계로 나눈다. 분석대상 기업이 어느 단계에 있는지 확인하여 산업의 유망성을 평가할 수 있다.

## 2.3 기업가치분석

### 1) 수익가치에 근거한 보통주 평가방법(현금흐름할인법)

**(1) 배당평가모형**

미래투자수입(투자기간 중에 지급받는 배당과 매도시점의 처분가격)을 투자자의 요구수익률로 할인하여 현재가치를 추정하는 방법이다.

**(2) 이익평가모형**

배당평가모형의 문제점인 '배당을 전혀 하지 않거나 극히 적게 하는 기업의 주식을 평가할 방법'이 없다는 것에 대한 대안으로 '주당이익'을 기초로 하여 내재가치를 구하는 모형이다.

**(3) 잉여현금흐름(Free Cash Flow : FCF)** = 세후영업이익 - 투하자본증가액

### 2) 자산가치에 근거한 보통주 평가방법

자산가치가 급등락하는 경제상황 하에서의 자원개발업체 등의 업종에 적합한 방법이다.

### 3) 상대가치평가방법

**(1) 주가수익비율(Price Earning Ratio : PER)** $= \dfrac{\text{주가}}{\text{주당순이익}}$

**(2) 주가순자산비율(Price Book-Value Ratio : PBR)**

필요한 회계정보를 대차대조표에서 쉽게 계산할 수 있는 장점이 있으나 인플레이션 하에서는 장부가치와 시장가치의 괴리가 있을 수 있다는 문제점이 있다.

$$PBR = \frac{\text{주가}}{\text{주당순자산}}$$

### 4) 기업가치/세금 · 이자 · 감가상각비 차감전 이익 모형(EV/EBITDA) : 자본집약산업에 유용

① $\dfrac{EV}{EBITDA} = \dfrac{\text{기업가치}}{\text{영업자산가치}} = \dfrac{\text{시가총액} + \text{순차입금}}{\text{이자, 세금, 감가상각비 차감전 이익}}$

단, $EV$: 기업전체가치, $EBITDA$: 이자, 세금, 감가상각비 차감전 이익

② 유사한 영업비용구조를 갖는 동종업계 기업들의 영업성과를 상호비교하는데 적합하다.

### 2.4 기술적 분석

#### 1) 기술적 분석의 의의

주식의 내재가치와 관계없이 주가흐름 또는 거래량 등으로부터 과거의 일정한 패턴이나 추세를 알아내고, 이 패턴을 이용하여 주가변동을 예측하고 이를 통해 주식의 선택은 물론 매매의 시기를 판단하는 기법이다.

#### 2) 기술적분석의 종류

① **추세분석** : 추세순응전략(1년 이내 단기), 역추세순응전략(3년 이상 장기)

② **패턴분석** : 반전형, 지속형

③ **지표분석** : 매도신호(%K값 70~80%), 매수신호(%K값 20~30%)

④ **심리분석** : 선견역행심리전법(대중투자자들보다 한발 앞서 나가며 대중심리와는 거꾸로 행동하는 투자심리전법)

⑤ **목표치분석** : 주가의 상승 및 하락 폭을 예측함으로써 투자자가 허용할 수 있는 손실 범위와 기대수익을 설정하는 방법이다.

## 03 펀드운용과정

### 3.1 펀드운용의 3단계

#### 1) 계획단계

투자자의 투자목적과 제약요인을 분석 → 투자방침 설정 → 투자대상자산의 위험 및 기대수익률 계산 → 전략적자산배분 결정

#### 2) 실행단계

정해진 자산배분전략의 가이드라인에 따라서 포트폴리오를 구성한다. 수수료 등 거래비용을 최소화하는 것이 중요하다.

3) 성과평가단계 : 성과측정과 성과배분을 통하여 포트폴리오를 재조정 한다.

① **성과측정** : 벤치마크(Bench Mark), 위험조정수익률 등이 사용된다.

② **성과배분** : 마켓타이밍, 종목선정 등으로 나누어 전략별로 성과를 배분한다.

### 3.2 자산배분 전략

#### 1) 전략적 자산배분전략

기대수익률과 투자위험을 고려하여 장기적으로 적합한 자산별 투자비율을 결정한다.

#### 2) 전술적 자산배분전략

시장의 변화방향을 예상하여 단기적 관점에서 사전적으로 자산구성을 변화시키는 전략이다. 저평가된 자산을 매수하고, 고평가된 자산을 매도한다.

#### 3) 포트폴리오 보험전략

미리 설정된 최소의 투자수익을 달성하면서 동시에 주가상승에 따른 이익에도 참여할 수 있도록 위험자산의 투자비율을 변동시켜 가는 전략이다.

## 04 펀드운용전략

### 4.1 적극적 운용전략

적극적 운용전략은 시장이 비효율적이라는 가정 하에 위험허용치에 대응하는 수익률을 상회하는 초과수익을 실현하려는 운용전략이다.

#### 1) 적극적 채권운용전략

**(1) 듀레이션조절전략(금리예측전략)**

금리하락이 예상될 때 펀드듀레이션을 늘리고, 금리상승이 예상될 때 펀드듀레이션을 축소한다.

#### (2) 수익률곡선타기 전략

수익률곡선이 우상향하는 기울기를 가지는 경우 수익률곡선상의 롤링효과(5년 이상 장기채)와 숄더효과(2~3년 단기채)를 이용하여 잔존만기 축소에 따른 수익률하락으로 자본이익 획득(채권가격 상승)을 추구한다.

#### (3) 바벨형 채권운용전략

단기채권(유동성확보)과 장기채권(수익성확보)만 보유하고 중기채권은 보유하지 않는 전략으로 단기금리가 상승하고 장기금리가 떨어진다고 예상할 때 유효한 전략이다.

#### (4) 불릿(탄환)형 채권운용전략

중기채 중심의 채권으로 포트폴리오를 구성. 향후 금리의 상승 또는 하락 예측이 어려울 때 유용한 전략이다.

#### (5) 크레딧운용전략

경기침체가 시작될 때 신용스프레드가 확대되는 것을 감안하여 경기침체 시에 국고채를 늘리고, 경기회복 시에는 회사채를 늘리는 전략이다.

### 2) 적극적 주식운용전략

#### (1) 가치주 투자전략

저평가된 가치주에 전략적으로 투자하는 전략이다. 저PER주는 주로 소비산업, 성숙기의 산업에 속하는 종목이다.

#### (2) 성장주 투자전략

성장성이 높은 주식에 전략적으로 투자하는 전략이다. 성장성 높은 기술주가 이에 해당한다.

#### (3) 시장 투자전략

가치주와 성장주에 치우치지 않고 시장 평균수준의 포트폴리오를 구성하는 전략으로 이 전략은 인덱스 + 알파(초과수익) 전략의 일종이다.

**(4) 중소형주(Small Cap) 투자전략**

중소형주는 주로 배당수익률이 낮고, 시장 변동성이 크다. 따라서 유망 중소형주나 저평가된 중소형주에 전략적으로 투자하는 전략이다.

## 4.2 소극적 운용전략

소극적 운용전략은 '시장의 효율성'을 전제로 평균기대수익률과 투자위험 최소화를 추구하는 전략이다.

### 1) 소극적 채권운용전략

**(1) 만기보유 전략**

채권을 만기까지 보유함으로써 투자시점에서 미리 투자수익을 확정하는 전략이다.

**(2) 사다리형 만기 전략**

채권별 보유량을 각 잔존기간마다 동일하게 유지하며, 보유채권이 만기상환되면 다시 장기채권에 투자함으로써 시세변동의 위험을 평준화시키고 적정수익을 확보하려는 전략이다.

**(3) 채권 '면역' 전략**

채권가격변동에 따른 매매손익과 재투자수익의 상충적 성격을 이용하여, 목표투자기간 중 시장수익률의 변동에 관계없이 목표수익률 달성을 추구하는 전략이다. 구체적으로는 목표투자기간과 채권 포트폴리오의 듀레이션을 일치시킴으로써 면역상태를 유도한다.

**(4) 현금흐름 '일치' 전략**

채권포트폴리오로부터 발생되는 현금유입액이 향후 예상되는 현금유출액과 일치하도록 적절히 채권포트폴리오를 구성함으로써 이자율변동 위험을 제거하고 자본조달비용을 최소화하는 방법(효율적인 자산-부채 관리를 위한 채권포트폴리오 투자전략의 일종)이다.

#### (5) 채권 '인덱싱' 전략

채권시장 전체의 흐름을 그대로 따르는 포트폴리오를 구성하여 채권시장 전체의 수익률에 따라가는 전략이다. 적극적 투자전략에 비해 자문료 등이 절약되며 실적평가의 객관성을 높일 수 있으나 투자지수의 투자성과가 최적의 투자성과를 의미하지 않는다는 단점이 있다.

### 2) 소극적 주식운용전략

소극적 주식운용전략에는 인덱싱 전략이 대표적인데, 시장 평균수익을 추구하며, 추적오차(tracking error)의 최소화가 목표이다.

미래에셋증권과 우리투자증권

## 05 리스크 관리

### 5.1 리스크 관리의 일반적 정의

#### 1) 전사적 리스크 관리

리스크 관리부서는 효율적인 경영의 최후 보루이다. 따라서 리스크 관리 전담부서를 두어 회사 전체의 위험과 불확실성을 관리한다.

#### 2) 리스크 관리

리스크 관리는 ① 리스크 관리 전담부서의 '거시적 리스크관리'와 ② 특정부서 또는 특정상품 관리 단위에서 이루어지는 '미시적 리스크관리'가 있다.

#### 3) 리스크에 대한 태도

리스크 매도자(은행 등)는 위험회피적인 경향을 띄고, 리스크 매입자(일반 투자자)는 위험수용적인 측면을 가진다. 파생상품의 리스크 매도자는 시장조성자, 재정거래자로서의 역할을 하며 리스크 매입자는 투기자 또는 헤저(Hedger)로 활동한다.

### 5.2 금융기관의 리스크 관리

#### 1) 시장리스크

시장리스크란 시장가격의 변화로부터 발생하는 리스크를 말한다. 표준방법에 의한 리스크 측정은 이자율, 주가, 외환, 상품 및 옵션이다. 표준방법은 각 범주의 변동성을 일률적으로 합산할 뿐 각 측정대상간의 상관관계를 고려하고 있지 않다. VaR(Value at Risk)로 알려진 내부모형법의 경우 일정한 질적 조건을 충족하고 검증절차를 거치면 감독당국의 승인을 얻어 시장리스크 측정방식으로 사용할 수 있다. 옵션의 시장리스크 측정방법에는 간편법(옵션 매수 포지션만을 가진 은행이 선택), 델타플러스법(옵션의 매도포지션을 보유한 은행이 선택), 시나리오법(복잡하고 정교한 옵션 포지션을 보유한 은행이 선택)이 있다.

### 2) 신용리스크

신용리스크란 거래상대방의 채무불이행으로부터 발생할 수 있는 리스크를 말한다. 이에는 장외파생상품에 따른 거래 상대방의 신용리스크도 포함한다. 신용리스크 측정방법에는 표준방법과 내부등급법이 있다. 장외파생상품의 신용리스크는 (+)인 신용평가액에 잠재적 익스포저를 합한 금액으로 한다. 잠재적 익스포저는 명목금액에 기초자산과 잔존만기별로 정해진 일정값(add-on factor)을 곱하여 산정한다.

### 3) 운영리스크

운영리스크란 내부절차의 불완전성, 인력과 시스템, 외부사건 등으로 손실을 입을 리스크를 의미한다. 바젤Ⅱ협약에서는 운영리스크에 대해서도 일정의 가이드라인을 통해 자기자본을 쌓도록 하고 있다.

### 4) 유동성리스크

유동성리스크는 자금유동성 리스크(Funding liquidity risk)와 상품유동성 리스크(Product liquidity risk)로 분류되는데, ① 자금유동성리스크는 자금조달 운용괴리분석(유동성 갭분석)을 통하여 관리한다. ② 상품 유동성리스크의 측정은 가격과 물량의 함수로 가능하다. 즉, 실거래가격과 호가와의 괴리정도(Tightness), bid/offer의 크기(Depth), 가격변동이 흡수하는 속도(Regiliency) 등의 척도를 통해 가늠한다.

### 5) 통합리스크 관리

시장, 신용, 운영 리스크 간에도 이론상으로는 상관관계가 존재하여 단순합산의 경우 회사 전체 리스크는 과대 측정될 수 있기 때문에 이들 간의 상관관계를 고려하여야 한다. 파생상품 거래 시 담보부 거래를 한다면 신용리스크를 축소시킬 수 있으나 담보관리에 따르는 운영리스크 및 유동성리스크를 증가 시킬 수 있다. Wrong-way trade는 시장리스크가 신용리스크를 증폭시키는 경우로서 헤저(Hedger)와의 거래보다는 투기자(Speculator)와의 거래에서 더 큰 문제를 발생시킨다.

# 06 펀드평가

## 6.1 벤치마크의 설정

### 1) 벤치마크의 의의

벤치마크는 투자자의 투자지침이 되며 성과평가의 기준이 된다.

### 2) 벤치마크의 요건

① 벤치마크를 구성하는 종목과 비중, 구성방법 등이 정확히 표시되어야 한다. (명확성)
② 투자가능성을 지니고 있어야 한다.
③ 측정가능성을 가져야 한다.
④ 운용스타일과 전략에 부합해야 한다.
⑤ 현재의 투자견해를 반영하여야 한다.
⑥ 평가기간이 사전에 정의되어야 한다.

### 3) 벤치마크의 종류

① **시장지수** : 종합주가지수, 종합채권지수
② **섹터/스타일지수** : 중소형주, 가치주, 성장주, 국공채, 회사채
③ **합성지수** : 혼합형 집합투자기구를 위한 벤치마크
④ **정상포트폴리오** : 투자 가능한 종목만 포트폴리오 구성하며, 채권형 벤치마크로 많이 활용된다.
⑤ **맞춤포트폴리오** : 특정 집합투자기구 운용과 평가를 위한 포트폴리오이다.

## 6.2 수익률 계산

초기에 일정한 금액을 투자한 후 중간에 현금 유출입이 없는 경우에는 그 기간 동안의 수익률을 기간수익률로 쉽게 계산이 가능하다. 그러나 투자기간 중 빈번한 현금 유출입이 있는 펀드 수익률을 측정하는 것은 쉽지 않다. 이러한 경

우에 수익률을 측정하는 방법에는 시간가중수익률과 금액가중수익률(내부수익률과 동일 개념)이 있다. 시간가중수익률은 현금유입의 시기에 관계없이 기간가중수익률의 기하평균수익률을 구하는 것으로서 몇 년간에 걸친 성과를 측정하는데 적절한 방법이다. 금액가중수익률은 현금유입의 시기에 따라 수익률을 측정하는 방법으로서 수익률 측정기간 중에 증가하는 것을 연율로 계산하는데, 펀드매니저의 성과를 측정하기는 적절하지 않다. 왜냐하면 현금유입의 시기에 따라서 수익률이 달라지기 때문이다.

### 1) 시간가중수익률

시간가중수익률은 펀드 수익률을 매일매일 측정해 이를 시간가중한 뒤 기초기준가(통상 1,000원)를 곱하여 계산하는 방식으로 다음과 특징이 있다.

① 벤치마크 비교가 용이하여 운용회사 관점의 수익률이다.
② 기하수익률을 사용한다.
③ 운용기간 중 현금흐름에 영향이 없다는 특징을 가지고 있다.

### 2) 금액가중수익률

금액가중수익률은 총수익금을 총투자원금으로 나누어서 계산하는 방식으로 투자자의 실제 수익을 가장 적절하게 표현해주는 수익률 개념이다.

① 내부수익률(Internal Rate of Return : IRR)을 사용한다.
② 벤치마크 비교가 어렵다는 단점이 있다.
③ 운용기간 중의 현금흐름에 영향을 받는다.

**[예제]** A펀드의 2006년부터 2010년까지의 annualized HPR(Holding Periods Return)과 각 투자년도의 초기투자금액이 다음과 같을 경우에 금액가중수익률과 시간가중수익률은?

| 투자년도 | 투자유입금액 | 기초투자금액 | 기말투자잔고 | HPR |
|---|---|---|---|---|
| 2006 | 5,000 | 5,000 | 4,750 | -5.00% |
| 2007 | 10,000 | 14,750 | 12,508 | -15.20% |
| 2008 | 15,000 | 27,508 | 28,360.7 | 3.10% |
| 2009 | 20,000 | 48,360.7 | 63,231.68 | 30.75% |
| 2010 | 25,000 | 88,231.68 | 103,804.56 | 17.65% |

정답 : (1) 시간가중수익률

$$[(1-0.05)(1-0.152)(1+0.031)(1+0.3075)(1+0.1765)]^{\frac{1}{5}}-1$$

$$=0.0502(5.02\%)$$

(2) 금액가중수익률 : 5년 동안 75,000원이 유입되어 2010년 말에 103,804.56이 됨

$$5,000=\frac{10,000}{(1+R)}-\frac{15,000}{(1+R)}-\frac{20,000}{(1+R)}-\frac{25,000}{(1+R)}-\frac{103,804.56}{(1+R)}$$

$$=0.1425(14.25\%)$$

만약, 현금유입의 시기가 반대인 경우에 금액가중수익률은?

$$25,000=\frac{20,000}{(1+R)}-\frac{15,000}{(1+R)}-\frac{10,000}{(1+R)}-\frac{5,000}{(1+R)}-\frac{103,804.56}{(1+R)}$$

$$=0.0912(9.12\%)$$

## 6.3 위험의 측정

### 1) 표준편차

표준편차는 일정기간 동안의 수익률이 동일기간의 평균수익률과 대비하여 변동한 범위를 측정한 것(수익률의 변동성)으로, 펀드의 위험을 나타내는 가장 일반적인 지표이다.

### 2) 베타

베타는 펀드 수익률이 벤치마크 수익률의 변동에 대하여 어느 정도 민감도를 가지고 있는가는 나타내는 지표로서 펀드의 상대적 위험을 측정한다. 베타가 클수록 벤치마크변동에 그만큼 민감하게 반응하는 것으로 해석할 수 있다.

표 4-3 위험지표

| 위험지표의 종류 | 척도 | 사용용도 |
|---|---|---|
| 절대적 위험 | 표준편차, VaR | 수익률의 안정성을 중시하는 전략에 사용한다. |
| 상대적 위험 | 공분산, 초과수익률<br>베타, 상대 VaR | 사전에 자산배분이 정해지고, 실제 운용단계에서는 벤치마크를 추구하는 전략에 적합하다. |

## 6.4 위험조정성과의 측정

### 1) 정보비율(평가비율)

정보비율이란 펀드매니저의 능력을 측정할 수 있는 지표로 초과수익률을 추적오차의 표준편차로 나눈 값을 의미한다. 이는 적극적 투자활동의 결과로 발생한 초과수익률과 초과수익률에 대한 표준편차의 비율이다. 정보비율이라 칭한 이유는 벤치마크를 초과한 수익을 얻는 원천이 집합투자기구 운용자만이 고유한 정보를 사용하고 있기 때문이라고 여기기 때문이다.

$$\text{정보비율} = \frac{(\text{펀드수익률} - \text{벤치마크수익률})}{(\text{추적오차의 표준편차})}$$

펀드매니저에 대한 운용성과를 정보비율로 측정하는데 있어서 미국에서는 비율이 1.0 이상인 경우에는 '탁월'한 것으로 평가하고, 0.75 이상인 경우에는 '매우 우수'한 것으로 평가하며, 0.5 이상인 경우에는 '우수'로 평가한다.

**[예제]** A펀드매니저가 2011년도 운용한 주식형펀드의 수익률이 3%, KOSPI 수익률이 -2% 일 경우에 동 펀드에 대한 추적오차의 표준편차가 30%이라면 정보비율은 얼마인가?

정답 : $\frac{[0.03-(-0.02)]}{0.30} = 0.1667(16.67\%)$

### 2) 샤프비율(지수)

샤프비율 또는 샤프지수는 펀드 또는 포트폴리오의 성과를 측정하는 대표적인 지표로, 펀드 단위 위험에 대한 초과수익을 의미한다. 펀드의 평균수익률에서 국고채권, CD와 같은 무위험자산의 평균수익률을 뺀 뒤 펀드초과수익률의 표준편차(위험)로 나누어 산출한다. 샤프비율은 반드시 평가기간이 동일하고 동일한 유형의 집합투자기구들 간에 비교하여야 한다는 제한이 있다.

$$\text{샤프비율} = \frac{(\text{포트폴리오의 수익률} - \text{무위험수익률})}{\text{표준편차}}$$

어느 펀드의 샤프지수가 다른 펀드에 비해 높다는 것은, 펀드가 부담한 단위 위험 대비 더 많은 초과수익을 얻었다는 것을 의미하므로 이 비율의 크기를 이용하여 성공적인 펀드를 구별할 수 있는 것이다. 즉, 샤프비율이 높으면 위험조정 후 성과가 좋은 것이고, 낮으면 성과가 부진했음을 의미한다.

**[예제]** B펀드매니저가 2011년도에 운용한 포트폴리오 수익률이 5%, 1년물 국고채권 수익률이 4%일 경우에 동 펀드의 표준편차가 15%이라면 샤프비율은 얼마인가?

정답 : $\frac{(0.05-0.04)}{0.15} = 0.0667(6.67\%)$

### 3) 젠센의 알파

젠센의 알파는 펀드의 실제수익률이 시장균형을 가정한 경우의 기대수익률보다 얼마나 높은지, 즉 펀드수익률에서 균형 하에서의 기대수익률을 차감한 값이다. 수익률 민감도를 감안한 기대수익률에 비해 개별 펀드가 얼마큼 초과수익을 냈는지 알려주는 값으로 젠센 알파 값이 클수록 초과 수익이 양호한 펀드로 해석한다. 어느 펀드의 알파가 0보다 크다는 것은 베타($\beta$)위험을 가지는 펀드의 기대수익률보다 해당 펀드의 수익률이 더 높았다는 것을 의미한다.

$$\text{젠센의 알파} = (\text{펀드수익률} - \text{무위험수익률}) - \beta \times (\text{시장수익률} - \text{무위험수익률})$$

**[예제]** C펀드매니저가 2011년도에 펀드수익률이 6%, 1년물 국고채권 수익률이 4%, 시장수익률이 5%일 경우에 동 펀드의 베타($\beta$)가 1.2라면 젠센의 알파는 얼마인가?

정답 : $(0.06-0.04)-1.2\times(0.05-0.04) = 0.008(0.8\%)$

**Eye Insight**

■ 미국 매도프증권사의 폰지사기 사례

2008년 12월 미국 나스닥 증권거래소 회장을 지낸 버나드 매도프(Bernard Madoff)가 금융사기로 미국연방수사국(FBI)에 체포되어 폰지사기(Ponzi Scheme)가 전 세계 금융시장에 회자되었다. 버나드 매도프는 1960년 자신의 이름을 딴 증권사 버나드 매도프 LLC를 설립한 뒤 20년 가까이 신규 투자자의 돈으로 기존 투자자에게 수익금을 지급하는 방식으로 최대 650억 달러에 달하는 미국 역사상 최대 규모의 폰지 사기행각을 벌였다. 폰지사기는 1920년대 미국 찰스 폰지(charles ponzi)가 벌인 사기행각에서 유래되었으며 신규투자자의 자금으로 기존투자자에게 배당금이나 이자를 지급하는 다단계 금융사기를 의미하며, 고수익을 미끼로 투자자들을 끌어 들여 그 신규자금으로 기존투자자에게 투자수익금을 지급하는 방법을 이용한다. 폰지 사기란 우리가 흔히 알고 있는 불법 피라미드 사기와 유사하다. 당시 사기의 규모가 워낙 컸기 때문에 미국뿐만 아니라, 전 세계 금융계가 큰 타격을 입게 된 것이다. 우리나라 기관투자가들도 해외 헤지펀드나 해외 펀드를 통하여 가입했던 펀드 내에 이러한 거래가 속해 있어서 막대한 손실을 입은 것으로 확인되었다.

투자와 투기의 차이는 무엇일까? 버나드 매도프가 폰지 방식을 이용해서 금융사기를 벌인 규모가 650억 달러이다. 외환은행이 고시(2012. 2. 3 자)한 매매기준 환율(1,118원)로 계산해 보면 약 72조 6천 7백억 원이나 된다. 우리나라 국가예산이 309조 정도이니, 우리나라 예산의 약 25%정도가 금융사기로 피해를 당한 것이 된다. 어떻게 이런 일이 가능했을까? 그것은 바로 투자자의 투기로 인하여 가능하게 된 것이다. 그렇다면 현명한 투자란 무엇일까? 어떤 의미에서 보면 주식시장도 폰지 게임의 속성을 일부 가지고 있다 하겠다. 투자자 자신이 매수한 주식의 가격이 상승하여 매수한 가격보다 높은 가격에 주식을 매도하여 주식시장에서 빠져 나가려면 내가 매수한 후에 신규 투자자들이 주식시장에 들어와서 돈을 투자하고 그 투자는 최소한 내가 시장에서 빠져 나가기 전까지는 계속 이어져야 하기 때문이다. 결국 모든 투자에 있어서 중요한 것은 투기심을 억제하는 자제력이 아닐까? 이 자제력을 가질 때 비로소 현명한 투자자가 될 수 있는 것이다.

# 제5장
# 파생상품펀드 법규



## 01 파생상품 펀드

자본시장법에서는 파생상품 펀드에 대하여 별도로 정의를 하고 있지 않다. 그러나 금감원의 펀드명칭 표기에 다음 두 가지의 경우에 '파생형'이라는 명칭을 사용하고 있다. 첫째는 파생상품 매매에 따른 위험평가액이 자산총액의 10%를 초과할 수 있는 펀드라 지칭하고 있으며, 둘째는 집합투자기구 자산총액의 50%를 초과하여 파생결합증권에 운용하는 펀드로 지칭하고 있다.

## 02 파생상품 운용 규제

자본시장법에서는 펀드의 종류를 증권, 부동산, 특별자산, 단기금융(MMF), 혼합자산으로 구분하고 있다. 아울러 MMF를 제외한 모든 펀드에 대해 파생상품 투자를 허용하고 있으며, 다음 〈표 5-1〉의 운용규제를 적용하고 있다.

표 5-1 파생상품 운용에 대한 규제표

| 규제 분야 | 주 요 내 용 | 사모펀드의 경우 |
|---|---|---|
| 파생결합증권에 투자하는 경우 동일증권 한도 제한 | 원칙적으로 각 펀드 자산총액의 10%를 초과하여 동일증권에 투자할 수 없지만 예외적으로 파생결합증권에 대해서는 펀드자산총액의 30%까지 동일종목에 투자할 수 있다. | |
| 장외파생상품 거래 시의 제한 | 파생상품 거래 시 적격요건을 갖추지 못한 자와의 '장외'파생상품 매매를 금지하고 있다. | 사모파생상품펀드에도 동일하게 적용된다. |
| 파생상품 매매에 따른 위험 평가액 제한 | 파생상품 매매에 따른 위험평가액이 펀드순자산총액의 100%를 초과하여 투자하는 행위는 금지된다. | 사모파생상품펀드는 위험평가액 기준 400%까지 투자가 허용된다. |
| 동일법인 등이 발행한 증권의 가격변동 위험 평가액 제한 | 파생상품 매매와 관련된 기초자산 중 동일법인 등이 발행한 증권의 가격변동으로 인한 위험평가액의 10%를 초과하여 투자하는 것은 금지된다. | 사모파생상품펀드의 경우는 제한을 받지 않는다. |
| 거래상대방 위험평가액 제한 | 같은 거래상대방과의 장외파생상품 매매에 따른 거래상대방 위험평가액이 펀드자산총액의 10%를 초과하여 투자하는 행위는 금지된다. | 사모파생상품펀드의 경우는 제한을 받지 않는다. |

## 03 파생상품 투자 시 위험평가액 산정

### 1) 파생상품 투자 시 위험평가액 산정방법

파생상품 투자 시 거래에 따른 위험평가액에 대해서는 다음과 같이 산정하도록 하고 있다(금융투자업 규정).

① 선물은 기초자산가격에 거래량과 승수를 곱해 산정한다.

② 옵션매수의 경우 옵션가격(프리미엄)과 계약수를 곱해 산정한다.

③ 풋옵션매도의 경우 행사가격과 계약수, 승수를 곱해 계산한다.

④ 콜옵션매도의 경우 행사가격과 기초자산가격 중 큰 수에 계약수와 승수를 곱해 계산한다.

⑤ 장외파생상품거래의 경우 거래 당사자 간에 거래체결 시 합의한 명목원금이 위험평가액이다.

⑥ 기초자산의 교환을 포함하는 스왑의 경우 기초자산가격에 거래상대방에

게 만기까지 지급하기로 한 금전총액을 더해 산정한다. 다만 기초자산을 제외한 금전만을 교환하는 스왑거래는 만기까지 지급하기로 한 금전총액(지급예정이자)이다.

### 2) 총위험평가액 산정방식

총위험평가액을 산정하는데 있어서 과거 간접투자자산운용업법에서는 일반펀드 및 파생상품 펀드에 대해 총위험평가액 규제를 하였으나, 자본시장법시행으로 동규제는 폐지되었다. 총위험평가액은 파생상품 거래에 따른 위험평가액에 명목계약금액 및 파생상품거래금액을 제외한 펀드재산 평가액을 합하여 산출하도록 하였다.

## 04 파생상품펀드의 위험지표 공시 등

### 1) 규정

파생상품의 경우 투자위험이 매우 높은 점을 감안하여 파생상품펀드가 파생상품을 거래하는 경우에는 그 위험수준을 투자자가 쉽게 알 수 있도록 공시해야 한다. 또한 투자설명서에 위험지표의 개요와 위험지표가 공시된다는 사실을 기재해야 한다.

### 2) 공시대상 위험지표

공시대상 위험지표에는 명목계약금액의 총액인 계약금액, 만기시점의 손익구조변동, 시나리오별 손익구조 변동(Stress Test), 최대손실 예상금액 등이 있다. 최대손실 예상금액(VaR)은 10영업일의 보유기간 및 99%의 단측 신뢰구간을 적용하여 일일 단위로 측정하여야 한다. 또한 최대손실예상금액은 1년 이상의 자료 관측기간을 기초로 하여 측정하고 3개월에 1회 이상 수정・보완해야 한다.

> 최대손실예상금액(VaR) = 보유포지션의 시장가치 × 신뢰구간에 따른 표준편차의 배수 × 포지션의 변동성(표준편차)로 산정

### 3) 공시시기 및 공시방법

공시시기 및 공시방법에 있어 계약금액, 만기시점의 손익구조변동은 파생상품 거래 익일까지 공시하여야 하며, 시나리오별 손익구조변동, 최대손실예상금액은 매일 공시하여야 한다. 또한 위험지표 공시는 홈페이지에 한다.

## 05 투자자 보호제도

(1) 일반 투자자에 대한 투자권유 시의 적합성원칙, 설명의무, 손해배상책임, 부당권유 금지 등의 의무는 타 금융투자상품과 동일하게 적용된다.

(2) 자본시장법은 장외파생상품 거래 시 주권상장법인을 일반투자자로 취급한다. 다만 전문투자자와 같은 대우를 받겠다는 의사를 서면으로 통지한 경우에만 전문투자자로 인정하고 있다.

(3) 고령자, 투자경험 없는 자 등 취약투자자를 보호하기 위해 파생상품, 파생상품펀드에 대해서는 투자자 등급별로 차등화된 투자권유준칙을 마련하고 있다.

① **투자권유대행금지** : 금융투자업자는 보험설계사, 투자권유자문인력 자격요건 등을 갖춘 자에게 투자권유를 위탁할 수 있으나, 파생상품 등의 투자권유는 위탁이 불가능하다.

② **투자자 등급**

표 5-2 투자자 등급표

| 구분 | 개인투자자 | 법인투자자(개인사업자 포함) |
|---|---|---|
| 1등급 | 기타 개인 | 기타 법인(2등급 중 위험관리능력 등이 우수하다고 판단되는 법인 포함) |
| 2등급 | ① 만65세 미만이고 투자경험 1년 미만 투자자,<br>② 만65세 이상이고 투자경험 1년 이상 3년 미만 투자자 | 투자경험이 3년 미만인 비상장법인, 투자경험이 1년 미만인 상장법인 등 |
| 3등급 | 만65세 이상이고, 투자경험이 1년 미만 투자자 | - |

### ③ 투자자 등급별 투자권유 가능 파생상품 등

**표 5-3 등급별 투자가능 파생상품**

| 구분 | 장외파생상품 | 기타파생상품(개인투자자만 해당) |
|---|---|---|
| 1등급 | 제한 없음 | 제한 없음 |
| 2등급 | ① 이자율·통화스왑<br>② 옵션매수<br>③ 선도거래 | ① 원금손실률이 20% 이내인 파생결합증권<br>② 원금손실률이 20% 이내인 파생상품 집합투자증권 |
| 3등급 | ① 이자율스왑<br>② 옵션매수 | ① 원금보장형 파생결합증권<br>② 원금보장형 파생상품 집합투자증권 |

예금보험공사는 금융기관이 파산 등으로 예금을 지급할 수 없는 경우 예금의 지급을 보장함으로써 예금자를 보호하고 금융제도의 안정성을 유지하는데 이바지 하고자 설립되었다.

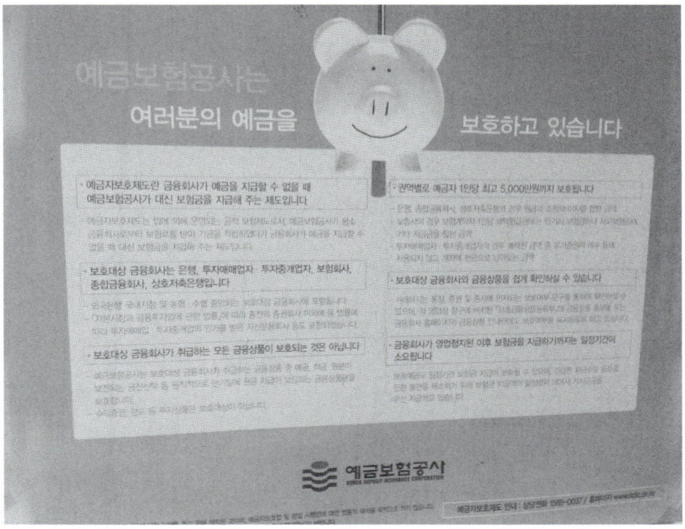

**Eye Insight**

■ 영화속의 '겜블'

1762년 영국에서 설립된 세계적인 금융회사 베어링사는 닉 리슨이라는 28세의 젊은 직원 때문에 파산하였다. 닉 리슨이 싱가포르 증권시장에서 일본의 니케이 지수선물에 잘못 투기하는 바람에 6억 1천만 파운드라는 막대한 손실이 발생하면서 영국의 자존심이라는 베어링사가 파산하여 외국회사인 ING에 단돈 1달러에 팔리게 된 사건이다. 이러한 엄청난 사건이 한 개인에 의해 발생되었던 원인은 그 전년도 전체 은행수익의 50%를 닉 리슨이 혼자 올렸기 때문에 은행에서는 자세한 조사도 없이 닉슨만 믿고, 없는 자금을 여러 투자자에게서 차입하여 운용하게 해주었다가 결국에는 투기거래로 인하여 1995년에 파산하게 되었던 것이다. 닉 리슨은 당시 경영진도 잘 모르던 고위험의 파생금융상품 거래에서 엄청난 수익을 올렸다. 1993년에는 싱가포르지점 수익의 20%를 혼자서 벌어들여 베어링스의 최대 스타로 떠올랐고 최고경영진의 신임을 한 몸에 받아, 한때 30만 파운드의 연봉과 수백만 파운드의 보너스를 받았다. 주가 선물거래에서 큰 재미를 보았던 닉 리슨은 1995년 일본 닛케이 주가지수 선물에 일생일대의 도박을 걸게 된다. 그러나 그 해 1월 고베 지진과 미국의 정책금리 변경으로 예측이 빗나가면서 14억 달러라는 천문학적인 손실을 입게 된다. 그리고 나중에 조사한 바로는 그 전년도의 수익도 닉 리슨이 다 조작한 사실로 들어났다. 그는 결국 사기와 서류위조 등의 죄목으로 1995년 12월 구속돼 6년 6개월 징역형을 받고 싱가포르 타나메라 특별감옥에서 복역하게 된다. 그러나 복역 중 그는 1998년 대장암에 걸려 대장의 일부를 제거하는 수술을 받았으며 부인과 이혼을 하였다. 하지만 모범수 생활을 해온 점이 인정돼 1999년 3년 6개월 만에 석방되었다. 닉슨은 출소 직전 자신의 파란만장한 인생역정을 담은 '악덕 거래인'이란 책을 내놓아 판권계약을 확보했으며, 영국의 수개 타블로이드 신문과는 자신의 이야기를 게재하는 대신 거액의 돈을 받기로 하기도 하였다. 인터내셔널 헤럴드 트리뷴은 4년의 수감생활과 결장암 투병을 이겨낸 닉 리슨이 사건 10여년 만에 투자위험을 분석, 경고하는 고액강사로 변신해 새 삶을 살고 있다고 보도한 바 있다. 현재 아일랜드 갈웨이 축구클럽의 단장이기도 한 그는 '악마의 손'이라는 과거 악명 덕분에 회당 강연료가 9,800달러에 이르는 것으로 전해졌다. 지금도 온라인 거래회사를 통해 외환거래를 하고 있는 닉 리슨은 "내 돈이 위험해지는 건 괜찮지만 다시 은행에 고용된다면 문제가 다르다"고 밝혀 딜러로 복귀 가능성은 부정했다고 한다.

서울에서 영업중인 중국공상은행

# 제 6 장
# 파생상품펀드 영업



## 01 파생상품펀드의 종류

### 1.1 주가연계 파생상품펀드

#### 1) 상품의 특성

주가연계 파생상품이란 파생상품의 수익이 개별종목의 가격 또는 주가지수에 연계되어 결정되는 파생상품을 말한다. 주가연계 파생상품은 2000년대 초반 이후 KOSPI200 주가지수 선물 및 옵션 거래가 활성화되면서 파생상품펀드의 대표상품이 되었다. 이와 유사한 구조적 특성을 갖는 것에는 주가연동예금(ELD), 주가연계증권(ELS), 주가연계펀드(ELF)가 있다. ELD나 ELS는 발행사인 은행과 투자매매업자의 자체 신용으로 원금보장 구조로 발행이 가능하나 ELF는 실적배당상품이므로 '원금보장'이라는 표현을 사용할 수 없고, 다만 원금보장 추구형으로 제공된다. 주가연계 파생상품펀드는 상품의 특성상 적절한 위험관리를 해야 한다. 주가연계 파생상품의 기초자산이 개별종목인 경우 거래량이 충분하여 유동성에 문제가 없는지, 주가의 변동성이 적절한지 등을 판단해야 하며, 주가지수의 경우에도 대표성이 있는지, 유동성에 문제가 없는지를 파악해야 한다.

### 2) 워런트 투자형

워런트는 '신주인수권'이라는 용어에서 시작되었지만 '옵션'과 유사한 용어로 이해되는 것으로 워런트 투자는 적은 금액으로 레버리지 효과를 발생시키는 장점이 있다. 대부분의 워런트 투자형은 자산의 대부분을 채권에 투자하여 원금보존을 추구하고 이자금액만큼 '워런트'를 매입하여 기초자산의 가격변동에 따른 수익을 추구함으로써 이자수준의 프리미엄의 지급으로 손실을 제한하는 원금보존 추구형으로 발행되나, 워런트는 장외파생상품이어서 가격위험과 신용위험에 동시에 노출되는 단점이 있다. 워런트 발행사가 파산하는 경우에는 수익의 전액 또는 일부를 회수하지 못할 수도 있다.

표 6-1 주가연계파생상품펀드의 주요 용어 해설표

| 구분 | 정 의 |
|---|---|
| 콜, 풋, 디지털<br>(수익구조에 대한 용어) | 상승형 => 콜(Call), 하락형(Put) => 풋, 상승형이든 하락형이든 일정한 제시수익률을 받거나 못 받는 구조 => 디지털(Digital) |
| 스프레드 | 기초자산이 특정구간에 있을 때는 지속적으로 수익이 상승하지만, 특정구간을 넘어서면 일정한 수익만을 받는 수익구조(안정적이며 보수적인 투자전략). 상승형 => 강세스프레드, 하락형 => 약세스프레드 |
| 레인지(Range) | 기초자산이 특정구간에 있을 때만 일정한 수익을 받고 그 외의 구간에서는 수익이 없는 구조 |
| 낙아웃, 낙인 | 기초자산 가격이 일정 수준(barrier)에 도달하면 기존의 손익구조가 사라지는 낙아웃(Knock Out), 새로운 손익구조가 생기는 낙인(Knock In) |
| 유럽형, 미국형, 아시아형<br>(평가일에 대한 용어) | 워런트의 수익이 만기에 결정되는 유럽형(대부분의 워런트), 만기 전에도 수익 확정이 가능한 미국형(낙아웃, 낙인, 레인지옵션의 일부), 특정 평가일을 정해놓고 수익률들을 결정한 후 최종적으로 평균하여 최종수익률을 결정하는 아시아형(원자재 상품에 연계된 파생상품) |
| 참여율 | 기초자산가격의 상승률 또는 하락률에 대하여 워런트의 수익이 어떤 비율로 참여하는가를 나타내는 척도 |
| 리베이트(보상수익) | 낙아웃의 경우 특정조건이 만족되면 기존의 수익구조가 사라지는데 이때 일정 정도의 수익을 보상해주는 경우 |

[그림 6-1] 콜(Call), 풋(Put), 디지털(Digital), 레인지(Range)

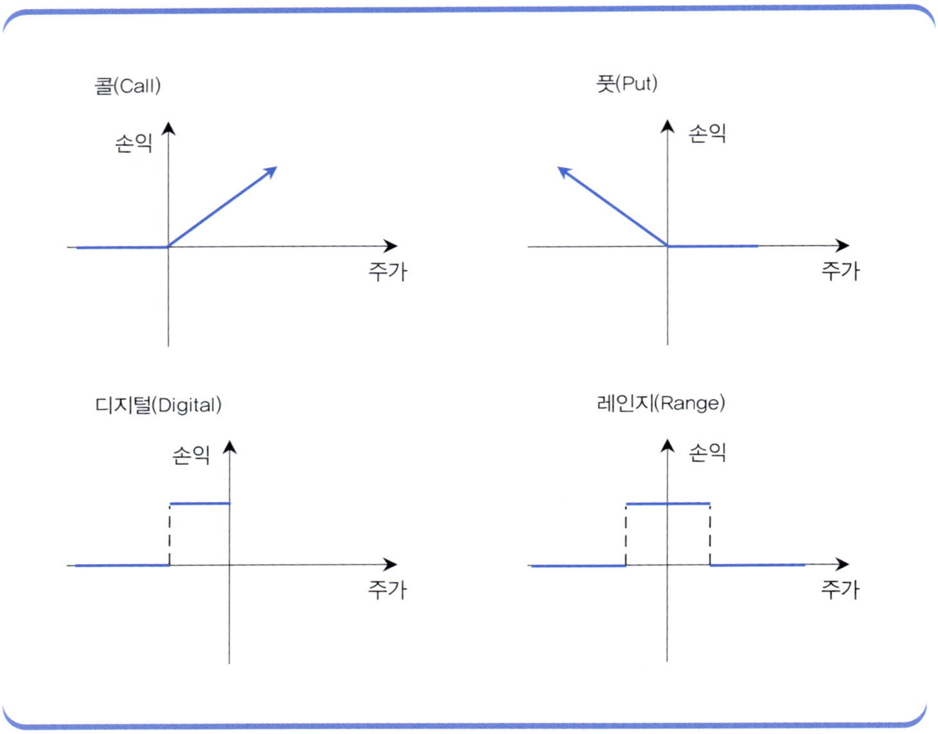


### 3) 파생결합증권 편입형 및 장외파생상품 계약형

원금보존 추구형은 기초자산의 가격움직임 또는 금리, 환율 등의 시장변동과 관계없이 원금 보존을 추구하는 펀드이다. 중도상환이 없는 펀드는 발행사의 파산위험을 무시한다면 워런트를 투자하는 경우와 유사하게 되며, 금리수준에 따라 수익률이 영향을 받게 된다. 원금비보존형은 투자시점에 상당히 높은 확률로 안정적인 수익을 얻을 것으로 예상되는 기초자산과 구조를 이용하되, 원금 손실도 가능하게 함으로써 옵션 매도의 프리미엄을 이용하여 상품의 수익을 제고시키는 상품이다. 한편 중도상환이 가능한 상승형의 원금비보존 구조에서 쿠폰(제시수익률)에 영향을 주는 것에는 첫째, 기초자산의 변동성이 클수록 쿠폰이 상승한다. 둘째, 상환조건(행사가격)이 낮을수록 쿠폰이 낮아진다. 셋째, 낙인수준이 높을수록 쿠폰이 높다. 넷째, 낙아웃 수준이 낮을수록 쿠폰이 낮다. 다섯째, 두 종목의 상관관계가 낮을수록 쿠폰이 높다. 한편 이러한 상품에는 다음과 같은 특징이 있다. 이해의 편의를 위해 대표적인 구조화상품인 원금비보존형 상품을 보기로 하자.

사례

삼성전자와 현대차를 기초자산으로 하는 투 스타 구조의 펀드이고 만기는 5년, 매 6개월마다 상환기회를 갖는 상품이다. 먼저, ① 투자기간 동안 두 기초자산 모두 20%(KO조건)를 초과하여 상승한 적이 있으면 연 8.5%의 수익률로 다음 중도상환일에 상환되는 낙아웃 구간이 존재하며, ② 낙아웃이 발생하지 않았다 하더라도 매 상환기간마다 평가일의 두 기초자산 모두 최초 기준주가 대비 80% 이상이면 연 8.5%의 수익률로 상환된다. ③ 앞의 두 경우에 해당하지 않은 상태에서 투자기간 중 두 기초자산 모두 한 번도 35%를 초과하여 하락한 적이 없으면 원금이 보존된다. ④ 투자기간 상환조건을 만족하지 않은 상태에서 두 기초자산 중 어느 하나라도 35%(KI조건)를 초과하여 하락한 적이 있는 경우 두 주가 중 더 낮은 주가의 하락률만큼 손실이 발생하는 경우이다.

[그림 6-2] 삼성전자와 현대차를 기초자산으로 하는 투 스타 구조 펀드의 성과도

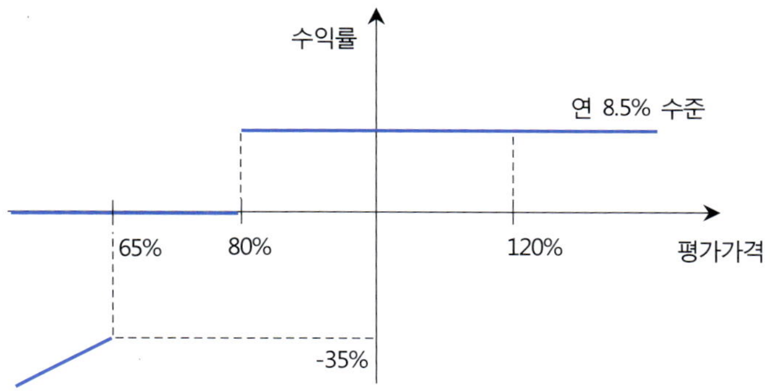


① 원금비보존형 구조에서 쿠폰(제시수익률)에 가장 큰 영향을 미치는 것은 '변동성'이다. 변동성이 높은 기초자산으로 상품을 만들 때 델타복제(구조화상품이 목표로 하는 옵션구조의 델타수준에 맞게 포지션을 조정해주는 것)를 하는 과정에서 수익을 확보하기가 용이하기 때문이다.

② 행사가격이 낮으면 상환가능성이 상승하여 발행자에게 불리하기 때문에 투자자에게 낮은 쿠폰을 제시한다.

③ 쿠폰은 원금손실가능성과 연계되는 낙인 수준에 비례한다. 낙인 수준이 높을수록 투자자에게는 안정성이 낮고 원금손실 가능성이 커지기 때문에 낙인 수준이 높을수록 쿠폰이 높다. 사례에서 낙인 수준을 35% 하락 시에

서 30% 하락 시로 상승시키면 제시 수익률을 연 8.5%에서 연 9~10.5% 수준으로 올려야 할 것이다.

④ 낙아웃 구조가 있는 경우에 낙아웃 수준은 상환가능성과 연계된다. 낙아웃 수준이 낮을수록 상환가능성이 높기 때문에 낙아웃 수준이 낮을수록 쿠폰이 낮다.

⑤ 두 종목의 상관관계가 낮으면 한 종목이 조기상환조건을 만족시키더라도 다른 하나가 만족하지 못할 가능성이 크기 때문이다.

#### 4) 장내 파생상품운용형

장내 파생상품운용형 펀드는 '금융공학펀드'가 대표적이다. 이 펀드들은 인덱스에 연동된 수익률을 추구하거나 옵션의 수익구조를 복제하거나 현물과 선물 간의 차익거래와 같은 방법으로 절대수익을 추구하는 전략을 주로 사용한다. 옵션의 수익구조를 복제하는 펀드(델타복제펀드) 중에는 풋매도 성과도를 복제하는 것이 일반적인 형태이며, '리버스 컨버터블 전략'(예를 들어, 향후 3개월간 삼성전자 주가가 15% 하락하지 않으면 연 8%)도 많이 이용된다. 리버스 인덱스펀드는 지수의 움직임과 반대의 수익률을 추구하는 펀드로서 장내 파생상품인 '주가지수 선물 매도 포지션'을 항상 보유하게 되며, 이를 통해 지수와 반대의 수익률을 추구하게 된다.

### 1.2 금리연계 파생상품펀드

금리연계 파생상품펀드는 주가연계 상품과는 달리 투기적인 수요가 적고, 오히려 이자율 위험에 노출된 투자자가 노출된 위험을 조절하기 위하여 헤지 목적으로 사용하는 것이 보편적이다.

(1) 레인지 어크루얼은 금리가 일정범위 안에 머물 때 수익을 확보하는 상품으로, 매일의 조건달성여부에 따라 쿠폰을 누적하는 것이 일반적이다.

**(예)** 쿠폰공식 = 1.7%수준 × [(0% ≤ CD 91일물 ≤ 7%)인 일수/분기 동안의 전체일수]

(2) 스프레드는 만기가 다른 두 종목 또는 신용도가 다른 두 종목의 금리차를 이용하는 상품이다.

**(예1)** 국내 IRS(이자율스왑) 5년물 금리와 1년물 금리의 차이를 이용한 상품
**(예2)** 국고채 3년물과 국내 IRS 3년물의 스프레드를 이용한 상품

(3) 복수 기초자산 상품은 기초자산이 두 개이며, 각각의 기초자산별로 쿠폰이 발생하는 경우, 두 개의 기초자산이 각각 해당조건에 만족하는 비율을 산출하고, 두 값을 곱하여 수익률(쿠폰)을 계산한다.

### 1.3 환율연계 파생상품펀드

환율연계 파생상품펀드는 1997년 아시아지역 외환위기와 2008년 서브 프라임 신용위기처럼 장기간 일정한 수준을 보이던 환율이 어느 순간 급변하는 경우가 발생할 수 있기 때문에 이 파생상품의 경우 위험관리에 신중해야 한다. 2008년 금융위기로 이머징마켓의 통화가 약세로 전환하자 펀드는 아니지만 엔화대출, 중소기업의 KIKO 거래, 역외펀드의 선물환거래 등이 대표적인 환위험 관리 실패사례이다. 원화 강세가 예상될 때는 디지털 구조가 적절하며 환율이 제한적으로 움직일 것으로 예상될 때는 낙아웃 구조가 유효하다.

**미래에셋증권이 판매중인 브라질 국채펀드**

### 1.4 상품연계 파생상품펀드

상품(commodity)은 크게 에너지, 금속, 농축산물로 나뉘며 통상 보관의 어려움으로 인해 파생상품의 형태로 거래되어 왔다. 상품연계 파생상품펀드는 높은 인플레이션 헤지효과와 타 자산과의 낮은 상관관계로 인한 분산투자 효과를 기대할 수 있으나 가격 예측이 어렵고, 변동성 및 변동폭이 매우 크다는 단점이 있다. 다음 〈표 6-2〉는 다양한 상품관련 인덱스의 종류이다.

표 6-2 상품관련 인덱스의 종류

| 구분 | 내 용 |
|---|---|
| DJ-UBSCI | 단일품목에 대한 비중제한(최소 2% 이상, 최대 15%이하), 단일 섹터에 대한 비중제한(최대 33% 이하)으로 가장 분산이 잘되어 있는 지수 |
| S&P GSCI | 에너지 섹터의 비중이 70%(특히 유가가 65%)로 에너지 의존도가 높음 |
| RICI(로저스인터내셔날) | 36개 품목으로 구성되며 그 비중은 생산량과 관계없이 국제 상거래의 상대적 중요도에 따라 산정, 전 세계 원료가격을 대표하는 목적으로 만들어짐 |
| RJ-CRB | 상품리서치 기관인 CRB에 의해 1957년부터 발표되고 있는 가장 오래된 상품지수 |

☞ DJ-UBSCI와 S&P GSCI가 상품지수 중 가장 널리 알려지고, 벤치마크로 사용되는 지수임.

### 1.5 멀티에셋 파생상품펀드

멀티에셋 파생상품펀드는 적은 투자금액으로 다양한 자산에 분산투자할 수 있으나 구조가 복잡한 경우가 많다. 그러나 멀티에셋 파생상품펀드는 자산배분을 통해 '안정적 수익'을 추구하는 것이 일반적이다.

### 1.6 기타 파생상품펀드

최근에는 부도위험, 탄소배출권, 기후, 날씨 관련 파생상품 등 지금까지 거래되지 않았던 상품들에 대한 거래가 새롭게 이루어지고 있다. 미국 시카고 옵션거래소에서는 VIX(변동성지수)에 대해 선물과 옵션거래에 대해 2004년과 2006년부터 거래를 하고 있다.

표 6-3 자본시장법 발효에 따른 신종 파생결합증권

| 구분 | 내 용 |
|---|---|
| 신용연계증권 | 기초자산의 신용수준에 연계하여 원리금을 지급하는 증권이다. |
| 펀드연계증권 | ① 특정펀드의 수익률에 연계하여 원리금을 지급하는 증권이다.<br>② CPPI 기법(수익률에 따라 안전자산과 위험자산 간 배분을 적극적으로 하는 원본보존전략)을 이용하여 원금을 보장하는 경우가 많다. |
| 재해연계증권 | 재해발생에 따른 손해의 규모와 연계하여 원리금을 지급하는 증권이다. |

## 1.7 파생상품펀드의 투자기법

### 1) 파생형 인덱스펀드

파생형 인덱스펀드는 특정지수의 움직임을 쫓아가도록 만든 펀드이므로, 시장을 추종하는 수동적 투자전략이다. 이러한 펀드의 운용기법에는 지수를 추종하는 방법으로 ① 지수를 구성하는 종목을 직접 활용하는 방법, ② 지수를 기초자산으로 하는 장내파생상품을 활용하는 방법, ③ 지수의 수익률을 받기로 약속한 장외파생상품을 활용하는 방법이 있다. 투자기법은 주식시장이 오르면 인덱스 펀드에 가입하고, 주식시장이 하락할 것 같으면 가입한 인덱스 펀드를 해지하면 된다. 대부분의 인덱스펀드는 목표로 하는 지수수익률 움직임에서 크게 벗어나지 않기 때문에 상위펀드와 하위펀드간의 편차가 액티브펀드에 비해 크지 않다. 인덱스 펀드는 운용목표, 추종지수, 운용방식에 따라 다양한 종류가 있다. 주식형, 채권지수를 추종하는 펀드, 상품지수를 추종하는 펀드 등 다양하며, 추종지수는 여러 종목으로 구성하여도 무방하다. 파생형 인덱스펀드의 대부분은 KOSPI200지수를 추종하는 인덱스펀드이며, 또한 KOSPI200지수를 추종하는 대부분의 인덱스펀드(ETF 제외)는 파생상품을 활용하는 알파추구형이다.

### 2) 포트폴리오 보험형펀드

포트폴리오 보험형펀드는 보유하고 있는 포트폴리오 가치의 하락위험을 일정수준으로 제한하면서 주가상승국면에서 가치상승의 일정부분을 확보하는 위험관리 기법이므로 주식투자자와 채권투자자의 중간수준의 위험을 부담하고자

하는 투자자에 적합하다. 이 펀드의 운용기법은 시장상황의 변화에 따라 포트폴리오 내의 위험자산과 무위험자산의 비율을 능동적으로 변화시켜, 주가하락 시 보장치를 확보하고, 주가상승 시 주가상승으로 인한 이익의 일정부분을 참여하도록 한다. 이 펀드는 전체적으로 콜옵션의 성과를 복제하고자 하는 기법이다. 주요 투자기법은 주가 상승 시에는 매수하고 주가하락 시 매도하는 전략을 구사한다. 또한 일정수준에서 손절매를 시행한다. 한편, 주가 상승 시에도 손실제한을 위해 100% 주식 포지션을 유지하지 않기 때문에 일반적인 주식형 펀드보다는 수익률이 상대적으로 낮다.

표 6-4 포트폴리오 보험형 펀드의 종류

| 구분 | 주 요 내 용 |
|---|---|
| 방어적 풋전략 | ① 주식 + 풋옵션 매입<br>② 주식 하락 시 풋옵션이 보상해주는 보험역할<br>③ 주가 상승 시 풋옵션은 소용이 없어진다.(풋옵션을 사는 비용만큼 손해) |
| 콜옵션을 이용하는 방법(이자추출전략) | ① 예컨대 원금 100억 원 중 95%를 예금, 채권 등 안전자산에 투자하고 + 나머지 5%(이자율에 해당하는 부분)로 콜옵션 매수<br>② 주가가 하락하면 콜옵션가치는 제로가 되지만 채권이나 예금에 이자가 발생하여 원금을 회수하면 되고, 주가가 상승하면 콜옵션에서 커다란 수익이 발생한다. |
| 옵션복제전략 | ① 일정비율보험전략(CPPI) : 향후 일정기간동안 주가하락률이 최대 50%라고 한다면 주식 10억 원 투자 시 5억 원의 원금은 보존된다. 따라서 원금 100억을 투자할 때 채권에 90억 원, 주식에 10억 원 투자함으로써 최악의 경우에도 채권의 원리금 95억 원과 주식 보존원금 5억 원을 합쳐 100억 원이 보존된다. (무위험이자율 5% 가정. 페롤드&블랙존스)<br>② 시간불변포트폴리오보존전략(TIPP) : 투자개시 이후 포트폴리오 최고가치의 일정비율을 방어하도록 CPPI의 보장치 조정방법을 개선한다. (이스텝-크리츠먼)<br>③ 상승장에서는 TIPP보다 CPPI가 성과가 좋고, 하락장 및 횡보장에서는 TIPP가 CPPI보다 성과가 우수하다. |

☞ CPPI(Constant Proportion Portfolio Insurance), TIPP(Time Invariant Portfolio Protection)

### 3) 시장중립형펀드

시장중립형펀드는 시장의 움직임과 무관하게 사전에 정해진 목표수익률을 추구하는 절대수익 추구형펀드이므로, 투자자산이 비록 주식 등 위험자산임에도 불구하고, 보수적 투자자가 선호하는 유형의 펀드이다. 이 펀드의 운용기법은 주로 차익거래(arbitrage)를 이용한다. 차익거래는 두 개 이상의 시장 또는 상품을 이용하여 이론적으로 두 시장 또는 상품간의 가격이 균형을 벗어나는 경우 이익을 얻는 경우를 말한다. 예컨대, 선물가격이 일시적으로 고평가되고 있을 때(Contango) 이를 매도하고, 상대적으로 저평가된 주식(현물)을 매수하는 '매수차익거래'와 그 반대로 선물가격이 일시적으로 저평가되고 있을 때(Backwardation) 이를 매수하고, 상대적으로 고평가된 주식을 매도하는 '매도차익거래'가 이에 해당한다. 그러나 비록 실제시장에서 선물가격이 이론가격과 차이가 있다 하더라도 거래비용 이상의 차이가 나지 않는다면 실제 거래는 일어나지 않는다.

[그림 6-3] 콘탱고(Contango)와 백워데이션(Backwardation)

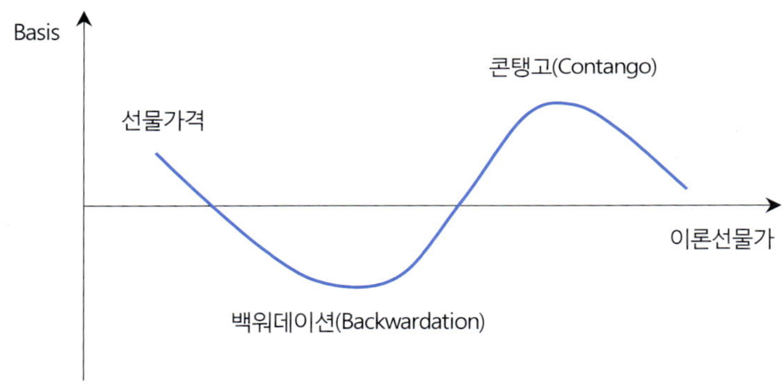


이러한 시장중립형펀드는 보수적인 개인투자자나 기관투자가에게 적합하다. 차익거래의 기회가 상당기간 발생하지 않는 경우 목표수익률 달성이 어려울 수도 있다. 따라서 일정한 위험을 감수하고 준 차익거래나 스프레드 거래를 통해 수익을 추가하는 경우가 많은데 결과적으로 무위험이자율 이하의 수익률이 실현될 수도 있다. 국내 대부분의 시장중립형 펀드는 주가지수선물 및 옵션을 활용한 차익거래를 통해 수익을 추구하는 펀드가 대부분이다. 그 외 합병차익거래(기업이 인수합병할 때 인수하는 기업과 피인수기업간의 주식교환비율과 실제 시장가격비율의 차이를 이용하거나, 인수합병에 반대하는 주주에게 주어지는 주식매수청구권을 이용하는 거래), 전환사채 차익거래 등을 통해 일정한 수익 추구가 가능하다. 한편 헤지펀드도 차익거래, 공매도 등을 통해 다양한 수익을 창출하고 있는데 낮은 투명성과 함께, 비록 일부이긴 하지만 비정상적인 투자대상을 찾아 높은 레버리지를 통해 투기적으로 투자하는 펀드가 문제가 되기도 한다. 또한 높은 수수료와 유동성 제약도 헤지펀드의 단점이다.

**[예제]** 최근 갑 전자회사는 을 바이오 회사 인수를 발표하면서 을 바이오회사 주주에게 10주당 갑전자회사 주식 5주를 주겠다고 했다. 현재 시장에서 갑 전자회사 주식은 한 주에 50만원에 거래되고 있고, 을 바이오 회사 주식은 한 주에 20만원에 거래되고 있다. 수익을 남길 수 있는 투자기법을 말하라.

정답 : 적정가 대비 낮게 거래되는 을 바이오회사 주식을 매수하고, 갑 전자회사 주식을 매도(공매도)하면 된다.

### 4) 구조화형 펀드(금융공학형 펀드)

구조화펀드는 금융공학형 펀드라고도 불리며, 시뮬레이션을 통해 산출된 목표수익구조를 사전에 제시하고 금융공학기법으로 운용하는 펀드로서 채권투자 수익률에 만족하지 못하는 투자자가 약간의 위험을 부담하고 채권투자에 따른 수익에다가 초과성과를 얻기 위해 접근하는 유형이다. 이 펀드의 운용기법은 주로 델타헤징기법을 이용한다. 델타값이 올라가면 주식편입비율을 높이고, 델타값이 떨어지면 주식을 일부 팔아 차익을 실현하는 과정을 반복한다. 주요 투자기법은 지수 등락이 반복되는 변동성 장세에서 꾸준한 수익을 내며, 지수가 지속적으로 떨어질 경우에는 손실이 불가피하다. 선진국 증시처럼 변동성이 낮은 시장에서는 힘을 쓸 수 없다. 이러한 펀드는 특정옵션을 복제하여 '채권 + 알파'수익률을 추구하는 것이 대부분이며, 원금보존 추구형과 원금비보존형이 있다.

### 5) 시스템 운용형 펀드

시스템 운용형 펀드는 펀드매니저의 주관을 배제한 채 시스템에서 보내주는 매매신호에 따라 거래하는 펀드이다. 시장이 등락을 반복하거나 하락구간에서는 일반적으로 성과가 부진할 가능성이 있다. 이 펀드의 운용기법은 자산배분전략과 방향성투자(상대적으로 가격이 오르는 품목에 추세적으로 투자하는 '모멘텀전략'과 가격이 상대적으로 덜 오른 품목에 투자하는 '역발상전략')를 한다. 투자기법은 주로 파생상품 시장만을 대상으로 활용하므로 고유의 수익구조를 가지고 있다.

전통적인 자산에 투자하는 일반적인 펀드와는 상관관계가 매우 낮은 것으로 보고되고 있으며 종류에는 국내자산 배분형과 글로벌자산 배분형이 있다.

## 02 파생상품펀드의 특성

### 2.1 파생상품펀드의 특성

(1) 다양한 수익구조를 가지고 있다. 파생상품 등장 전에는 기초자산의 가격이 상승할 때 매수라는 전략만 가능했으나, 선물의 등장으로 양방향투자 및 시장중립투자가 가능하게 되었다. 옵션의 등장으로 투자자가 예상하는 방향으로 시장이 움직일 때는 이익을 향유하면서 반대 방향으로 움직일 때는 손실의 폭을 제한할 수 있게 되었다. 그리고 옵션은 다양한 손익, 다양한 행사가격 및 만기가 존재하므로 여러 가지 수익구조를 만들 수 있게 되었다.

☞ Worst Performer **구조** : 기초자산이 두 개 이상일 때 기초자산 중 수익률이 낮은 자산을 기준으로 상품의 수익을 결정하는 것이다. 예컨대, 삼성전자 주가가 30% 하락하고 현대자동차 주가가 15% 상승했다면 현대자동차 주식의 수익률은 구조화 상품의 수익률에 영향을 미치지 못하고, 삼성전자의 주식수익률만 영향을 준다. 참고로, Best Performer 상품은 사실상 시장에 없다.

(2) 다양한 위험요인이 존재한다. 파생상품의 등장으로 수익구조가 다양해짐에 따라 다양한 위험에 노출되게 된다. 따라서 파생상품 펀드에 투자하려 할 때는 투자하려는 해당 상품에서 발생할 수 있는 위험요인에 대한 철저한 이해가 선행되어야 한다. 장내파생상품에서는 레버리지를 사용하므로 베이시스위험과 변동성위험을 고려하여야 하며, 장외 파생상품이 편입된 펀드의 경우 이에 더하여 거래상대방의 신용위험도 고려해야 한다. 한편 베이시스위험은 선물과 현물의 가격차이인 베이시스의 증감에 따른 위험을 의미한다.

## 03 파생상품펀드 활용전략

### 3.1 파생상품펀드 주요 전략

파생상품펀드는 일반적으로 위험하고 어려우며 높은 레버리지를 이용하는 고수익상품으로 이해되고 있으나, 투자자의 시장전망이나 위험과 수익에 대한 성향을 감안한다면 다른 펀드보다 훨씬 보수적이고 안정적으로 운용할 수도 있다.

#### 1) 포트폴리오 투자방법

포트폴리오 투자에는 크게 Static Allocation Strategies와 Constant Mix Strategies 및 핵심-주변부전략으로 구분할 수 있다. Static Allocation Strategies는 투자초기 정해진 비율대로 위험자산과 무위험자산에 포트폴리오를 배분한 뒤 만기까지 그대로 유지하는 전략이며, Constant Mix Strategies는 투자초기 정해진 금액만큼 위험자산에 배분한 뒤 위험자산 배분금액을 일정하게 유지하는 전략이다. 한편 핵심-주변부전략은 자신의 포트폴리오를 핵심 포트폴리오와 주변부 포트폴리오로 나누어, 핵심 포트폴리오는 시장움직임에 연동되는 주식형 인덱스펀드나 ETF로 구성하여 벤치마크 수익률 달성을 목표로 하며, 주변부 포트폴리오는 시장대비 초과수익 추구를 목적으로 자산배분을 구성하는 전략이다. 보수적 투자자라면 핵심포트폴리오를, 공격적 투자자라면 주변부 포트폴리오의 비중을 높여 투자한다.

#### 2) 효율적 투자선 개선

파생상품펀드는 비선형적인 수익구조를 가지고 있어 선형수익구조만을 가진 상품에 투자하는 경우보다 위험을 경감할 수 있는 다양한 방법을 갖고 있다. 따라서 변동성과 상관관계에 따라 가치가 연동되는 파생상품펀드에 투자한다면 투자자는 또 다른 수익추구 기회를 얻게 된다.

### 3.2 펀드 포트폴리오 구성 시 고려해야 할 사항

(1) 현재의 경기상황과 앞으로의 시장전망을 예측한다.

(2) 전체 자산에서 파생상품펀드가 차지하는 비중을 정한다.

(3) **투자대상 자산의 선택 기준** : 투자대상자산의 선택 시 투자자의 이해도와 예측가능성을 중심으로 선택하여야 하며 구조와 기초자산이 투자자에게 낯선 것은 피해야 한다. 펀드매니저는 소중한 고객의 자산을 본인도 이해가 안 되는 펀드에 투자해서는 안 된다.

(4) **투자기간 및 중도상환 가능 여부** : 시장에서는 판매수수료나 다른 투자기회 활용을 위해 유동성을 확보한다는 측면에서 단기적으로 운용하는 경향이 없지 않으나 고객의 수익에 우선하여 빠른 상환과 재투자를 유도하는 것은 바람직하지 않다.

(5) **원금 보존 여부** : 원금보존추구형의 경우 수익률이 낮고 상환이 늦어질 수 있다는 단점이 있으나 자금의 성격에 따라서는 예컨대, 예금을 대체한다거나 연금생활자 등 원금손실에 대한 부담이 큰 투자자에게는 원금보존 추구형을 추천하는 것이 바람직하다.

(6) **수익구조** : 투자자의 이해 등을 감안하여 가급적 단순한 수익구조로 투자자 입장에서 결정하는 것이 좋다.

(7) 투자자의 성향 및 투자의사를 파악한다.

## 04 펀드고객 상담관리

### 4.1 파생상품펀드의 경우 특별히 설명해야 할 사항

자본시장법에는 투자자보호제도를 두어 투자권유 대상상품의 내용 및 투자위험을 설명해야 하는데 특히 파생상품펀드의 경우 별도로 수익구조, 기초자산, 운용전략에 대해 투자자가 이해할 수 있도록 설명해야 한다.

(1) 주가연계 파생결합증권의 수익구조 및 제시수익률에 영향을 미치는 것으로서 첫째, 수익구조와 관련된 사항으로 ① 기초자산의 변동성, ② 기초자산 간의 상관관계, ③ 상환조건, ④ 원금손실 가능수준이 있다. 둘째, 파생상품펀드는 변동성이 크면 위험이 크고, 기대수익률도 높아져 제시수익률(쿠폰)이 상승한다. 셋째, 기초자산간의 상관관계가 낮을수록 기초자산 하나가 상환조건을 만족하더라도 다른 하나가 만족하지 못할 가능성이 크므로 그만큼 손실발생가능성이 높은 상품이 된다. 넷째, 상환조건, 즉 행사가격이 낮으면 상환가능성이 상승하므로 그만큼 투자자에게 제시할 수 있는 수익률은 낮아지게 된다. 마지막으로 원금손실 가능성이 낮을수록 안정적이므로 Knock-in, Knock-out 이 낮으면 제시수익률도 낮다.

(2) 이자율연계 파생결합증권의 경우 관련기초자산의 변동성이 낮고, 유동성이 떨어져 매력적인 수익률을 제시할 수 있는 수익구조를 만들어내기 어렵고, 제시된 수익구조의 가격유지도 힘들어 일반인 대상의 공모펀드에 편입할 수 있는 파생결합증권을 발행하기 어렵다.

### 4.2 기초자산

(1) 파생결합증권 중 원자재 등의 상품(Commodity)을 기초자산으로 하는 유형과 자산배분유형의 경우에는 특정한 수익구조에 앞서, 해당 기초자산에 대해 구체적이고 정확한 설명이 가능해야 한다.

(2) 신용파생상품의 경우 높은 수익률을 제시하는 다양한 종류의 구조화 채권으로 진화하고 있다. 신용연계채권(Credit Linked Notes)은 여러 개의 기업을 대상으로 하여 그 중 하나의 기업이라도 파산하면 책임을 지는 구조로 만들어서 1개 기업을 기초자산으로 한 것보다 높은 프리미엄을 받을 수 있는 상품(First to Default CLN)이 있는데, 발행사의 신용리스크 뿐만 아니라 다른 여러 회사들의 신용 리스크 및 그 상관관계에 대한 설명이 필요하다. CDO(Collateralized Debt Obligation, 부채담보부증권)의 기초자산인 다양한 채권들을 CDS(Credit Default Swap, 신용부도스왑)로 대체한 '합성CDO'는 그 성격이 CDO로서 투자

한 증권인지 CDO를 바탕으로 한 파생결합증권인지에 대해 의견이 분분한 데 CLN과 마찬가지로 각 CDS의 리스크 및 그 CDS 간의 상관관계에 대한 설명이 필요하다.

### 4.3 운용전략

파생상품의 운용 및 투자기법에 대하여 충분히 숙지하고 해당 운용전략을 투자자에게 설명하는 것이 중요하다.

#### 1) 인덱스펀드와 채권형펀드의 경우

벤치마크 + 알파의 수익을 추구하는데 추가수익을 올리기 위한 매매기법 및 매매비용에 대한 설명 및 때로는 비용이 수익을 초과할 수 있다는 점도 주지시켜야 한다.

#### 2) 시장중립형 펀드를 비롯한 제반 시스템펀드의 경우

시스템을 통해 절대수익률을 추구하는 시스템펀드의 경우 장기간에 걸쳐 평균적으로 높은 수익률이 가능하므로 일반 증권펀드에 비해 보유기간을 길게 잡는 것이 유리하다.

#### 3) 언펀디드 스왑(Unfunded Swap) 유형

워런트 유형과 달리 스왑거래는 본질적으로 거래 이후 주기적으로 주어진 조건에 따라 거래상대방과 현금흐름을 주고받는 교환거래이므로, 거래상대방과의 신용리스크가 발생한다. 따라서 스왑거래에 따른 신용리스크 경감방안이 필요하게 되는데 Unfunded Swap형태를 통해 거래상대방의 신용리스크를 경감할 수는 있으나 이때 담보부거래에 따른 제반 운영리스크를 증폭시킨다는 점에 유의해야 한다.

#### 4) 환리스크헤지

외화표시 금융상품에 투자하는 경우 외환리스크에 노출되므로, 통화관련 파생상품을 활용하여 환리스크를 헤지하게 된다. 헤지비율과 헤지방법에 대하여 판매사로서는 어떤 헤지방법을 권하는 것이 바람직한가의 문제가 발생한다. 한편, 옵션의 매입과 매도를 활용하는 Zero Cost Strategy를 통해 초기자금 부담을 경감하는 방법도 있으나 KIKO의 예처럼 불필요한 포지션발생에 따른 과도한 손실발생이 우려되기도 한다.

**Eye Insight**

■ 「천재들의 실패」라는 책 속에서 LTCM 사례

「천재들의 실패」라는 책을 읽어 본적이 있는가? 바로 이 「천재들의 실패」라는 책에서 다루고 있는 내용이 LTCM의 내용이다. LTCM(Long Term Capital Management)은 매우 특별한 헤지펀드였다. 1994년에 설립되어 전 세계적으로 매우 우수한 인재들이 모여 펀드를 운용하였다. 이 펀드에는 살로먼 브라더스의 재정거래부문을 창설했던 월가의 전설적 인물인 존 메리웨더, 노벨상 수상자인 마이런 숄즈와 로버트 C. 머튼, 전 Fed 부위원장인 데이비드 멀린스 등 160명의 파트너로 구성되었다. 또한 자산운용업을 학계에서 최고의 모델들로 길들였던 지식인들로 구성되었다. 이러한 우수한 인력구성으로 인해 LTCM은 출범 시부터 12.5억 달러로서 헤지펀드로는 최대 규모를 조성하였다. 설립조건은 상당히 엄격하여 최소투자액이 1천만 달러이고 3년간의 환매금지 및 2%의 운용보수와 25%의 성과보수를 요구하였다. 하지만 이들은 단 4년 만에 1,000억 달러에 가까운 천문학적인 돈을 손해보고 미국 경제 전체를 위기로 몰아넣게 된다. 채권 중개회사 살로먼 브라더스 부사장 출신인 존 메리웨더는 월가에서 채권거래로 수억 달러를 벌어들인 투자의 귀재였다. 그는 자신의 회사에 미국 MIT 교수였던 마이런 숄즈와 하버드대 교수였던 로버트 머튼을 끌어들였다. 이들은 파생금융상품 가격결정이론인 블랙-숄즈 모델을 개발한 공로로 1997년 노벨 경제학상을 받았다. 여기에 한 때 그린스펀의 후계자로 지목됐던 데이비드 멀린스까지 영입하면서 미국 언론들은 LTCM을 '세계 최고의 금융집단'이라고 부르며 찬사를 아끼지 않았다.

LTCM은 "시장이 효율적이라면 채권이나 옵션 등 모든 금융상품은 결국 최적의 가격에 수렴할 것이다. 따라서 그 상품의 최적가격을 먼저 계산할 수 있다면 현재가격과의 차이만큼 돈을 벌 수 있다."라는 내용의 최신 금융이론으로 무장한 천재들을 앞세워 각 채권의 적정 스프레드(금리차이)와 옵션의 적정가격을 계산하였고, 여기에 파생상품 가격결정모형인 블랙-숄즈 이론을 적용한 파생상품 투자로 위험을 제거하였다. LTCM은 이 같은 이론을 실제 투자에 광범위하게 적용하였고 단기간에 시장의 기대를 뛰어넘는 놀라운 성과를 올렸다.

1994년 출범 첫해, 다른 펀드들이 마이너스 수익률을 기록할 때 28%

라는 놀라운 수익률을 올렸다. 다음 해인 1995년에도 이 펀드의 수익률은 17.1%나 되었다. 이렇게 승승장구 하던 LTCM이였기에 대형 은행들은 LTCM에 대출해 주기 위해 동분서주 했다. LTCM은 이들 은행자금을 이용해 선물시장과 파생금융상품에 투자하였다. 이때 LTCM은 자신의 자본금의 최고 1만%까지 돈을 빌려서 투자를 하였다. 그러나 LTCM은 1998년 한 순간에 몰락의 길을 걷게 된다. LTCM은 아시아를 강타한 외환위기 이후 러시아 등 개도국의 채권금리와 미국 등 선진국의 채권금리 간 차이(스프레드)가 자신들의 계산에 비해 지나치게 확대된 것으로 판단한 결과 러시아 채권을 대거 매수하고 미국채권을 '공매도'하는 전략을 구사하였는데 러시아가 모라토리엄(국가적 채무지불 유예)을 선언하게 되면서 이들이 매수한 채권은 한순간에 휴지조각이 되었고 안정성이 높은 미국 채권가격은 천정부지로 치솟게 되었다.

그 결과 LTCM은 자본금의 54배에 달하는 1,250억 달러를 파생금융상품에 투자해 약 1,000억 달러의 손실을 입게 된다. 이처럼 LTCM 천재들의 실수는 바로 시장에 아무도 살 사람이 없는 극단적인 경우, 즉 시장이 붕괴될 수 있다는 위험을 과소평가 한데서 비롯되었다고 할 수 있다. 이들에게 시장은 충분히 합리적이어서 모든 상품가격은 최적가격에 수렴되어야 한다. 그러나 러시아가 파산하면서 채권이 순식간에 휴지조각이 될 수도 있다는 계산은 그들이 자랑하는 '투자모형' 어디에도 존재하지 않았다. 월스트리트 최고 천재들의 실험은 이처럼 허무하게 끝나버렸다. LTCM의 파산은 미국 정부와 은행들을 궁지로 몰아넣었다. 당시 LTCM 파생상품의 장부가는 무려 1조 5,000억 달러였다. LTCM의 파산은 결국 미국 은행들의 파산을 의미했다. 어쩔 수 없이 연방은행(FRB)은 36억 5,000만 달러에 달하는 구제금융을 지원하고서야 금융공황을 막을 수 있었다.

# 제 7 장
# 파생상품펀드 투자



## 01 선물

### 1.1 선물거래의 경제적 기능

(1) 미래가격을 발견하는 기능을 가지고 있다. 선물거래에는 경제주체들의 미래 자산가격에 대한 예측이 반영되어 있어 선물가격은 미래의 자산 또는 상품 가격에 대한 매우 중요한 정보를 제공한다. 예컨대 3개월 만기 석유 선물가격은 3개월 후의 석유의 실제가격 형성에 영향을 미치게 된다.

(2) 리스크를 전가하여 헤지하는 기능을 가지고 있다. 선물시장을 포함한 파생상품시장은 기본적으로 위험을 거래하는 시장이다. 경제주체 간에 미래의 일정시점의 상품의 가격에 대한 예상이 동일하다면 선물거래는 일어나지 않는다. 그러나 가격변동성이 클수록 경제주체 간에 미래에 대한 예상이 큰 차이를 보이게 되며 위험의 크기 또한 커지게 된다. 이때 위험을 회피하려는 경향의 투자자와 이를 토대로 수익을 올리려는 투자자의 투기적 거래가 결합되면 활발한 선물거래가 진행된다. 선물시장은 미래의 자산가격의 불확실성을 토대로 서로 예상이 다른 투자자 사이에서 위험이 거래되는 시장이라 할 수 있다. 선물거래의 기능 중 가장 중요한 기능이다.

(3) 금융시장의 효율성을 증대시켜 현물시장의 유동성을 향상시키는 기능을 가지고 있다. 현물시장과 선물시장에서 거래되는 가격의 불균형이 존재할 경우 투자자들은 고평가된 쪽을 매도하고 저평가된 쪽을 매수하여 차익거래를 통해 이익을 실현한다. 현물시장만 존재할 경우에 비해 선물시장의 존재는 선물시장과 현물시장 모두를 효율적으로 기능하게 만든다.

(4) 거래비용을 절감할 수 있다. 주가지수 선물시장에 투자하는 것은 주가지수를 구성하는 모든 종목에 투자하는 것과 동일한 효과를 내면서도 적은 비용이 발생한다.

## 1.2 선물의 본질과 거래 구조

(1) 선물거래는 기본적으로 계약의 만기시점을 정해놓고 만기시점에서 기초자산을 미리 정한 가격에 매도 또는 매수하기로 지금 계약을 하는 거래를 말한다.

(2) 선물거래와 유사한 것으로 선도거래가 있다. 선도거래와 선물거래는 계약시점과 실물인수도가 상이한 시기에 이루어지는 거래라는 점에서는 동일하나 선도거래는 표준화된 계약조건이나 거래장소의 제한 없이 당사자 간의 일대 일 합의로 이루어진다. 선물거래는 조직화된 거래소에서 표준화된 거래조건으로 거래된다. 선도거래는 거래가 당사자 간에 신용상태에 영향을 받으나 선물거래는 ① 증거금, ② 일일정산제도의 도입을 통해 신용위험을 없애고, 만기 이전에도 반대매매를 통해 중간에 청산할 수 있다.

**증거금(margin)** : 일일정산과정에서 증거금 수준이 유지증거금 수준 이하로 내려가면 '개시증거금' 수준으로 회복하도록 요구하는 것을 '마진콜'이라고 하며, 이에 응하지 않을 경우 거래소는 반대매매를 통해 계약을 청산한다. 미결제약정은 일정시점 기준으로 반대매매에 의한 청산 없이 남아있는 계약 수를 의미한다.

## 1.3 보유비용모형

### 1) 선물의 균형가격

선물의 균형가격은 현물시장과 선물시장 양쪽에 대해 차익거래 이익을 낼 수 없도록 선물시세가 형성된 경우를 말한다. 선물의 균형가격은 이자율 등가식(Interest rate Parity)에서 볼 수 있듯이 보유비용으로 결정된다.

**[보유비용 모형에 따른 주식선물 이론가격 산출식]**

주식선물 이론가격 = t시점의 주가 × {1+ (무위험이자율 – 배당수익률)}
× t시점부터 만기일(T)까지의 잔존일수/365

### 2) 이론가격과 선물가격의 괴리

이론가격과 선물가격의 괴리가 발생하면 차익거래가 가능하게 된다. 즉, 매수차익거래로서 선물시세가 균형보다 높으면 '선물 매도+현물 매수'를 통해 균형이 회복하게 되며, 매도차익거래로서 선물시세가 균형보다 낮으면 '선물 매수+현물 매도'를 통해 균형이 회복하게 된다.

표 7-1 매수차익거래와 매도차익거래

| 차익거래의 종류 | 현물시장 | 선물시장 |
|---|---|---|
| 매수차익거래<br>(cash and carry : 현물보유전략) | 매수 | 매도 |
| 매도차익거래<br>(reverse cash and carry : 역현물보유전략) | 매도 | 매수 |

**[예제]** 주가지수가 1800, 이자율 연 5%, 배당수익률 연 1%인 시장에서 만기 1년인 주가지수 선물이 1900에 거래되고 있을 때 적합한 거래는 무엇인가? (거래비용은 없으며, 향후 베이시스 변동도 없다고 가정함)

정답 : 이자율과 배당수익률, 잔존만기와 현재 주가를 통해 얻을 수 있는 선물의 이론가격은 1800 × {1+(5%−1%)} × 365/365 = 1,872이므로 현재 선물가격이 이론가격보다 높은 상태이므로 선물을 매도하고 현물을 매입하는 현물보유전략이 유리하다.

### 3) 선물환의 균형가격

선물환의 균형가격은 양국 간의 금리차를 반영하는 이자율 등가식으로 결정된다. 차익거래가 가능하다는 것은 균형이 아닌 상황이 계속되는 것이다. 선물환시세가 균형가격보다 높다면 상대적으로 고평가된 선물환을 매도하고 상대적으로 저평가된 현물환을 매수하는 차익거래가 가능하다. 선물환시세가 균형가격보다 낮다면 상대적으로 저평가된 선물환을 매수하고, 상대적으로 고평가된 현물환을 매도하는 차익거래가 가능하다. 선물환이 차익거래 불가능 조건을 벗어날 경우 '차익거래'에 의해 균형상태가 회복된다. 한편, 차익거래는 선물이론가격에 일정한 '거래비용'을 고려한 범위 이내에서는 차익거래에 따른 실익이 존재하지 않는다. 이러한 차익거래의 실익이 존재하지 않는 가격대를 차익거래 불가능 조건이라 한다.

## 1.4 선물을 이용한 투자전략

### 1) 투기거래

투기거래도 법의 테두리 안에서 규칙을 준수하고 이에 따른 세금을 제대로 낸다면 투자와 동일하다. 다음 〈표 7-2〉는 선물거래에 따른 주요 전략이다.

표 7-2 선물가격에 따른 전략

| 구 분 | 전 략 | 내 용 |
|---|---|---|
| 선물가격이 현재보다 상승할 것으로 예상하는 투자자 | 저가매수 후 고가매도 전략 | 매수 포지션을 취한 후 예상대로 선물가격이 상승하면 매도포지션을 실행 |
| 선물가격이 현재보다 하락할 것으로 예상하는 투자자 | 고가매도 후 저가매수 전략 | 공매도 후 예상대로 선물가격이 하락하면 선물을 매수하여 청산 |

선물거래에는 선물계약과 만기가 존재한다. 매수포지션을 취한 경우 현물자산의 경우는 가격의 변동에도 불구하고 오를 때까지 얼마든지 원하는 만큼 기다릴 수 있으나 선물계약에는 만기라는 게 있어 만기 이전에 가격이 오르지 않으면 이익을 실현할 수 없다.

### 2) 헤지거래

헤지거래는 선물의 위험전가 기능을 활용한 투자전략이다. 투자자가 현재 보유한 현물포지션 혹은 향후 보유하게 될 현물포지션의 가격이 변화할 가능성에 대비하여 선물에 매도포지션을 취함으로써 위험을 회피하는 거래를 말한다.

#### (1) 매도헤지와 매수헤지

표 7-3 매도헤지와 매수헤지

| 구 분 | 내 용 |
|---|---|
| 매도헤지 | 기초자산 가격의 하락위험을 헤지하기 위하여 선물시장에서 매도포지션(Short Position)을 취하는 것(수출기업) |
| 매수헤지 | 기초자산 가격의 상승위험을 헤지하기 위하여 선물시장에서 매수포지션(Long Position)을 취하는 것(수입기업) |

#### (2) 제로 베이시스 헤지와 랜덤 베이시스 헤지

표 7-4 제로베이시스헤지와 랜덤베이시스헤지

| 구 분 | 의 의 | 효 과 |
|---|---|---|
| 제로 베이시스 헤지 | 보유현물과 선물포지션을 선물 만기 시점까지 가서 청산 | 선물만기시점의 베이시스는 0이므로 베이시스위험이 사라짐 |
| 랜덤 베이시스 헤지 | 선물만기시점 이전의 임의시점에서 선물포지션청산 | 선물포지션을 청산하는 임의의 시점에서는 베이시스를 예측할 수 없다.(베이시스 리스크) |

#### (3) 헤지비율

랜덤 베이시스 헤지를 시도하는 경우 현물포지션과 선물포지션 간에 괴리가 발생하는데 헤지비율은 이러한 상황에서 적정선물포지션의 크기를 산정하는데 사용되는 개념이다. 예컨대, 헤지비율이 1.3이라는 것은 해당 현물포지션의 가치가 선물가격보다 훨씬 더 심한 변동성을 가진다는 의미이며, 헤지비율이 0.7이라는 것은 현물 포지션의 가격이 선물가격보다 훨씬 변동폭이 적다는 의미이다.

### 3) 스프레드 거래

스프레드 거래는 만기 또는 종목이 서로 다른 두 개의 선물계약을 대상으로 한쪽 계약을 매수하는 동시에 다른 쪽 계약은 매도하는 전략이다. 스프레드 거래는 가격이 비슷하게 움직이는 두 개의 선물계약을 대상으로 하여 두 선물가격의 차이를 이용하여 이익을 획득하려는 투자전략이다. 스프레드 거래에는 시간 스프레드와 상품 간 스프레드가 있다.

**(1) 시간 스프레드(Calendar Spread)**

동일한 품목 내에서 만기가 서로 다른 두 선물계약에 대해 각각 매수와 매도 포지션을 동시에 취하는 전략으로서, 만기가 서로 다른 선물계약의 가격들이 서로 변동폭이 다르다는 것을 전제로 하여 포지션을 구축한다.

표 7-5 강세스프레드와 약세스프레드

| 구 분 | 투자전략 | 가 정 |
|---|---|---|
| 강세 스프레드 (bull spread) | 근월물 매입 + 원월물 매도 | 강세장에서는 근월물이 더 오르고, 약세장에서는 근월물이 덜 하락한다고 예상 |
| 약세 스프레드 (bear spread) | 근월물 매도 + 원월물 매입 | 강세장에서는 원월물이 더 오르고, 약세장에서는 원월물이 덜 하락한다고 예상 |

**(2) 상품 간 스프레드(Inter-Commodity Spread)**

기초자산이 서로 다른데도 두 가격이 서로 밀접하게 연관되어 움직이는 경우의 스프레드 거래이다. KOSPI200 주가지수 선물과 국채나 달러 선물의 가격차를 이용한 스프레드가 이에 해당한다. 한편, 미국에는 상품 간 스프레드로서 TED 스프레드가 있다. 이 스프레드는 미국의 단기 재무부 채권(T-bill) 금리와 유로달러 금리는 서로 연관되어 움직이는데 투자자는 이들 간에 서로 반대의 포지션을 취함으로써 두 금리 선물 간의 움직임 폭의 차이에서 오는 이익을 향유할 수 있다.

### 4) 차익거래

차익거래는 선물의 균형가격과 선물시세의 괴리가 발생한 경우 현물과 선물 중 상대적으로 고평가된 것을 팔고 저평가된 것을 매수함으로써 이익을 향유하는 전략이다. 이에는 매도차익거래(현물 매도+선물 매수)와 매수차익거래(현물 매수+선물매도)가 있다는 것은 앞서 설명한 바와 같다.

# 02 옵션

## 2.1 옵션의 정의 및 특징

### 1) 옵션이란

옵션은 기초자산을 만기에 미리 정한 행사가격으로 매수 또는 매도할 수 있는 권리를 의미한다. 이러한 옵션에는 권리행사에 따라 유럽식 옵션과 미국식 옵션으로 나누어진다. 권리의 사용시점을 '만기에 한번'으로 제한하는 경우를 유럽식이라 하고, '만기시점 이전에 아무 때라도 한번'으로 폭넓게 정한 경우를 미국식이라 한다.

### 2) 콜옵션과 풋옵션

콜옵션은 기초자산을 만기에 미리 정한 가격으로 매수할 수 있는 권리를 갖는 경우를 말하며, 만기의 주가가 미리 정한 행사가에 비해 상승할 경우 상승분만큼 이익이 발생하지만 만기 주가가 하락할 경우 수익이 0이 되는 구조를 가진 옵션이다. 풋옵션은 기초자산을 만기에 미리 정한 가격으로 매도할 수 있는 권리를 갖는 경우를 말하며, 만기의 주가가 미리 정한 행사가에 비해 하락할 경우 행사가격 대비 하락분만큼 이익이 발생하지만 만기 주가가 행사가격보다 상승할 경우에는 수익이 0이 되는 구조를 갖고 있다.

### 3) 옵션의 발행과 매수

옵션 매수자는 옵션 매수대금을 지급함과 동시에 자신의 의무를 다하게 되며 만기에 가서 권리가 발생하느냐 마느냐의 상황에 처하게 되며, 옵션 발행자는 옵션발행대금을 지급받음으로써 권리를 누리게 되고 만기에 당첨금을 지급해야 할 의무가 발생한다. 옵션의 경우 당첨금이 얼마가 될지 사전에 알 수 없고 만기가 되어야 알 수 있는데 거래소는 옵션 발행자의 의무 이행을 확보하기 위해 '증거금제도'를 운영하고 있다.

[그림 7-1] 옵션 매수 · 매도의 수익구조

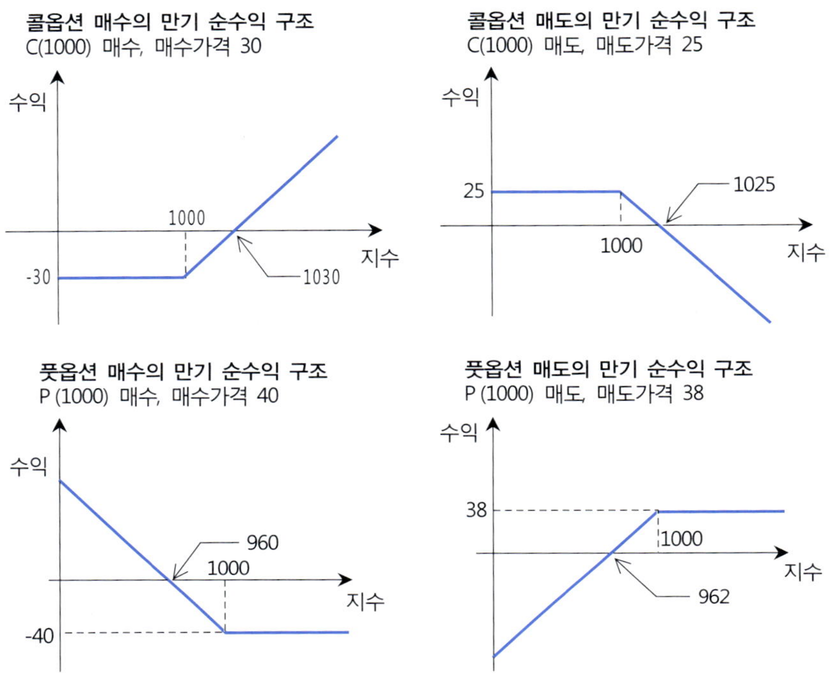


☞ 콜옵션 매도는 손실 제한이 없으므로 하나만 취하게 될 경우 가장 위험한 포지션이다.

### 4) 만기일 이전의 옵션거래

옵션 자체의 가격을 옵션 프리미엄이라고 하는데, 옵션 프리미엄은 기초자산의 가격변화에 따라 변화하게 된다. 이때 옵션 프리미엄의 변화율은 기초자산의 변화율보다 상당히 크게 된다. 만기일 이전에 거래가 활발하게 일어나는 옵션의 경우 옵션 프리미엄 또한 계속 변하게 되는데 만기일 이전 임의의 거래일에 기초자산가격을 기준으로 내가격, 외가격, 등가격으로 구분하게 된다. 콜옵션의 경우 만기일 이전 임의의 거래일에 기초자산가격이 행사가격보다 크면 내가격, 기초자산가격과 행사가격이 같으면 등가격, 기초자산가격이 행사가보다 작으면 외가격이 된다. 풋옵션의 경우 만기일 이전 임의의 거래일에 기초자산가격이 행사가격보다 작으면 내가격, 기초자산가격과 행사가가 같으면 등가격, 기초자산가격이 행사가보다 크면 외가격이 된다.

## 2.2 옵션을 이용한 투자전략

### 1) 옵션 스프레드 전략

옵션을 이용한 스프레드 전략에 있어서 옵션 스프레드는 만기, 행사가격 등이 서로 다른 두 종류 이상의 옵션에 대해 각각 매도와 매수 포지션을 취하는 것을 말한다.

#### (1) 수평 스프레드와 수직 스프레드

수평 스프레드(horizontal spread)는 '만기'가 서로 다른 두개의 옵션에 대해 매수 및 매도가 동시에 취해지는 경우를 말하며, 수직 스프레드(vertical spread)는 '행사가격'이 서로 다른 두개의 옵션에 대해 매수 및 매도가 동시에 취해지는 경우를 의미한다. 한편 대각스프레드(diagonal spread)는 만기도 다르고 행사가격도 다른 두 개 이상의 옵션을 가지고 스프레드 포지션을 구축하는 경우를 말한다.

#### (2) 강세 스프레드와 약세 스프레드

강세 스프레드(bull spread)는 '대표적인 수직 스프레드'로서 기초자산 가격이 상승할 경우 이익을 보는 포지션이며, 약세 스프레드(bear spread)는 강세 스프레드와 정반대의 수익구조로서 기초자산 가격이 오를 경우 손실을 보게 되고, 떨어질 경우 이익을 보게 되는 포지션이다.

#### (3) 레이쇼 버티컬 스프레드와 백 스프레드

이 두 가지 스프레드는 행사가격이 높은 콜옵션(풋옵션)과 낮은 콜옵션(풋옵션)을 매입하고 매도함에 있어서 그 비율을 다르게 할 경우에 나타나는 포지션이다.

##### (가) 콜 레이쇼 버티컬 스프레드(call ratio vertical spread)

콜옵션을 이용한 레이쇼 버티컬 스프레드로서 예컨대 '프리미엄이 비싼 콜옵션 한 계약 매수 + 프리미엄이 싼 콜옵션 두 계약 매도'가 이에 해당한다. 이 전략은 가격이 횡보 시에 가장 큰 이익이 발생한다.

콜 레이쇼 버티컬 스프레드의 순수익구조
c (1650) 1계약 매수, c (1850) 2계약 매도

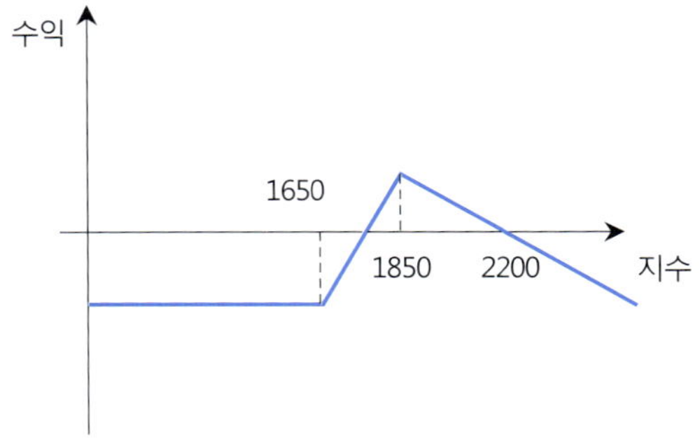


#### (나) 풋 레이쇼 버티컬 스프레드(put ratio vertical spread)

풋옵션을 이용한 레이쇼 버티컬 스프레드로서 예컨대 '프리미엄이 비싼 풋옵션 한 계약 매수 + 프리미엄이 싼 풋옵션 두 계약 매도'가 이에 해당한다. 이 전략은 가격이 횡보 시에 가장 큰 이익이 발생한다.

풋 레이쇼 버티컬 스프레드의 순수익구조
p (2200) 1계약 매수, p (1850) 2계약 매도

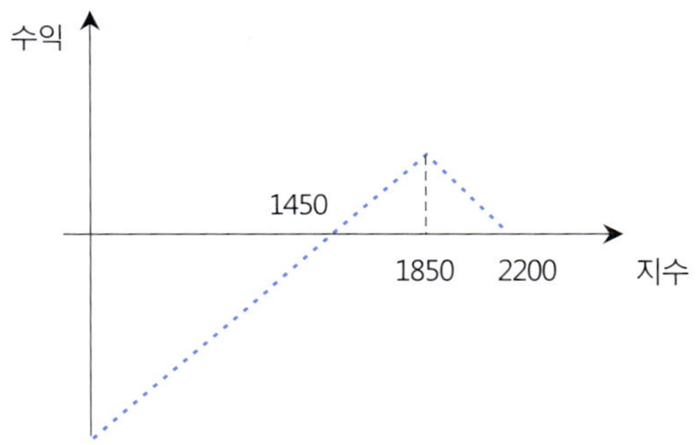


#### (다) 콜 백 스프레드(call back spread)

콜 레이쇼 버티컬 스프레드와 정반대로 매수와 매도를 바꿔서 포지션을 취하는 경우로서 매수 계약수가 매도 계약수보다 많다. 이 전략은 가격이 횡보 시에 손실이 발생한다.

**콜백 스프레드의 순수익구조**
c (1650) 1계약 매도, c (1850) 2계약 매수

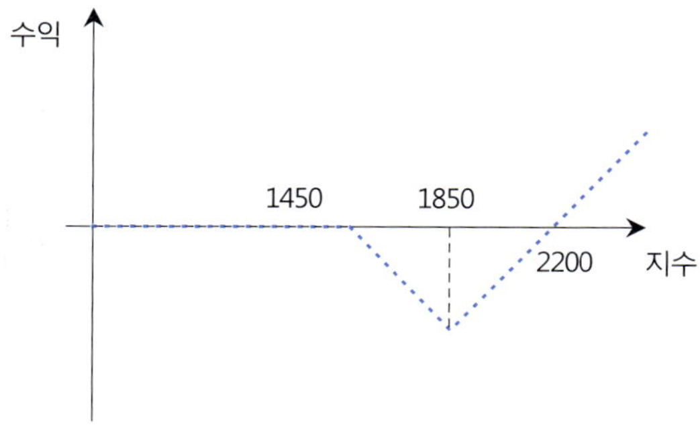


### (라) 풋 백 스프레드(put back spread)

풋 레이쇼 버티컬 스프레드와 정반대로 매수와 매도를 바꿔서 포지션을 취하는 경우로서 매수 계약수가 매도 계약수보다 많다. 이 전략은 가격이 횡보 시에 손실이 발생한다.

**풋 백 스프레드의 순수익구조**
p (2200) 1계약 매도, c (1850) 2계약 매수

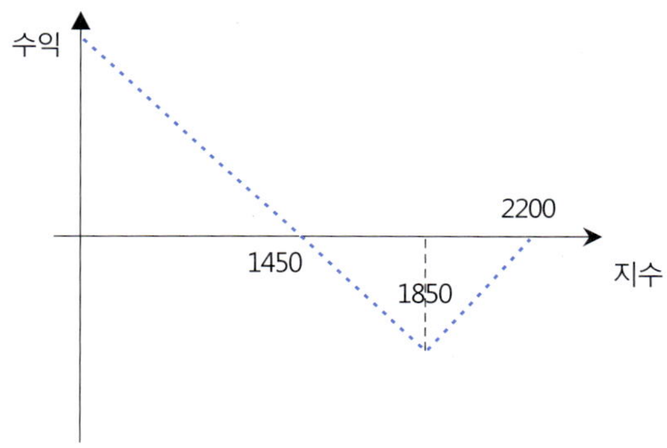


## (4) 스트래들과 스트랭글

### (가) 스트래들(Straddle)

동일한 '만기'와 동일한 '행사가격'을 가진 두 개의 옵션, 즉 콜옵션과 풋옵션을 동시에 매수함으로써 구성되는 포지션을 '롱스트래들'이라 하는데 이 스트래들은 급상승장이나 급락장에서 이익을 보게 되며, 횡보장에서는 손실을 보게 되는 포지션이다. 한편 동일한 행사가격을 가진 풋옵션과 콜옵션을 동시에 매

도하는 경우 '숏스트래들'이라 하는데 이는 변동성이 작을 것이라는 예상 하에 취하는 포지션이다.

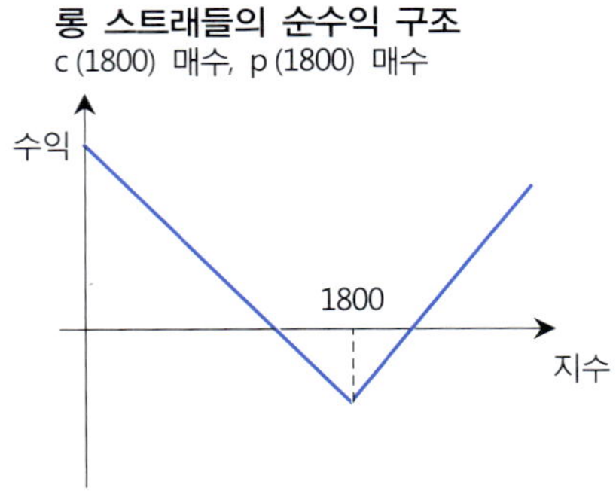


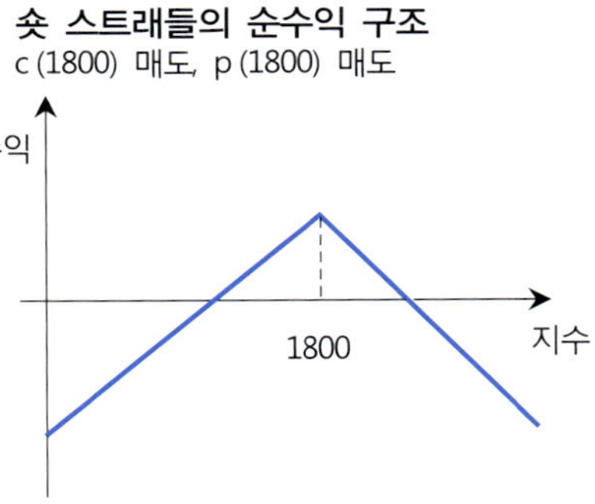


(나) 스트랭글(Strangle)

'행사가격'이 다른 풋옵션과 콜옵션을 동시에 매수 또는 매도함으로써 기초자산 가격변동이 클 것이라는 예상을 토대로 투자를 말하며 스트랭글은 스트래들에 비해 초기투자 비용이 절약되는 투자이다. 매수의 경우를 '롱 스트랭글', 매도의 경우를 '숏 스트랭글'이라 한다.

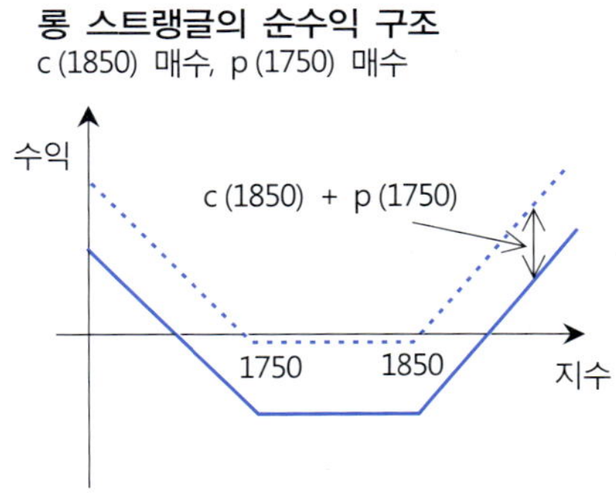


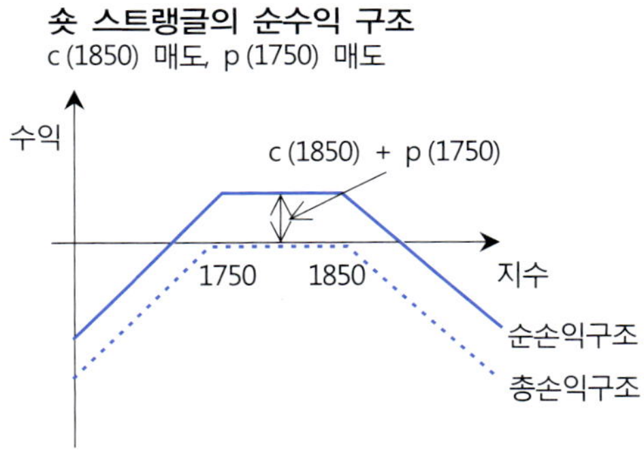


### 2) 블랙숄즈모형

옵션의 가격결정 모형인 블랙숄즈모형은 1973년 피셔 블랙과 마이런 숄즈가 물리학의 열확산속도 계산공식을 응용하여 옵션가격 산정방법을 제시한 것으로 기본적으로 "주가는 연속적으로 변화하는 무작위성(random walk)을 따르며, 주가 수익률은 정규분포를 따른다"는 가정을 전제로 한다. 거래비용은 없으며, 공매도에 대한 제한이 없고, 주식의 배당과 차익거래기회도 존재하지 않는다고 가정하였다. 이자율은 만기까지 고정된 상수이고, 투자자는 무위험이자율로 차입과 대출이 가능하다고 가정하였다. 블랙숄즈모형은 지나치게 엄격한 가정을 설정하였기 때문에 비현실적이라는 지적을 받고 있지만 가장 널리 활용되고 있는 옵션가격 결정모형이다. 블랙숄즈모형의 장점은 계산하기가 비교적 쉽고, 논리적이며 일관성 있는 가격결정이 가능하다는 점이다.

### 3) 포지션 분석

① 옵션 민감도 분석에 있어 옵션의 프리미엄은 기초자산의 현재가, 행사가격, 이자율, 변동성, 잔존 만기의 영향을 받게 된다. 옵션의 프리미엄에 영향을 미치는 독립변수들에 대한 옵션 프리미엄의 민감도를 살펴보는 지표로는 '델타, 감마, 세타, 베가, 로'가 있다.

**표 7-6 옵션 프리미엄 민감도 지표**

| 지표 | 주요내용 |
|---|---|
| 델타(Δ) | ○ 기초자산의 가격이 변화할 때 '옵션가격'이 얼마나 변화하는가에 대한 민감도를 보여 주는 지표<br>$델타 = \frac{옵션가격의\ 변화}{기초자산가격의\ 변화}$<br>○ 잔존기간이 길수록 델타는 등가격(ATM)옵션에 수렴하며, 변동성이 클수록 콜옵션의 델타는 커지고, 풋옵션의 델타는 작아진다.<br>→ 콜옵션의 델타 : 외가격에서 0에 가깝고, 내가격일수록 1에 가깝다.<br>→ 풋옵션의 델타 : 내가격일수록 -1에 가깝고, 외가격일수록 0에 가깝다.<br>☞ ATM 옵션의 델타는 ±0.5. |
| 감마(Γ) | ○ 기초자산의 변화에 따른 '델타값'의 변화비율<br>$감마 = \frac{델타의\ 변화}{대상물가격의\ 변화}$<br>○ 감마가 높을수록 대상자산의 가격변동이 더욱 민감함을 의미한다. 잔존기간이 짧을수록 감마는 커진다. |
| 세타(θ) | ○ 잔존만기의 변화에 따라 옵션의 가치가 변화하는 정도<br>$세타 = \frac{옵션가치의\ 변화}{옵션잔존만기의\ 변화}$<br>○ 옵션은 만기일에 접근할수록 시간가치는 급속히 감소하게 되므로 만기가 다가올수록 세타는 커진다. |
| 베가(Λ) | ○ '변동성계수'의 증가에 따른 옵션가격의 증가분<br>$베가 = \frac{옵션가치의\ 변화}{변동성의\ 변화}$<br>○ 변동성이 커지면 옵션의 가치는 커지므로 콜옵션과 풋옵션은 양의 베가값을 가진다.<br>○ 잔존기간이 길수록 베가는 증가한다. |

| 지표 | 주요내용 |
|---|---|
| 로(ρ) | ○ 무위험이자율의 변화에 따른 옵션가격의 변화분<br>$로 = \frac{옵션가치의\ 변화}{금리의\ 변화}$<br>○ 금리변화에 따라 기초자산의 가격을 상승시키거나 하락시키는 부분은 로값과 상관이 없다. (옵션가격은 금리변화에 비탄력적) 따라서 로의 상대적 중요도는 떨어지는 편이다. |

② 금리선도계약(Forward Rate Agreement : FRA)은 미래에 필요한 자금에 대해 조달 금리를 미리 고정시켜놓는 계약을 의미한다. 이 계약은 만기에 가서 당사자 간에 현금의 인수도가 일어나지 않고 당초 약정한 금리와 만기시점의 실현금리 간의 차액만을 결제하는 차액결제방식을 따른다. FRA 매수자는 자금조달자가 되며, FRA 매도자는 자금운용자가 된다.

FRA의 사후결제구조

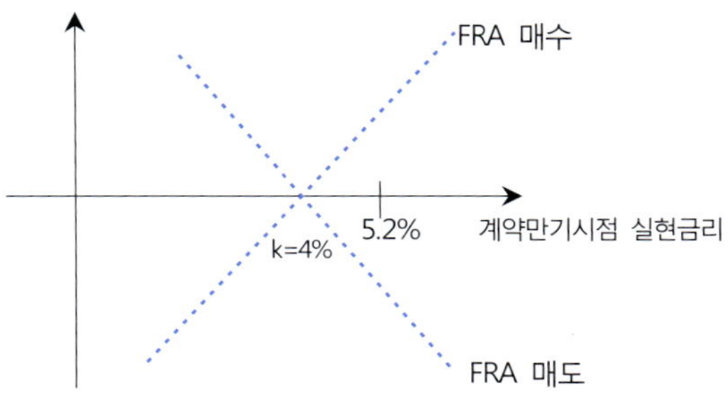


③ 장외금리옵션에는 금리캡계약과 플로어계약, 칼라계약 등이 있다. 금리캡계약은 금리지급의 상한을 미리 약정하여 금리가 일정수준을 넘어서지 않으면 실현된 금리대로 결제하고, 일정한 수준을 넘어설 경우에도 캡만큼만 결제를 하는 금리옵션이다. 금리플로어 계약은 금리 지급시점에 금리가 일정 수준 이하로 하락하는 경우에도 계약된 금리 하한만큼만 결제를 하는 금리옵션이다. 금리칼라 계약은 금리캡과 금리플로어를 합성한 계약으로 금리폭등에 대해서는 차입자가, 금리폭락에 대해서는 자금대여자가 프리미엄을 내고 헤지하는 구조이다.

금리캡의 결제구조

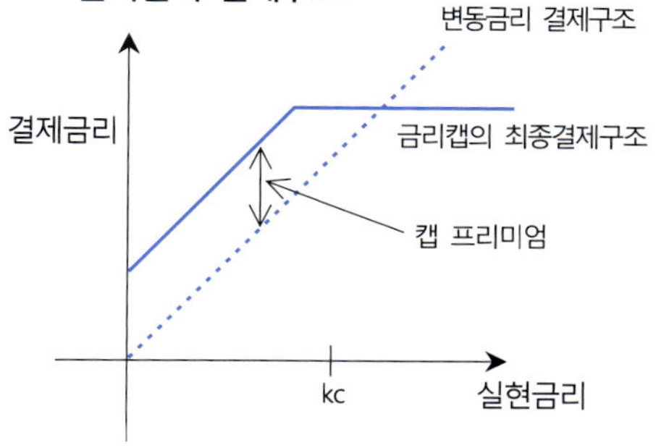


금리플로어의 결제구조

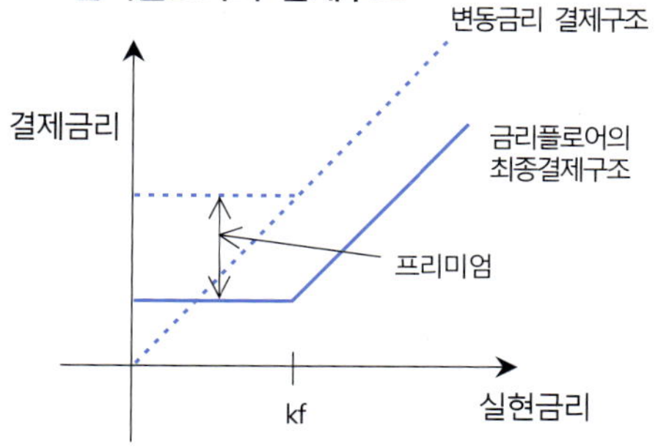


금리칼라의 결제구조

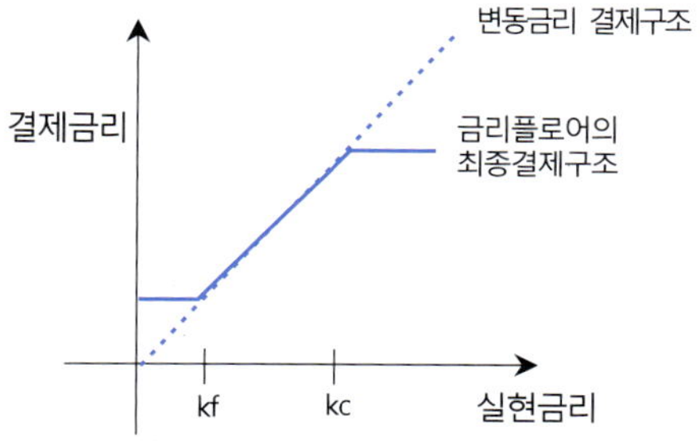


## 03 스왑

### 3.1 금리스왑

(1) 금리(이자율)스왑은 두 개의 서로 다른 자금 흐름을 일정기간 서로 교환하기로 계약하는 거래이다. 예컨대, 갑 회사와 을 회사가 고정금리시장과 변동금리시장에서 각각 서로 신용도의 차이가 존재할 경우 이를 각자 비교우위가 있는 시장에서 자금조달을 한 후 서로 간의 금리차를 줄이기 위해 서로 교환하는 것이 이에 해당한다.

(2) 스왑의 구조에는 금리스왑을 이용한 차익거래와 헤지목적의 스왑거래, 베이시스 스왑이 있다. 금리스왑을 이용한 차익거래는 채권 포지션을 이용하는 전략이다. 즉, 금리스왑은 고정금리 지급자(pay fixed)가 고정채를 발행하고 변동채를 매수하며, 고정금리 수취자(Receive fixed)가 변동채를 발행하고 고정

채를 매수함으로써 발생한다. 헤지목적의 스왑거래는 고정금리와 변동금리로 자금을 조달하는 두 개의 기업 사이에 차익거래의 기회가 존재하지 않더라도 자금구조의 전환효과를 목적으로 기업들이 스왑을 할 수도 있다.

베이시스 스왑은 대부분의 스왑거래가 고정금리와 변동금리의 교환형태를 취하는 데 반해 두 개의 변동금리 사이의 수준차이에 대한 포지션을 취하기 위한 스프레드 형태의 거래이다.

### 3.2 통화스왑

(1) 통화스왑은 서로 다른 통화(currency)에 대해 발생하는 미래의 현금흐름을 교환하는 계약이다. 일반적으로 원금과 이자를 동시에 교환한다(실제원금의 교환방식). 따라서 두 통화의 교환비율인 환율(Foreign exchange : Fx)이 중요하다.

(2) 통화스왑 거래는 각 통화의 자금시장에서 채권발행자에 대한 신용도의 평가가 다를 수 있고, 적용되는 신용스프레드 차이도 발생한다. 따라서 비교우위에 있는 통화를 차입하고 통화스왑을 통해 원하는 통화의 차입형태로 전환함으로써 차입비용을 절감할 수 있다.

(3) 통화스왑의 가격고시 : 통화스왑의 가격고시 방법에는 변동금리와 교환되는 고정금리의 절대금리를 고시하는 방법과 두 통화의 변동금리의 베이시스 형식으로 고시하는 방법이 있는데 후자를 편의상 '베이시스 통화스왑'이라 부른다.

(4) 통화스왑의 현금흐름은 통화스왑 계약이 체결되면 자금의 최초교환이 이루어지고, 운용중에 이자가 지급되며, 마지막으로 원금의 재교환을 통한 원상복귀의 과정을 거치게 된다. 물론 통화스왑의 형태에 따라서는 최초의 원금교환이 없는 상태에서 이자만 서로 지급해주고 만기에 가서야 비로소 원금을 교환하는 경우도 있다.

## 3.3 신용부도스왑과 기타 신용파생상품

### 1) 신용부도스왑(Credit Default Swap : CDS)

(1) 신용부도스왑은 특정기업의 채권을 보유한 투자자(갑)가 차주(을)의 신용을 염려하여 일정한 프리미엄을 지급하고 제3자로부터 을 발행 채권에 대한 원금보장을 받는 거래이다. 여기서 갑은 '보장매입자'가 되며, 을 발행 채권에 대한 원금을 보장한 제3자가 '보장매도자'가 된다. 준거자산의 신용위험을 분리하여 보장매도자에게 이전하고 보장매도자는 그 대가로 프리미엄과 손실보전금액을 교환한다.

(2) 신용부도스왑에는 중요성조항(materiality clause)이 있다. 신용부도스왑에 있어서는 어떠한 사건을 신용위험사건(또는 채무불이행사건)으로 보느냐가 핵심이며, 본의 아닌 실수로 신용사건이 촉발되는 것을 방지하기 위하여 관련 증권의 가격이 일정 수준 이상으로 변화할 것을 요구한다.

(3) 프리미엄(보장료)의 결정요인에는 ① 거래의 만기가 길어질수록 보장매도자는 높은 위험을 부담하여야 하므로 만기가 길수록 프리미엄가격이 상승한다. ② 채무불이행 가능성이 높을수록 프리미엄이 높아진다. ③ 신용등급이 높은 보장매도자와 계약을 맺을 경우에는 보다 높은 프리미엄을 지불해야 한다. ④ 준거자산 신용과 거래상대방 신용 간의 상관관계가 낮을수록 프리미엄은 높아진다. 양자 간에 상관관계가 높으면 준거자산이 채무불이행에 처했을 때 거래상대방도 채무불이행에 처할 가능성이 높아지기 때문이다. ⑤ 준거자산의 회수율(recovery rate)이 높아 회수가치가 높을수록 프리미엄이 작아진다. 부실채권 관리능력이 뛰어난 보장매도자는 보다 저렴한 프리미엄 하에서도 CDS를 체결할 유인이 존재하기 때문이다.

### 2) 신용연계증권(Credit Linked Notes : CLN)

신용연계증권은 CDS와 거의 비슷한 구조이나, CDS계약이 프리미엄만 오가는 데 비해 CLN에서는 원금이 최초에 지불된다는 것이 차이점이다. CLN은 원금이 교환되기 때문에 그 현금담보적 역할로 인해 보장매도자가 우수한 신용도를 가진 기관일 필요가 없다. 최근에는 CLN의 기초자산을 선정함에 있어서 여러 개의 기업을 선정한 후 이 중 하나라도 파산하면 책임을 지는 구조로 만들어서 보다 높은 프리미엄을 받을 수 있도록 하는 이른 바 'First to Default' 구조의 CLN상품도 출시되고 있다.

### 3) 총수익스왑(Total Return Swap : TRS)

(1) 채권의 시장가치는 금리가 변하거나 또는 해당 기업의 신용도가 변할 때 변하게 되는데 총수익스왑(TRS)은 이유를 불문하고 가격의 변화를 전제로 한 수익률을 미리 정한 고정수익과 교환하는 것이다. TRS는 준거자산의 가치변화가 생길 때 그 준거자산 전체를 넘기고 고정수익을 받는 거래이다.

(2) 총수익스왑(TRS)계약을 체결하면 TRS 지급자는 준거자산을 매각하지 않고도 그 자산을 사실상 매각한 것과 동일한 효과를 거둘 수 있는 상품이므로 준거자산을 매각하기 곤란한 입장에 있는 은행에게 적합한 상품이다. TRS 수취자의 입장에서도 기준채권을 매입하거나 자금을 조달하지 않고도 마치 자금을 조달하여 기준채권을 매입한 것과 동일한 효과를 거둘 수 있기 때문에 미국이나 유럽의 경우 최근보험사나 펀드매니저들이 대출채권시장에 투자하기 위하여 TRS를 많이 이용하고 있다.

## 04 파생결합증권

### 4.1 파생결합증권

(1) 파생결합증권은 채권에 옵션을 부가한 복합상품으로서 최악의 경우에도 원금이 회복되도록 하는 구조를 지니고 있다.

(2) 파생결합증권의 종류에는 어떤 옵션을 부가하느냐에 따라 다양한 파생결합증권으로 나눌 수 있다. 채권에 옵션매수 포지션을 부가한 대표적인 경우에는 녹아웃을 이용한 파생결합증권이 있으며, 채권에 '옵션매도' 포지션을 부가한 대표적인 경우로는 리버스 컨버터블(Reverse Convertible)이 있다.

## 4.2. 이색옵션

파생결합증권에 사용되는 옵션은 주로 장외옵션이고 그 중에서도 이색옵션이 대부분이다.

(1) 경로의존형 옵션은 옵션의 최종수익이 옵션만기시점의 기초자산 가격수준에 의해서 결정되는 것이 아니라 기초자산의 가격이 어떠한 경로로 움직여왔는가에 따라 만기 결제금액이 결정되는 옵션이다.

표 7-7 다양한 옵션 종류

| 상 품 | 내 용 | 특 징 |
|---|---|---|
| 경계옵션<br>(Barrier option) | ① Knock-out : 기초자산 가격이 만기가 되기 전에 배리어가격(trigger)을 건드리면 옵션이 무효화된다.<br>② Knock-in : 기초자산 가격이 만기가 되기 전에 배리어가격(trigger)을 건드리면 옵션이 유효화 된다. | 경계옵션의 프리미엄은 표준옵션보다 저렴하다. |
| 룩백 옵션<br>(Look-back option) | 룩백옵션은 만기시점에서 행사가격을 결정하는 옵션이다. 옵션만기일까지의 기초자산 가격 중 옵션 매입자에게 가장 유리한 가격을 행사가격으로 결정한다.<br>① 룩백 콜옵션 : 만기까지의 최저가격이 행사가격<br>② 룩백 풋옵션 : 만기까지의 최고가격이 행사가격 | 룩백옵션은 프리미엄이 매우 비싸고, 수익과 부합되는 위험노출형태가 현실에서는 거의 찾아볼 수 없고, 옵션을 발행한 기관이 이 옵션에 대한 델타헤징 등의 방법으로 리스크 관리를 하기 어렵기 때문에 실제 현실에서는 찾아보기 어렵다. |
| 래더 옵션<br>(Ladder option) | 미리 정해둔 일정한 가격수준 (래더) 중 기간 내에 어디까지 도달해 보았는가를 행사가격으로 하여 수익구조를 결정하는 옵션이다. | |
| 클리켓 옵션<br>(래칫옵션) | 일정한 시점이 되면 그 시점에 행사가격을 재설정한다.(원래 프랑스의 CAC40 지수를 대상으로 개발) | 행사가격 재조정 시점의 수익(내재가치)은 이미 실현된 것으로 보아 만기에 지급이 보장된다. |
| 샤우트 옵션 | 아무 때나 가장 유리하다고 생각되는 시점에서 선언(샤우트)함으로써 행사가격을 재 확정할 수 있다. | 샤우트 시점의 수익(내재가치)은 만기에 지급이 보장된다. |
| 평균옵션<br>(아시안옵션) | ① 평균기초자산옵션 : 일정기간 동안의 기초자산의 평균가격이 옵션의 수익구조를 결정한다.<br>② 평균가격옵션 : 일정기간 동안의 기초자산의 평균가격이 행사가격으로 설정되어 만기시점의 기초자산가격과 평균가격의 차익으로 수익이 결정된다. | |

(2) 첨점수익구조형은 옵션의 수익구조가 일정한 점프, 즉 불연속성을 가지는 경우이다.

표 7-8 첨점수익구조형 옵션

| 상 품 | 내 용 | 특 징 |
|---|---|---|
| 조건부 프리미엄옵션<br>(후불옵션) | 옵션이 내가격으로 끝났을 때에만, 그리고 반드시 행사되어야만 프리미엄을 지불하는 옵션이다. | 표준옵션 프리미엄 = 조건부 후불 옵션 프리미엄 + 디지털 옵션 프리미엄 |
| 디지털옵션<br>(이항옵션) | ① 올오아낫싱옵션 : 만기일에 내가격 상태일 때만 약정된 금액을 수여한다.<br>② 원터치방식의 정액수수옵션 : 만기까지의 기간 동안에 한번만 내가격이면 약정된 금액을 수여한다. | |
| 디지털 배리어 | 배리어를 건드리지 않으면 받는 상금이 미리 정해져 있는 디지털 옵션이다. | |

### (3) 시간의존형 옵션

표 7-9 5시간의존형 옵션

| 상 품 | 내 용 | 특 징 |
|---|---|---|
| 버뮤다 옵션<br>(유사미국식) | 미국식 옵션이 만기 이전에 아무 때나 한번 옵션을 행사할 수 있는 옵션인데 비해 버뮤다 옵션은 미리 정한 특정일자들 중에서 한번 옵션행사가 가능하다. | 유럽식과 미국식 옵션의 중간형태 |
| 선택옵션<br>(Chooser Option) | 매입자가 만기일 이전 미래의 특정시점에 이 옵션이 콜옵션인지 풋옵션인지 여부를 선택할 수 있는 권리를 가지는 옵션이다. | 처음 매입 시에는 스트래들과 비슷하나 선택을 한 후에는 스트래들보다 불리하다. |
| 행사가격결정<br>유예옵션<br>(Delayed option) | 옵션매입자가 미래 특정시점에서 그 기초자산과 행사가격이 같게 매겨진 등가격(ATM)옵션을 사거나 팔 수 있는 권리가 부여된 옵션이다. | 만기에 옵션을 매입할 수 없는 경우 혹은 처음부터 옵션발행 금융기관이 이러한 형식으로 예약을 받는 개념으로 발행하는 경우 |

### (4) 다중변수의존형 옵션은 상관 리스크를 포함하는 파생상품이다.

표 7-10 다중변수의존형 옵션

| 상품 | 내 용 | 특 징 |
|---|---|---|
| 무지개옵션 | 무지개 콜옵션의 수익은 둘 이상의 기초자산의 가격 중에서 가장 높은 가격에 의해 결정되고, 무지개 풋옵션의 수익은 가장 낮은 가격으로 결정된다. | |
| 포트폴리오옵션 | 각 자산의 수량을 가중치로 사용한다. | Max [ $\sum N_iS_i$–X, 0 ] |
| 스프레드옵션 | 수익이 '두 기초자산 가격의 차이'에 의해 결정되는 옵션이다. | 스프레드콜옵션의 가치=Max[ $(S_1–S_2)$–X,0 ] |
| 바스켓옵션 | 수익이 옵션의 기초자산 가격들의 가중평균에 의해 결정된다. | Max [ $\sum w_iS_i$–X, 0 ] |
| 퀀토옵션<br>(수량조절옵션) | 수익은 하나의 기초자산 가격에 의해 결정되지만, 위험에 노출되는 정도나 크기는 다른 자산의 가격에 의해 결정되는 옵션(예컨대, 수익이 달러로 발생 시 처음부터 옵션 발행자와 계약을 맺고 적용될 환율을 고정시키는 것이 이에 해당한다)이다. | |

(5) 복합옵션은 기초자산이 일반적인 자산이 아니라 또하나의 옵션(기초옵션)인 경우가 이에 해당한다. 예컨대, 콜옵션에 대한 콜옵션, 풋옵션에 대한 콜옵션, 콜옵션에 대한 풋옵션, 풋옵션에 대한 풋옵션의 4가지 가능성이 존재한다. 중첩옵션이 사용되는 주요 이유는 ① 위험에 노출될 지 안 될 지가 불확실한 상황에서 사용 가능한 현실적인 대비책이 된다는 점, ② 기초옵션을 직접 매입하는 것보다 비용이 적게 든다는 점이다.

(6) 레버리지형에는 옵션의 수익구조가 곱하기 혹은 제곱형태로 크게 부풀려진 경우인 승수형과 인버스플로터(수익구조가 기초자산 가격변화와 역으로 작용)가 있다.

## 4.3 포트폴리오 보험전략

(1) 포트폴리오 보험전략은 파생결합증권의 기본구조인 '원금회복'과 일치하는 전략이다. 포트폴리오의 가치가 상승할 경우에는 상승한 만큼 수익이 발생하지만, 일정 수준 이하로 하락할 경우에는 방어벽을 구축하는 것이 포트폴리오 보험전략이다.

(2) 포트폴리오 보험전략에는 방어적 풋 전략과 이자추출 전략, 동적 자산배분전략이 있다. 방어적 풋 전략(Protective Put)은 기초자산인 주식 포트폴리오를 매입하는 동시에 그 포트폴리오에 대한 풋옵션을 매입하는 전략을 구사하는데, 풋옵션을 매입하는 데 따른 프리미엄 지출규모가 크다는 단점이 있다.

이자추출 전략(Cash Extraction)은 일정 액수의 자금을 운용하는 데 있어 무위험이자율에 의하여 원금이 보장되는 수준으로 채권을 매입하고 동시에 이자차액에 해당하는 여유분만큼을 콜옵션매수 등 레버지리가 큰 상품에 투자하는 전략이다.

동적 자산배분전략(협의의 포트폴리오 보험전략)은 주식과 채권에 자금을 운용하면서 주가의 움직임에 따라 편입비율을 변화시킴으로써 상승가능성과 하락위험 방어라는 두 가지 목표를 동시에 달성하는 전략이다.

## 05 파생상품펀드 리스크 관리

### 5.1 발행사의 리스크 관리

(1) 장외파생상품 백투백(BTB) 거래를 하는 경우에는 파생결합증권과 동일한 수익구조의 장외파생상품 거래를 하므로 시장리스크는 발생하지 않는다. 그러나 장외 파생상품 거래에 따른 거래 상대방의 채무불이행위험인 신용리스크가 상존하나 ① 발행 원금의 지급 없이 파생결합증권에 내재된 파생상품 부분만 따로 떼어내어 거래가 이루어지는 'Unfunded Swap'이나 ② 담보제공계약 체결을 통해 신용리스크 노출을 최소화할 수 있다. 다만, 담보제공계약의 경우 신용리스크 경감과 아울러 담보관리, 현금유동성 관리 등 발행사의 운영 리스크를 증대시키는 측면이 있어 계약체결에 신중을 요한다. 법률적 리스크와 관련해서는 장외파생상품의 계약서는 가능하면 ISDA Master Agreement, Schedule, Confirmation으로 이뤄지는 표준계약방식을 활용하는 게 좋고, 표준 담보제공계약서를 활용할 경우에도 담보물의 성격에 대한 문제가 있을 수 있어 법률적 자문이 필요할 수도 있다. 유동성 리스크는 BTB거래에서는 수익구조뿐만 아니라 현금흐름의 주기까지 동일하기 때문에 자금유동성에는 문제가 없으나, 파생상품시장에서의 전형적인 상품 유동성리스크가 발생할 수 있다.

(2) 파생결합증권 발행사가 시장리스크를 직접 조절하면서 헤지북을 운용하는 경우에 시장 리스크는 자체 헤징시에는 파생결합증권에 내재된 모든 시장리스크를 감당하여야 하기 때문에 운영결과에 따라 손익이 크게 달라질 수 있다. 기초자산의 가격, 변동성, 상관관계를 비롯하여 헤지북의 리스크 관리기법이 모두 동원되며, 리스크 관리부서와 협의하여 정해진 각종 한도의 제한을 받게 된다. 신용리스크는 BTB거래를 하지 않으므로 거래상대방에 대한 채무불이행 위험이 없다고 볼 수 있으나, 자체 헤징방법에 따라서는 신용리스크가 발생할 수 있다. 따라서 자체 헤징을 하는 경우에도 장외 파생상품 거래상대방에 대한 리스크 관리는 BTB 거래 시와 동일한 절차와 방법을 따른다. 법률적 리스크는 자체 헤징을 할 경우에도 장외 파생상품 거래에 따른 계약서로 인해 BTB 거래와 동일하다. 유동성리스크는 현물과 장내파생상품의 경우에는 시장 붕괴의 경우가 아니

면 상품 유동성 리스크는 거의 없다고 할 수 있으나 장외 파생상품의 경우에는 대체로 유동성 위기에 처할 개연성이 크다.

## 5.2 운용사의 리스크 관리

### 1) 효율적인 포트폴리오 관리

(1) 인덱스펀드에서는 이론가와 시장가의 괴리인 콘탱고·백워데이션 및 풋·콜 패리티를 이용하여 효율적인 포트폴리오 관리를 추구한다. ① 기본적으로 백워데이션 상태일 때는 주가지수 선물을 매입하고 주식 포트폴리오를 매도하고, 콘탱고 상태일 때에는 주가지수 선물을 매도하고 주식 포트폴리오를 매입하게 된다. ② 수급 등 제반요인으로 인해 콜옵션과 풋옵션의 합성선물의 가격이 주가지수 선물보다 저렴할 수도 있어 주가지수 선물을 대신하여 합성선물이 이용되기도 한다.

(2) 상대가치 투자에 있어 채권펀드의 경우 ① '회사채비율 및 신용등급의 제한'을 통하거나 또는 ② '듀레이션 조절'을 통해 리스크 관리를 할 수 있다.

(3) 시장중립형펀드는 주식시장에서 매입포지션과 매도포지션의 양을 조절하여 시장변동과 무관한 절대수익을 추구하는 전략을 구사하는 펀드이다.

### 2) 특정위험의 회피

(1) 주식형펀드에서의 비중유지이다. 주가지수 선물 매도를 통한 주식 최소보유비중 유지전략은 고객이 적극적으로 요청하는 사항이 아니라면 주식형펀드에서 굳이 구사할 수 있는 전략은 아니다. 선물 매도에 따른 손실이 발생할 경우 민원의 소지가 있기 때문이다.

(2) 채권형펀드에서의 듀레이션 조절이다. 포트폴리오 전체의 듀레이션 조절용으로 국채선물 매도 혹은 이자율스왑 매입(고정금리 지급)포지션을 취한다면 위험회피 거래로 간주되어 펀드의 총위험액은 증가하지 않으나 펀드의 실질적인 위험이 감소한 것은 아니므로 시장가격의 변동으로 인해 파생상품거래 손실이 현물에서보다 클 경우도 발생할 수 있다.

(3) 외화표시 금융상품에 투자한 펀드의 경우 환리스크에 노출시킬 것인지, 아니면 일정 부분 또는 전부를 없앨 것인지에 대한 의사결정을 펀드출시 전에 하여야 한다. 펀드재산의 범위를 넘어서는 헤지는 위험회피로 인정받지 못한다. 채권형의 경우는 대체로 투자원금규모의 환 헤지를 하는 것이 보통이나 주식형의 경우 가격등락폭을 감안하여 투자원금의 50% 내지 70% 정도에서 환헤지 하는 것이 일반적이다. 통화선물을 이용한 외환 리스크 헤지는 유동성 문제와 유지증거금 문제를 야기할 수 있다. 펀드만기와 일치하지 않는 선물환거래를 만기 이월할 경우에 외국환거래법상 Historical Rate Rollover(환율이 불리하게 변하면 기한이 되어도 결제하지 않고 선물환계약을 연장한 후 환율이 유리하게 되면 결제하는 거래관행)를 금지하고 있어 결제를 위한 가용현금이 부족할 수 있음에 유의하여야 한다.

### 3) 파생상품과 운용사의 리스크 관리

(1) 기업회계기준 상 위험회피회계의 적용대상이 되는 거래와 대상자산의 델타를 중립으로 하는 위험회피거래는 위험평가액 산정대상에서 제외된다. 위험회피회계의 적용대상이 되기 위해서는 위험회피 수단으로 지정되어야 하며, 이에 대한 각종 증빙서류를 구비해야 한다. 위험회피효과, 즉 헤지비율은 80~125%를 충족하여야 한다. 델타중립이란 용어를 불문하고 실질적으로 델타중립과 동일한 효과가 있는 것을 포함한다.

**(2) 평가가격, 공정가격 및 공시**

**[파생상품의 위험지표의 공시]**

① 만기시점의 손익구조 : '파생결합증권'의 경우에는 펀드 설정 시에 한번 공시하면 되지만 파생상품은 거래할 때마다 위험지표를 공시해야 하며 공시는 포지션 청산 시까지 계속된다.
② 시나리오법에 따른 옵션위험액 : 매일 공시되어야 한다.
③ 최대손실 예상금액(VaR) : 매일 공시되어야 한다.

(3) 신용리스크 및 투자한도에 있어서 장외파생상품의 경우 거래상대방의 신용리스크는 투자자의 부담이므로 운용사로서 철저히 관리하여야 한다. 같은 거

래상대방과의 장외파생상품 매매에 따른 거래상대방 위험평가액이 각 펀드 자산총액의 10%를 초과하여 투자하는 행위는 금지된다. 다만 사모펀드는 제한을 받지 아니한다.

### 5.3 판매사의 리스크 관리

판매사의 리스크 관리는 불완전 판매 방지의 문제로 귀결된다. 투자권유펀드의 운용전략, 손실위험 및 제반 비용을 설명하는 것이 불완전 판매 리스크 해소의 근간이다.

(1) 투자자 성향에 있어서 투자자보호제도에 따라 고객파악 의무 및 적합성 원칙의 적용이 요구된다.

(2) 중도환매는 투자자에게 중간평가일 또는 만기시점에만 투자설명서에 나와 있는 수익구조와 일치하는 손익을 올릴 수 있음을 미리 주지시켜야 한다.

(3) 계약조건 변경 혹은 조기 종결에 있어서 계약조건의 변경이나 조기 종결에 해당하는 내용에 대해서 펀드 투자설명서에 충분히 언급되고 투자자에게 충분히 설명되어야 한다.

(4) 평판 리스크와 관련하여 운용사의 리스크 관리 정책에 따라 위험 수익 관계가 달라지므로 파생상품펀드를 고를 때 운용사의 평판을 고려하여야 한다. 각 운용사가 출시한 파생상품펀드의 중도상환비율을 측정해서 비교해 보는 것도 운용사의 평판리스크를 최소화하는 방법 중 하나일 것이다. 파생결합증권의 경우 발행사의 평판은 크게 문제될 것이 없다. 발행사 또는 장외파생상품 거래상대방 선택의 문제는 기본적으로 운용사의 몫이다. 다만 선택의 결과는 투자자의 몫이므로 발행사 또는 장외파생상품 거래상대방의 신용리스크가 발생할 수 있음을 투자자에게 주지시키는 것은 판매사의 몫이다.

**Eye Insight**

■ 샤트야지트 다스의 '파생상품'에서의 메탈게젤샤프트(Metallgesellschaft) 사례

메탈게젤샤프트(Metallgesellschaft)사에 대하여 들어 본적이 있는가? 아마도 많지 않을 것이다. 메탈게젤샤프트는 트레이딩과 금융서비스 및 엔지니어링에 주력하는 대기업으로서 이 메탈게젤샤프트의 자회사인 MG의 헤지실패 사례는 대표적인 리스크관리 실패 케이스로 꼽히고 있다. MG 리파이닝&마케팅(이하 MG)은 메탈게젤샤프트사의 미국 자회사였다. 메탈게젤샤프트의 대주주는 누가 들어도 알만한 유수한 은행들(도이치뱅크, 알리안츠 등)이었고, 소유주가 이러하였으니 이 회사는 헤지나 위험관리 등을 잘 이해하고 있다고 생각되어졌다. 실제로 MG에는 리스크 절차를 규정한 방대한 매뉴얼이 있었다고 한다. 하지만 헤지실패 사례로 MG가 언급되는 것을 보면 해당 매뉴얼이 크게 도움이 된 것 같지는 않아 보인다. 1991년에서 1993년까지 MG는 미국 사업을 확장하려는 전략의 일환으로 고객에게 미리 합의한 정제 석유상품(가솔린, 디젤 등)을 파는 장기계약을 체결하였다. 즉, 10년 동안 고정된 가격을 받고 이런 제품을 팔기로 한 것이었다. 당시 MG는 원유를 가공하여 석유상품을 제공해야 했기에 원유가격 상승 리스크에 노출되어 있었다. MG는 선물계약과 장외 석유 선도구매 및 스왑 등을 이용하여 이러한 리스크를 헤지하였다. MG의 고객과의 포지션 총액은 1억 5,000만 배럴을 초과했다고 한다. 이 중 5,500만 배럴의 포지션을 NYMEX WTI 원유선물로 헤지 했고, 나머지 1억 배럴은 장외 원유 스왑, 선도구매로 헤지하여 상쇄시켰다. 여기까지는 매뉴얼에 따른 교과서적인 헤지였으니까 큰 문제는 없었지만, 몇 가지 사소한 걱정거리가 있었다. MG는 근월물 선물계약으로 대규모 포지션을 운영하고 있었는데, 이 약정을 매월 갱신해야 했다. 매월 MG가 고객에게 배달하는 만큼의 석유 제품량에 따라 포지션이 줄어들게 되어 있었기 때문이다. 이 때문에 선물 포지션이 계약에 따라 장래에 배송해야 하는 상품량에 맞게 조절되어야 했다. 예를 들자면 가령, MG에서 5년간 매월 100만 배럴을 헤지한다면, 헤지한 오일 총량은 6,000만 배럴이 되어야 한다. MG는 5년간 매월 100만 배럴의 석유를 선도 구매함으로써 계약을 헤지할 수 있었다.

또 MG는 6,000만 배럴의 석유를 1개월 선도구매로 살 수도 있었다. 그 달이 지나면 6,000만 배럴을 팔고, 다음 달에는 5,900만 배럴을 사는 방식이다. 이 과정이 매월 반복되는데, 그 이유는 근월물 선물계약의 유동

성이 더 좋았기 때문이다. 스택헤지를 했기 때문에 MG의 포지션 규모는 매우 컸다. 사실상 시장에서 가장 큰 규모였고, 포지션에 대해서 모르는 사람이 없었기 때문에 포지션을 갱신하기는 갈수록 어려워졌다. MG는 또한 추가적인 리스크에 노출되어 있었는데, 주로 콘탱고(Contango)와 관련이 있었다. 콘탱고와 백워데이션(Backwadation)은 매도인과 매수인의 힘에 의해 결정이 된다. 당시 MG는 시장의 백워데이션의 이점을 활용하고 있었다. 그 당시 시장에서는 원유 현물가격이 꾸준히 상승하고 있었고, 이론상, 선도계약의 만기 시에는 현물과 선물의 가격이 같아지기 때문에 백워데이션 시장에서 선도계약이 만기가 될 경우 선도계약 가격이 대체로 우상향하는 모양을 가지게 된다. 따라서 선도매입을 통해 꾸준히 이익을 벌어들일 수 있었다. 하지만 1993년 후반부터 원유가격이 급격히 하락하였고, 오일 선도구매 곡선이 콘탱고로 바뀌게 되었다. 이로 인해 MG의 헤지 거래에 대략 10억 달러 규모의 손실이 발생하게 된다. 이러한 손실은 고객에게 판매하는 선도구매 계약상의 미실현 이익으로 상쇄되었다. 판매계약상의 수익과 석유구매 금액 차이는 그다지 큰 영향을 받지 않았다. 이론적으로 볼 때 MG의 헤지는 아무런 문제가 없었다. 하지만 선물 포지션에 대한 마진콜로 내야 하는 10억 달러의 현금이 없는 것이 문제였다. MG는 손실을 석유제품의 판매수익으로 상쇄하고 있었는데, 문제는 수익이 앞으로 5년이나 10년이 지나야 들어오게 되는 구조이기 때문이었다. 그런데 지금 당장 마진콜을 해결하기 위해서 현금이 필요했다. MG의 컨설턴트 군단을 고용하여 이 위기에 적극적으로 대처하였다. 이유는 정확히 알 수 없지만 이 컨설턴트들은 헤지거래를 종결하라고 제안하게 된다. 이로 인해 대규모 포지션을 청산하면서 손실 규모는 더욱 커지게 되었다. 당시 MG가 거래를 청산한다는 사실을 모르는 사람은 없었다. 게다가 선물 헤지를 청산한 결과, 미실현 트레이드 손실을 실현 손실로 바꾸어 버렸기 때문에 상황은 더욱 악화되었다. MG는 헤지에는 성공했지만 심각한 현금흐름 문제에 직면하게 되었다. 하지만 더욱 최악의 상황은 헤지를 청산함에 따라 피하려 했던 리스크(원유가격 상승 리스크)에 고스란히 노출되고 말았다는 점이다. 만일 석유가격이 상승하면 MG는 원유가격의 변동분과 판매계약상의 고정가격의 차액만큼 손실을 입게 되었다. 그리고 그 일이 실제로 일어나게 되었다. 이로 인해 MG는 더 큰 손실을 입게 되었다. 당시 메탈게젤샤프트는 파산위기에 처했으나, 다행히 주주들이 대규모 자금지원으로 가까스로 살아남게 되었다.

# 제8장 부동산펀드 법규



## 01 부동산펀드의 개념

### 1.1 부동산 펀드의 이해

(1) 부동산은 증권과 함께 가장 대표적인 투자대상자산이다. 부동산은 '토지 및 그 정착물'을 의미하지만 공시수단을 갖추어 독립된 거래가 가능한 입목, 공장재단, 광업권, 어업권, 선박, 광업재단, 항공기, 자동차, 건설기계 등은 '준 부동산'으로 의제된다. 토지는 "국토의 계획 및 이용에 관한 법률"에 의하여 ① 도시지역, ② 관리지역, ③ 농림지역(건폐율 20% 이하, 용적률 80% 이하), ④ 자연환경보전지역(건폐율 20%이하, 용적률 80% 이하)으로 나뉘어 그 용도에 따라 관리된다. 도시지역은 다시 주거지역(건폐율 70%, 용적률 500% 이하), 상업지역(건폐율 90%이하, 용적률 1,500%이하), 공업지역(건폐율 70%이하, 용적률 400%이하), 녹지지역(건폐율 20% 이하, 용적률 100% 이하)으로 나뉜다. 건물은 단독주택과 공동주택으로 구분되며 공동주택의 예로는 ① 아파트, ② 연립주택, ③ 다세대주택, ④ 기숙사 등을 들 수 있다. 다세대주택과 구분하여야 할 것으로 '다가구주택'은 단독주택의 유형이다. 부동산과 관련하여서는 등기부등본, 토지대장(또는 임야대장), 지적도(또는 임야도), 토지이용계획확인원 등이 권리관계 등을 확인하는 서류로 이용된다. 지적이란 토지에 관한 물리적 현황 및 법적 권리관계 등을 조사·측정하여 지적공부라는 공적 장부에 등록·공시하는 사무를 말한다. 지적의 3요소로 토지, 등록, 지적공부를 든다. 지목의 종류에는 전(田), 답(畓), 과수

원(果) 등 총 28가지가 있다. 부동산을 공부할 때 자주 등장하는 용어로 건폐율과 용적률이 있는데, 건폐율은 대지면적에 대한 건축면적의 비율을 말하며, 용적률은 대지면적에 대한 건축물의 연면적을 말한다. 건축물의 연면적을 산출할 때 지하층은 면적에 포함하지 않고, 지상층만 포함한다.

표 8-1 부동산펀드 투자 시 점검사항

| 확인할 서류 | 확인 가능한 내용 |
|---|---|
| 등기부 등본 | 표제부, 갑구, 을구로 구성되어 있으며 소유권 기타 권리관계를 확인할 수 있다. |
| 토지대장(또는 임야대장) | 토지의 소재지, 지번, 지목, 지적, 개별공시지가 및 소유자의 주소·성명 등 토지의 물리적 현황을 등록한 지적 공부이다. |
| 지적도(또는 임야도) | 등록된 토지 등에 대한 사항을 도면으로 표시해 놓았는데 형태, 경계, 도로접합 여부를 확인할 수 있다. |
| 토지이용계획 확인원 | 토지에 대한 공법(행정)적 규제사항을 확인할 수 있는 기본서류로서 법령에 의해 고시된 지역·지구 등의 지정, 토지의 용도 및 도시계획시설의 결정 여부 등에 대한 계획을 확인할 수 있다. |

(2) 부동산펀드는 자본시장법에서 '부동산집합투자기구'라는 명칭으로 규정하고 있다. 자본시장법은 집합투자재산의 100분의 50을 초과하여 부동산 등에 투자하는 집합투자기구를 '부동산집합투자기구'로 정의한다. '부동산 등'에는 민법상의 부동산뿐만 아니라 부동산을 기초자산으로 하는 파생상품, 부동산개발과 관련된 법인에 대한 대출, 그 밖에 대통령령이 정하는 일정한 경우, 즉 부동산과 관련된 권리, 부동산과 관련된 금전채권, 부동산과 관련된 증권에 투자하는 경우를 포함한다.

(3) 자본시장법은 "부동산투자회사법"에 근거를 두고 있는 부동산투자회사(Real Estate Investment Trusts : REITs) 중에서 50인 이상의 투자자로부터 자금을 모집하여 공모방식으로 설립된 공모 REITs를 자본시장법이 적용되는 부동산투자상품으로 인정하고 있다. 부동산투자회사법에서 규정하는 부동산 투자회사의 종류에는 ① 자기관리 부동산투자회사, ② 위탁관리 부동산투자회사, ③ 기업구조조정 부동산투자회사, ④ 개발전문부동산투자회사가 있다.

[예제] 다음 중 부동산투자회사법에서 규정하고 있는 부동산투자회사의 종류가 아닌 것은?
① 기업구조조정 부동산투자회사 ② 위탁관리 부동산투자회사
② 자기관리 부동산투자회사 ④ 리모델링전문 부동산투자회사
정답 : ④

(4) 자본시장법은 집합투자업자 등이 부동산펀드를 설정 또는 설립하는 경우에는 반드시 환매금지형으로 설정 또는 설립하도록 의무화하고 있다. 또한 공모 부동산투자신탁의 집합투자업자 또는 공모부동산투자회사는 신탁계약 또는 정관에 투자자의 환금성 보장 등을 위한 별도의 방법을 정하지 않은 경우에는 해당 집합투자증권을 최초로 발행한 날로부터 90일 이내에 증시에 상장하도록 규정하고 있다.

(5) 집합투자업자는 부동산펀드의 펀드재산을 '시가'에 따라 평가하되, 평가일 현재 신뢰할만한 시가가 없는 경우에는 "부동산의 가격공시 및 감정평가에 관한 법률"에 따라 감정평가업자가 제공한 가격을 기초로 펀드재산평가위원회를 통해 작성한 '공정가액'으로 평가해야 한다.

### 1.2 부동산펀드의 분류

(1) 부동산펀드는 법적 형태에 따라 다음과 같이 구분된다.
① 부동산투자신탁
② 부동산투자회사
③ 부동산투자유한회사
④ 부동산투자합자회사
⑤ 부동산투자조합
⑥ 부동산투자익명조합

(2) 부동산투자신탁은 신탁계약의 형태이며, 부동산투자회사, 부동산투자유한회사, 부동산투자합자회사, 부동산투자익명조합은 상법, 부동산투자조합은 민법을 근거로 하여 설립된다. 다만, '부동산투자회사'의 발기인은 투자회사 재산의 100분의 70을 초과하여 부동산에 투자하는 부동산투자회사를 설립해서는

안 되며, 설립 후에도 부동산투자회사의 정관을 투자회사 재산의 100분의 70을 초과하여 부동산에 투자하는 형태로 변경하여서는 안 된다.

### 1.3 부동산펀드의 설정 · 설립

부동산펀드는 부동산투자회사를 제외하고는 집합투자업자가 설정 또는 설립하며, 부동산펀드를 설정 또는 설립하는 주체는 집합투자규약(신탁계약, 정관, 조합계약)을 작성하여 필요한 공시절차와 함께 금융위원회에 등록함으로써 해당 부동산펀드가 설정 또는 설립된다. 부동산투자회사의 설정 또는 설립주체는 발기인이다.

### 1.4 부동산펀드의 관련 당사자 및 주요 역할

(1) 부동산펀드의 법적 형태에 따라서 각각의 부동산펀드 관련 당사자 및 그 주요역할이 나누어진다. 부동산투자신탁의 경우 집합투자업자는 펀드 설정 및 펀드 운용의 주체이며, 신탁업자는 펀드재산의 보관 및 관리를 맡고, 투자자는 수익자 총회를 통해서만 펀드에 관여하게 된다. 부동산투자회사의 경우 펀드 설립은 발기인이 주체가 되고 이사회는 법인이사 1인과 감독이사 2인 이상으로 구성된다. 법인 이사는 집합투자업자가 맡아서 펀드를 대표하고 집행하는 역할이다. 감독이사는 펀드 감독업무를 수행한다. 투자자는 주주총회를 통해서만 펀드에 관여한다. 다만, 부동산펀드의 관련 당사자와 주요역할에 대해서는 이미 펀드 일반편에서 다룬 내용이므로 자세한 서술은 생략한다.

(2) 부동산펀드 중에서 부동산투자합자회사 및 부동산투자조합의 경우 정관 또는 조합계약이 정하는 바에 따라 이익을 배당함에 있어 무한책임사원(조합원)과 유한책임사원(조합원)의 배당률 또는 배당순서를 달리 정할 수 있으나 손실을 배분함에 있어서는 무한책임사원(조합원)과 유한책임사원(조합원)의 배당률과 배당순서를 달리 정하여서는 아니 된다.

### 1.5 부동산펀드의 자금납입방법

부동산펀드에 자금을 납입하는 방법으로는 원칙적으로 금전으로 납입하여야 하나, 사모부동산펀드의 경우에는 객관적인 가치평가가 가능하고, 다른 투자자의 이익을 해할 우려가 없는 일정한 경우에는 금전이 아닌 부동산으로 납입할 수 있다. 부동산으로 납입이 가능한 경우에도 다음 두 가지 조건을 만족하여야 한다. ① 다른 투자자 전원의 동의를 얻을 것, ② '시가' 또는 '평가일 현재 신뢰할만한 시가가 없는 경우에는 공정가액'에 기초하여, 펀드재산평가위원회가 정한 가격으로 납부할 것.

### 1.6 부동산운용전문인력

(1) 집합투자업자가 부동산펀드를 운영하기 위해서는 반드시 부동산운용전문인력으로 하여금 해당 부동산펀드를 운용하게 하여야 하며, 자본시장법은 투자운용인력이 아닌 자에게 펀드재산을 운용하게 하는 행위를 하여서는 안 된다고 규정하고 있다.

(2) 부동산운용전문인력에 해당하는 자는 다음과 같다.

① 감정평가사로서 관련분야 5년 이상 종사 경력자

② 부동산 관련 분야 석사학위 소지자 또는 금융위원회가 부동산운용 업무와 관련이 있다고 인정하는 전문교육과정을 이수한 자로서, 관련업무에 3년 이상 종사한 경력이 있는 자

③ 부동산의 투자·운용업무를 주된 업무로 수행하는 외국의 부동산투자회사에서 5년 이상 근무한 자로서, 부동산운용업무에 3년 이상 종사한 경력이 있는 자

④ 부동산투자회사법에 따른 부동산투자회사 등이나 그 밖에 금융위원회가 인정하는 부동산 관계회사나 기관 등에서 부동산운용업무에 3년 이상 종사한 경력이 있는 자

⑤ 증권운용전문인력으로서 한국금융투자협회에서 정하는 부동산운용업무 관련 교육을 이수한 자

# 02 부동산펀드의 운용

## 2.1 부동산펀드의 투자대상

자본시장법은 펀드재산의 100분의 50을 초과하여 '부동산' 자체에 투자하는 경우는 물론 펀드재산의 100분의 50을 초과하여 '부동산과 관련한 자산'에 투자하는 경우와 '부동산과 관련성 있는 투자행위'를 하는 경우에도 부동산펀드로서의 법적 요건을 충족하는 것으로 보고 있다.

### 1) 부동산

부동산은 부동산펀드의 가장 본질적인 투자대상자산이다. 부동산펀드의 투자대상인 '부동산'의 개념에 대해서는 민법(제99조 1항)의 '토지와 그 정착물'로 이해하면 된다. 부동산에 투자한다는 의미는 부동산을 취득하여 매각하는 경우뿐만 아니라, 부동산의 관리 및 개량, 부동산의 임대, 부동산 개발의 경우를 포함한다.

### 2) 부동산과 관련한 자산

부동산과 관련된 자산에는 부동산과 관련된 권리, 부동산과 관련된 증권, 부동산을 기초자산으로 하는 파생상품을 포함하며 그 구체적인 내용은 대통령령으로 정하고 있다.

표 8-2 부동산과 관련한 자산

| 구분 | 내용 |
|---|---|
| 부동산과 관련된 권리 | ① 지상권, 지역권, 전세권, 임차권, 분양권 등 부동산 관련 권리<br>② 채권금융기관이 채권자인 금전채권(부동산을 담보로 한 경우만 해당) |
| 부동산과 관련된 증권 | ① 부동산, 부동산 관련 권리가 신탁재산의 100분의 50 이상을 차지하는 경우의 '수익증권', 펀드재산의 100분의 50 이상을 차지하는 경우의 '집합투자증권', 유동화 증권의 100분의 50 이상을 차지하는 경우의 '유동화증권'<br>② 부동산투자회사법상의 부동산투자회사가 발행하는 주식<br>③ 특정 부동산을 개발하기 위하여 존속기간을 정하여 설립한 회사가 발행하는 증권<br>④ 부동산 등을 기초자산으로 하여 자산유동화법에 의하여 발행한 유동화증권 중 유동화자산 가액의 100분의 70 이상인 유동화증권<br>⑤ 법이 정한 주택저당담보부채권 또는 주택저당증권<br>⑥ 부동산투자목적회사와 그 종속회사가 소유한 자산가액 중 부동산 등의 금액이 100분의 90 이상인 경우 투자목적회사가 발행한 지분증권 |
| 부동산을 기초자산으로 한 파생상품 | (문) '부동산을 기초자산으로 한 파생상품'에 투자하는 펀드는 부동산 펀드일까? 파생상품펀드일까?<br>(답) 일단 부동산펀드는 맞다. 그 파생상품의 손익구조가 기초자산인 부동산에 의해 결정되기 때문에 자본시장법은 이를 부동산펀드의 투자대상 자산으로 규정하였다. |

### 3) 부동산과 관련성 있는 투자행위

자본시장법은 부동산과 관련 있는 투자행위로 '부동산 개발과 관련된 법인에 대한 대출'을 규정하고 있다. 비록 펀드재산으로 직접투자대상자산을 취득하는 것은 아니지만 '대출'이라는 투자행위를 하는 경우에도 부동산펀드의 법적 요건을 충족하는 것으로 판단한 것이다. 부동산펀드에서 펀드재산의 100분의 50을 초과하여 상기의 부동산 등에 투자한 후 나머지 펀드재산으로 채무증권, 지분증권, 수익증권, 투자계약증권 등 일정한 증권이나 특별자산에 투자할 수 있다. 펀드재산의 100분의 50을 초과한 나머지 펀드재산으로 투자할 수 있는 특별자산의 예는 "사회기반시설에 대한 민간투자법"에 따른 '사회기반시설사업의 시행을 목적으로 하는 법인'이 발행한 주식과 채권이 이에 해당한다. 그러나 펀드 운용의 실제상 항시 유동화할 수 있도록 콜, 은행보통예금의 형태로 갖고 있는 것이 일반적이다.

## 2.2 부동산펀드의 운용제한

부동산펀드에서 펀드재산으로 '부동산'에 운용하는 경우 해당 부동산을 취득한 후 일정기간 내에는 처분이 제한된다. '국내에 있는 부동산'은 3년 이내, '국외에 있는 부동산'은 집합투자규약에서 정하는 기간 이내에 해당 부동산을 처분하는 행위는 금지된다. 다만, ① 부동산 개발사업에 따라 조성하거나 설치된 토지·건축물을 분양하는 경우나 ② 투자자 보호를 위하여 필요한 경우로서, 부동산펀드가 합병·해지 또는 해산되는 경우는 예외가 인정된다.

**[예제]** 다음은 부동산의 처분제한에 관한 기술이다. 틀린 것은?

① 국내에 있는 부동산은 취득 후 3년이 경과하면 처분이 가능하다
② 국외에 있는 부동산은 취득 후 집합투자규약에서 정하는 기간이 경과하면 처분이 가능하다
③ 부동산 개발사업에 따라 조성되거나 설치된 토지·건축물을 분양하는 경우에는 처분 제한기간 이내라도 처분이 가능하다
④ 부동산의 유동성을 확보하기 위하여 불가피한 경우 처분 제한기간 이내라도 처분이 가능하다.

정답 : ④

부동산펀드는 원칙적으로 건축물, 그 밖의 공작물이 없는 토지로서, 토지에 대하여 부동산개발사업을 시행하기 전에 해당 토지를 처분할 수 없다. 다만, ① 부동산펀드가 합병·해지 또는 해산되는 경우 ② 투자자보호를 위하여 필요한 경우로서 부동산 개발사업을 하기 위하여 토지를 취득한 후 관련 법령의 제정·개정 또는 폐지 등으로 인하여 사업이 뚜렷하게 떨어져서 부동산 개발사업을 수행하는 것이 곤란하다고 객관적으로 증명되어 그 토지의 처분이 불가피한 경우에는 예외가 인정된다.

공모부동산펀드의 경우 투자자를 보호하기 위하여 다양한 운용제한 규정이 적용된다.

### 1) 공모부동산펀드에서 증권에 투자하는 경우

(1) 공모부동산펀드는 각 공모부동산 자산총액의 100분의 10을 초과하여 동일증권에 투자하는 행위는 할 수 없다. 다만 공모부동산펀드의 경우에도 집합투자규약에 해당 사항을 정한 경우에는 예외적으로 부동산과 관련된 일정한 증권에 대해서는 '각 펀드 자산총액의 100분의 100'까지 동일 종목에 투자할 수 있다. 집합투자규약에 해당사항을 정함이 없는 경우에도 예외적으로 부동산과 관련된 일정한 증권에 대해서는 100분의 30까지 동일종목에 투자할 수 있다. 사모부동산펀드는 이러한 제한을 받지 아니한다.

**[예제]** 다음 중 공모부동산펀드에서 집합투자규약으로 정한 경우 예외적으로 각 펀드 자산총액의 100분의 100까지 동일종목에 투자할 수 있는 '부동산과 관련된 증권'이 아닌 것은 ?

① 특정 부동산을 개발하기 위하여 존속기간을 정하여 설립한 회사가 발행하는 증권
② 부동산 등을 기초자산으로 하여 자산유동화법에 의하여 발행한 유동화증권 중 유동화자산 가액의 100분의 50 이상인 유동화증권.
③ 법이 정한 주택저당담보부채권 또는 주택저당증권
④ 부동산투자목적회사와 그 종속회사가 소유한 자산 가액 중 부동산 등의 금액이 100분의 90 이상인 경우 투자목적회사가 발행한 지분증권

정답 : ②

(2) 공모부동산펀드는 '전체 펀드 자산총액으로 동일법인 등이 발행한 지분증권 총수의 100분의 20을 초과하여 투자하는 행위'를 할 수 없다. 사모부동산펀드는 이러한 제한을 받지 아니한다.

(3) '각 공모 부동산펀드 자산총액으로 동일법인 등이 발행한 지분증권 총수의 100분의 10을 초과하여 투자하는 행위'는 할 수 없다. 다만, 부동산개발회사가 발행한 지분증권, 부동산투자목적회사가 발행한 지분증권의 경우에는 예외가 인정된다. 사모부동산펀드는 이러한 제한을 받지 아니한다.

### 2) 공모부동산펀드에서 파생상품에 투자하는 경우

(1) 대통령령으로 정한 적격요건을 갖추지 못한 자와 장외 파생상품 거래를 할 수 없다. 이 제한은 공모부동산펀드는 물론 사모부동산펀드에도 동일하게 적용된다.

(2) 파생상품매매에 따른 위험평가액이 '각 펀드의 자산총액에서 부채총액을 뺀 가액의 100분의 100을 초과'하여 투자할 수 없다. 사모부동산펀드의 경우는 위험평가액의 기준이 100분의 400으로 완화되어 있다.

(3) 공모부동산펀드는 파생상품 매매와 관련하여 '기초자산 중 동일법인 등이 발행한 증권의 가격변동으로 인한 위험평가액이 각 펀드 자산총액의 100분의 10'을 초과하여 투자하는 행위를 할 수 없다. 사모부동산 펀드는 이러한 제한 없이 투자할 수 있다.

(4) 공모부동산펀드는 같은 거래상대방과의 장외 파생상품 매매에 따른 거래상대방 위험 평가액이 각 펀드 자산총액의 100분의 10을 초과하여 투자하는 행위를 할 수 없다. 사모부동산펀드는 이러한 제한 없이 투자할 수 있다.

### 3) 공모부동산펀드에서 집합투자증권에 투자하는 경우

(1) 부동산펀드는 공모든 사모든 간에 자산총액의 100분의 50을 초과하여 같은 집합투자업자가 운용하는 펀드의 집합투자증권에 투자할 수 없다.

(2) 부동산펀드는 공모든 사모든 간에 자산총액의 100분의 20을 초과하여 같은 펀드의 집합투자증권에 투자할 수 없다.

(3) 공모부동산펀드는 집합투자증권에 자산총액의 100분의 40을 초과하여 투자할 수 없다. 다만, 사모부동산펀드는 이러한 제한을 받지 아니한다.

(4) 공모부동산펀드는 사모펀드의 집합투자증권에 투자할 수 없다.

(5) 각 공모부동산펀드의 펀드재산으로 같은 펀드의 집합투자증권 총수의 100분의 20을 초과하여 투자할 수 없다. 다만, 사모부동산펀드는 이러한 제한을 받지 아니한다.

(6) 공모부동산펀드는 사모부동산펀드와 달리 판매수수료, 판매보수에 있어 일정한 제한이 따른다. 사모부동산펀드는 판매수수료 등에 제한이 없다.

4) 공모부동산펀드는 투자자 보호 및 펀드재산의 안정적 운용을 해할 수 있는 일정한 행위를 제한하고 있다. 이러한 제한되는 일정한 행위는 다음과 같다.

(1) 각 펀드에 속하는 증권총액의 100분의 50을 초과하여 환매조건부매도를 하는 행위
(2) 각 펀드에 속하는 증권의 100분의 50을 초과하여 증권을 대여하는 행위
(3) 각 펀드의 자산총액의 100분의 20을 초과하여 증권을 차입하는 행위이다.

## 2.3 부동산펀드의 운용특례

### 1) 부동산의 취득 · 처분시의 운용특례

집합투자업자는 펀드재산으로 부동산을 취득하거나 처분하는 경우에는 ① 부동산의 현황, ② 부동산의 거래가격, ③ 부동산의 거래비용, ④부동산과 관련된 재무자료, ⑤ 부동산의 수익에 영향을 미치는 요소, ⑥ 그 밖에 부동산의 거래 여부를 결정하는 데 있어 필요한 사항으로 금융위원회가 정하여 고시하는 사항이 포함된 '실사보고서'를 작성 · 비치하여야 한다. 펀드재산으로 부동산을 취득하는 경우 부동산등기법 제123조를 적용함에 있어 신탁의 등기를 신청하는 신청서에 첨부하는 서면에 '수익자'를 기재하지 아니할 수 있다.

### 2) 금전의 차입

부동산펀드는 자본시장법 상의 다른 펀드와 달리 예외적으로 일정한 제한하에 부동산펀드의 계산으로 금전의 차입이 허용된다. 예외적으로 금전 차입이 허용되는 경우 차입기관, 차입한도, 차입금 용도를 법으로 정하고 있다.

표 8-3 부동산펀드에 대한 금전의 차입

| | |
|---|---|
| 차입기관 | 차입기관은 다음 중 어느 하나에 해당하는 곳이어야 한다.<br>가. 은행, 한국산업은행, 중소기업은행, 한국수출입은행, 투자매매업자 또는 투자중개업자, 증권금융회사, 종합금융회사, 상호저축은행<br>나. 보험회사<br>다. '국가재정법'에 따른 기금<br>라. 다른 부동산펀드<br>마. 가 ~ 라에 준하는 외국 금융기관 등<br>부동산펀드는 차입기관에 부동산을 담보로 제공하는 방법으로 차입할 수 있다. |
| 차입한도 | 부동산펀드에서 부동산을 취득함에 있어 금전차입금은 '부동산펀드의 자산총액에서 부채총액을 뺀 가액의 100분의 200'을 한도로 한다. 다만, 집합투자총회에서 다르게 의결한 경우에는 그 의결한 한도까지로 한다. 부동산펀드가 아닌 펀드에서 부동산을 취득함에 있어 금전을 차입하는 경우에는 해당펀드에 속하는 부동산 가액의 100분의 70을 한도로 한다. 이 경우 부동산 가액의 평가는 펀드평가위원회가 '펀드재산평가기준'에 따라 정한 가액으로 한다. |
| 차입금용도 | 부동산펀드에서 차입한 금전은 부동산에 운용하는 방법 이외의 방법으로 운용하여서는 아니 된다. 다만 불가피한 사유가 발생하여 일시적으로 현금성 자산에 투자하는 경우는 예외이다. |

### 3) 부동산개발사업 시 운용특례

집합투자업자가 펀드재산으로 부동산개발사업에 투자하는 경우 ① 추진일정, ② 추진방법, ③ 건축계획 등이 포함된 사업계획에 관한 사항, ④ 자금의 조달·투자 및 회수에 관한 사항, ⑤ 추정손익에 관한 사항, ⑥ 사업의 위험에 관한 사항, ⑦ 공사시공 등 외부용역에 관한 사항, ⑧ 그 밖에 투자자를 보호하기 위하여 필요한 사항으로서 금융위원회가 정하여 고시하는 사항이 포함된 '사업계획서'를 작성하여야 한다. 집합투자업자는 상기 사업계획서를 작성, 감정평가업자로부터 적정성 여부를 확인 받아 인터넷 홈페이지 등에 공시하여야 한다.

### 4) 제3자에 업무위탁

자본시장법 상 집합투자업자는 본질적 업무에 대하여 원칙적으로 제3자에게 위탁할 수 없으나 부동산펀드의 집합투자업자는 예외적으로 ① 부동산의 개발 및 부수업무, ② 부동산의 관리·개량 및 부수업무, ③ 부동산의 임대 및 부수업무의 일부를 제3자에게 위탁할 수 있다.

### 5) 금전의 대여

자본시장법상의 펀드는 원칙적으로 펀드재산을 운용함에 있어 펀드 재산 중 금전을 대여하여서는 아니 된다. 그러나 부동산펀드의 경우 예외적으로 부동산 개발사업을 영위하는 법인(부동산시행사)에 대하여 금전을 대여할 수 있다. 이는 부동산개발사업의 특성을 반영한 정책적 고려라고 이해된다. ① 집합투자규약에서 금전의 대여에 관한 사항을 정하고 있고, ② 집합투자업자가 부동산에 대하여 담보권 설정 등 적절한 회수방법을 확보하는 경우에 한하여 대여가 허용된다. 다만, 사모부동산펀드의 경우에는 대여금 회수를 위한 적절한 방법 여부에 대하여 제한을 두고 있지 않다. 그러나 운용의 실제상 사모펀드의 경우 펀드의 안정성을 위하여 법이 강제하지는 않지만 공모펀드에 준하는 안전장치를 하는 것이 일반적인 경향이다. 부동산펀드가 금전을 대여하는 경우, 그 대여금의 한도는 '해당 펀드의 자산총액에서 부채총액을 뺀 가액의 100분의 100'으로 한다.

# 제9장 부동산펀드 영업



## 01 부동산펀드의 종류 및 특성

### 1.1 부동산펀드의 분류방법

#### 1) 자본시장법상의 부동산펀드의 분류

**(1) 부동산의 투자대상에 따른 분류**

종래의 "간접투자자산운용업법"(이하 간접투자법)이 실물 부동산만을 투자대상으로 하였으나, "자본시장과 금융투자업에 관한 법률"(이하 자본시장법)은 부동산펀드를 '펀드재산의 100분의 50을 초과하여 부동산(부동산을 기초자산으로 한 파생상품, 부동산 개발과 관련된 법인에 대한 대출, 그 밖에 대통령령으로 정하는 방법으로 부동산 및 대통령령으로 정하는 부동산과 관련된 증권에 투자하는 경우를 포함)에 투자하는 펀드'로 정의하고, '실물 부동산'뿐만 아니라 '부동산 이외의 자산'과 '부동산과 관련한 투자행위'를 하는 경우에도 부동산펀드에 포함하는 것으로 봄으로써 부동산펀드의 범위를 확대하고 있다.

**(2) 부동산의 운용방법에 따른 분류**

자본시장법은 부동산의 운용방법을 다양화하여 '부동산의 취득 또는 매각'뿐만 아니라, '부동산의 관리·임대·개량·개발'을 추가적 운용방법으로 허용한 점은 이전의 간접투자법과 동일하다. 펀드재산의 50%를 초과하여 실물로서 '부동산'에 투자하는 경우를 운용방법에 따라 다시 분류하면, ① 매매형, ② 임대형, ③ 개량형, ④ 경공매형(경매부동산 또는 공매부동산을 매각하거나 임대사업 후 매각), ⑤ 개발형으로 나눌 수 있다.

### 2) 기타 실무상의 분류방법

**표 9-1** 부동산펀드에 대한 실무상 분류표 (1)

| 분류기준 | 내 용 |
|---|---|
| 설립국가 | 어느 나라 법령에 의해 설립되는 펀드이냐에 따라 ① 국내펀드(역내펀드), ② 외국펀드(해외펀드, 역외펀드)로 구분된다. 역외펀드는 자국 내에서의 과다한 규제를 회피하기 위해 케이먼군도, 브리티시버진아일랜드 등 조세피난처에서 펀드를 설정·설립하는 경우이다. |
| 펀드의 법적 형태 | 펀드의 법적 형태에 따라 ① 신탁형펀드, ② 회사형펀드, ③ 조합형펀드로 구분된다. 부동산펀드에 관하여 자본시장법은 1종의 신탁형펀드(부동산투자신탁), 3종의 회사형펀드(부동산투자회사, 부동산투자유한회사, 부동산투자합자회사), 2종의 조합형펀드(부동산투자조합, 부동산투자익명조합)를 허용하고 있다. |
| 펀드자금의 모집방식 | 불특정 다수의 투자자로부터 자금을 모집하여 설정·설립하는 '공모부동산펀드'와 적격투자자 또는 49인 이하의 소수 투자자로부터 자금을 모집하여 설정·설립하는 '사모부동산펀드'로 구분할 수 있다. |
| 투자대상지역 | 펀드자금을 국내 자산에만 투자하는 국내투자펀드와 펀드자금의 일부 또는 전부를 해외자산에 투자하는 해외투자펀드로 구분된다. 글로벌 자산시장에 대한 투자가 확대되는 경향은 새로운 투자기회 창출이라는 측면과 다수 국가에 분산투자를 가능하게 함으로써 펀드의 위험을 효율적으로 관리할 수 있게 한다. 투자기회의 확대는 위험의 범위의 확대를 의미하기도 하는데 효율적인 투자위험 관리를 위해 해당 국가에 대한 투자정보의 효율적인 획득 및 공개가 전제되어야 할 것이다. |
| 펀드 투자대상의 사전 특정 여부 | 펀드의 설정·설립 이전에 펀드재산으로 투자할 부동산 등 투자대상이 특정되는 사전특정형(Designated형)과 펀드의 설정·설립 이후에 투자대상이 특정되는 사전 불특정형(Blind형)으로 구분된다. 대표적인 Blind형 부동산펀드로는 '경공매형부동산펀드'가 이에 해당한다. Blind형펀드의 활성화를 위해서는 해당 집합투자업자가 지속적인 사업의 성과를 실현하는 등의 방법으로 시장의 신뢰를 확보하는 것이 선행되어야 한다. |

표 9-2 부동산펀드에 대한 실무상 분류표(2)

| 분류기준 | 내 용 |
|---|---|
| 펀드의 투자운용전략 | 펀드재산으로 시장 인덱스 대비 더 높은 수익률을 추구하는 액티브형과 시장 인덱스를 추종하거나 특정부동산에 투자함으로써 손익구조를 구조화하는 패시브형이 있다. 액티브형에는 일반적으로 스타일펀드, 섹터펀드, 지역펀드, 테마펀드 등이 있으며, 패시브형는 일반적으로 인덱스펀드, 시스템펀드, 구조화펀드로 구분되는데 구조화펀드는 다시 포트폴리오보험전략펀드, 시장중립운용전략펀드, 커버드콜운용전략펀드로 구분된다. |
| 펀드규모의 증대 가능성 | 펀드가 최초 설정된 이후 추가로 설정·증자·추가출자를 할 수 없거나 제한되는 단위형과 추가 설정·증자·추가출자가 허용되는 추가형으로 구분된다. |
| 투자자의 환매청구 가능성 | 펀드의 투자자가 언제든지 환매를 청구할 수 있는 경우를 개방형이라 하는데, 자본시장법은 부동산펀드에 대해 개방형으로 설정·설립되는 것을 허용하지 않으며, 자본시장법은 부동산펀드에 대해 펀드의 투자자가 투자일로부터 일정기간 또는 설정기간 동안 원칙적으로 환매청구를 할 수 없게 하여 환매금지형 또는 폐쇄형으로만 인정하고 있다. 자본시장법은 부동산펀드의 환금성을 확보해주기 위해 공모부동산투자신탁이나 공모부동산펀드의 경우 해당 집합투자증권을 증권시장에 상장하도록 의무화하고 있다. |

※ 커버드콜 전략 : 주식현물을 매수함과 동시에 이 종목에 대한 콜옵션을 매도하는 전략으로 이 전략을 사용하면 투자자는 풋옵션을 매도하는 것과 비슷한 효과를 낼 수 있다. 커버드콜은 일종의 합성전략으로 주가가 일정구간 하락할 때의 수익률을 방어할 수 있는 장점이 있다.

### 1.2 부동산펀드의 종류 및 특성

자본시장법은 펀드재산의 100분의 50을 초과하여 ① 부동산개발과 관련한 법인에 대한 대출의 경우, ② 부동산 관련 권리에 대한 투자의 경우, ③ 부동산담보부 금전채권에 대한 투자의 경우, ④ 부동산 관련 증권에 대한 투자의 경우, ⑤ 부동산을 기초자산으로 한 파생상품에 대한 투자의 경우를 부동산펀드의 투자대상자산으로 인정할 뿐만 아니라 ⑥ 자본시장법상 다른 펀드에 해당하는 경우에도 해당 펀드의 실질적 내용 및 경제적 효과 측면에서 부동산과 관련이 있는 경우를 일종의 준부동산펀드로 이해하고 있다.

#### 1) 실물형 부동산펀드

펀드재산의 100분의 50을 초과하여 '실물로서의 부동산 자체'에 투자하는 펀드를 '실물형 부동산펀드'라 한다. 여기서 말하는 '부동산'이란 민법 제99조 제1항에서 규정하는 '토지 및 그 정착물'을 말한다. 실물형 부동산펀드는 부동산의 운용방식에 따라 매매형 부동산펀드, 임대형 부동산펀드, 개량형 부동산펀드, 경공매형 부동산펀드, 개발형 부동산펀드로 나뉜다.

### (1) 매매형 부동산펀드

펀드재산의 100분의 50을 초과하여 부동산을 취득한 후 해당 부동산의 가격이 취득시점 대비 상승한 때에 매각하여 매각차익을 목적으로 하는 실물형 부동산펀드이다. 매매형 부동산펀드는 단순히 부동산을 취득하여 매각시점까지 보유할 뿐이며 개량·임대사업 등 해당 부동산의 수익가치를 높이기 위한 제반 활동을 하지 않는다. 주요 점검사항으로 펀드 판매시점에 미리 투자대상 부동산이 펀드만기 시점에 원활하게 매각될 수 있는 성격의 부동산에 해당하는 지 여부 및 해당 부동산이 속한 시장이 향후 성장성이 있는 시장인지를 면밀히 점검해야 한다.

### (2) 임대형 부동산펀드

펀드재산의 100분의 50을 초과하여 부동산을 취득한 후 해당 부동산을 임차인에게 임대하여 임대소득을 획득하며, 해당 부동산의 가격이 취득시점 대비 상승한 때에 매각함으로써 매각차익을 획득하는 것을 목적으로는 하는 실물형 부동산펀드이다. 임대형 부동산펀드의 투자대상은 오피스빌딩 같은 업무용 부동산이나 상가 등의 상업용 부동산이다. 주요 점검사항으로는 임대료 및 공실률과 함께 경제상황이나 주변 상권현황 등을 우선적으로 점검할 필요가 있다. 임대형 부동산펀드와 유사한 형태로 운용되고 있는 것으로는 부동산투자회사법상의 부동산투자회사(개발전문부동산투자회사는 제외)와 미국 등에서 이용되는 리츠(Real Estate Investment Trusts)가 있다.

### (3) 개량형 부동산펀드

펀드재산의 100분의 50을 초과하여 부동산을 취득한 후 해당 부동산을 적극적으로 개량함으로써 부동산의 수익가치와 자산가치를 증대시킨 다음, 해당 부동산을 매각하거나 임대 후 매각하는 실물형 부동산펀드이다. 개량에 소요되는 비용 대비 매각차익 또는 임대수익 및 매각차익이 기대에 못미치는 경우에는 개량행위가 오히려 펀드 수익률을 떨어뜨리는 것이 될 것이므로 주요 점검사항으로는 소요된 개량비용에 상응하는 경제적 효과가 펀드의 수익률 제고로 연결될 수 있는 지를 면밀히 점검할 필요가 있다.

### (4) 경공매형 부동산펀드(가치투자형부동산펀드)

펀드재산의 100분의 50을 초과하여 부동산 중에서 '법원이 실시하는 경매 부동산 또는 자산관리공사가 실시하는 공매 부동산'을 취득하여 단순 매각(또는 개량 후 매각)하거나 또는 임대 후 매각하는 것을 목적으로 하는 실물형 부동산펀드이다. 경매 또는 공매를 통해 저평가된 부동산에 투자하여 매각차익을 추구한다는 점에서 '가치투자형 부동산펀드'라 할 수 있다. 펀드의 특성상 통상 투자대상자산에 대하여 '사전불특정형 방식'으로 설정・설립될 수밖에 없으며, 경・공매 분야에 대한 지식과 경험을 갖춘 전문운용인력이 요구된다.

### (5) 개발형 부동산펀드(직접개발방식의 부동산펀드)

펀드재산의 100분의 50을 초과하여 부동산을 취득한 후 직접 부동산개발사업을 추진하여 부동산을 분양・매각하거나 또는 임대 후 매각함으로써 부동산개발사업에 따른 개발이익을 획득하는 것을 목적으로는 하는 실물형 부동산펀드이다. 종래 간접투자법에서는 부동산펀드가 자산총액의 30%를 초과하여 부동산개발사업에 투자하는 것을 금지하였으나 자본시장법은 개발형 부동산펀드에 대해 간접투자법에서와 같은 투자비율제한을 두고 있지 않다. 부동산투자회사법은 '펀드 자산총액의 100분의 100이내'에서 부동산 개발사업을 허용하고 있다. 자본시장법은 부동산개발사업의 추진을 목적으로 하는 개발형 부동산펀드에 대해 사업계획서의 사전 작성을 의무화하고 있다. 개발형 부동산펀드의 주요점검사항으로는 ① 성공적인 사업추진에 필요한 요소들이 사업계획서에 잘 반영되었는지, ② 사업부지의 확보, ③ 우량한 시공사의 선정, ④ 인허가, ⑤ 사업성, 즉 조성한 토지 또는 건축물이 매각 또는 임대가능성에 대해 충분한 검토를 요한다.

## 2) 대출형 부동산펀드

대출형 부동산펀드는 통상 '프로젝트 파이낸싱(Project Financing)형 부동산펀드'라고 하는데 과거의 간접투자법 하에서는 물론 자본시장법 하에서도 가장 대표적인 부동산펀드이며 2004년 간접투자법 이후 우리나라 최초의 부동산펀드도 대출형 부동산펀드였다. 프로젝트 파이낸싱은 일반적으로 자금이 많이 소요되고 공사가 장기인 프로젝트에 대한 자금제공 방법 중 하나로서 다양한 주체가 참여할 수 있고, 참여주체 별로 위험배분도 가능하다는 특성을 갖고 있다. 그러나 프로젝트 파이낸싱은 개념상으로는 투자의 형태도 있으나 기본적으로 프로젝트 자체의 사업성에 근거하여 자금을 대출해주는 것이므로 자금을 대출해주는 금융기관의 입장에서 보면 사업성이 취약할 경우 일반대출보다 더 큰 위험부담을 안게 된다. 왜냐하면 프로젝트 파이낸싱은 '비소구금융 또는 제한적 소구금융(non or limited resource financing)'의 특성을 갖고 있어 원칙적으로 그 프로젝트 시행법인이 보유한 자산과 당해 프로젝트로부터 발생하는 현금흐름 범위 내에서만 대출자금의 상환을 요구할 수 있을 뿐, 프로젝트가 부실해져 파이낸싱 자금을 상환 받고자 하여도 프로젝트를 수행하는 실질 사업자에 대하여 상환을 요구할 수 없게 되기 때문이다. 이에 따라 시행사나 시공사 등 다양한 참여주체들로부터 신용보강을 요구하는 것이 일반적 관행이다. 또한 프로젝트 파이낸싱은 '부외금융'(off-balancing sheet financing)의 성격을 가지고 있어, 프로젝트의 시행과 관련하여 발생하는 제반 부채는 프로젝트 시행법인이 부담하며, 프로젝트의 실질 사업자는 자신의 재무상태표에 당해 프로젝트와 관련된 부채를 계상하지 아니한다. 대출형부동산펀드의 주요 점검사항으로는 ① 시행사의 부지확보 가능성, ② 시공사의 신용평가등급, ③ 시행사의 인허가 획득가능성, ④ 사업성, 즉 대출이 시행된 이후부터 분양·매각 또는 임대를 통하여 대출이자 및 원금의 완전히 상환될 때까지 해당 사업에 악영향을 미치는 요인은 없는지에 대해 철저한 점검이 요구된다.

### 3) 권리형 부동산펀드

펀드재산의 100분의 50을 초과하여 분양권, 신탁수익권 등 부동산 관련 권리를 취득하는 부동산펀드이다. 자본시장법상 권리형 부동산펀드의 투자대상으로는 지상권, 지역권, 전세권과 같은 부동산관련 물권뿐만 아니라 임차권, 분양권, 그리고 별도로 규정하는 부동산 관련 신탁수익권, 채권금융기관이 채권자인 부동산담보부 금전채권의 취득이 포함된다. 이 중 분양권은 종래의 간접투자법에 없던 것을 자본시장법이 새로이 부동산관련 권리로 예시하였다. 신탁수익권에 투자하는 경우 실물이 아닌 권리에 투자하는 것이므로 취득세·등록세 또는 양도소득세의 부담이 없다.

### 4) 증권형 부동산펀드

펀드재산의 100분의 50을 초과하여 부동산과 관련된 증권에 투자하는 형태의 부동산펀드이다. 증권형 부동산펀드의 유형은 투자하는 '부동산과 관련된 증권'이 어떤 형태이냐가 결정한다. 자본시장법은 ① 특정한 부동산 관련 자산이 펀드재산의 100분의 50 이상을 차지하는 경우 해당 수익증권, 집합투자증권, 유동화증권, ② 부동산투자회사 발행주식, ③ 부동산개발회사 발행증권, ④ 부동산투자목적회사 발행지분에 펀드재산의 100분의 50을 초과하여 투자하는 경우 증권형 부동산펀드로 보고 있다.

### 5) 파생상품형 부동산펀드

펀드재산의 100분의 50을 초과하여 부동산을 기초자산으로 하는 파생상품에 투자하는 부동산펀드를 말한다. 이 경우 부동산 자체를 기초자산으로 하는 파생상품 또는 기초자산인 부동산의 개별가격 또는 가격지수와 연계된 파생상품에 투자하는 형태로 이루어진다. 부동산은 개별성이 강한 특성을 갖고 있기 때문에 부동산 자체를 기초자산으로 하는 파생상품은 존재하기 어렵다. 부동산 가격지수와 연계된 파생상품의 예로, ① 수익성부동산을 대상으로 한 총수익지수 연계 파생상품에 투자하는 부동산펀드, ② 부동산매매가격을 대상으로 한 가격지수 연계 파생상품에 투자하는 부동산펀드, ③ 임대료지수 또는 공실률지수 연계 파생상품에 투자하는 부동산펀드, ④ 해외 부동산투자회사(REITs) 주가지수 연계 파생상품 등을 들 수 있으나 이 또한 실제 운용사례를 발견하기 어렵다.

### 6) 준부동산펀드

펀드의 법적 형태만을 보면 증권펀드 또는 특별자산펀드로 보아야 할 것이나 펀드의 실질적인 투자내용 및 경제적 효과 측면에서 보면 부동산과 유사한 경우 학계에서는 사실상 부동산펀드의 범주에 속하는 것으로 해석하려는 경향이 있다. 이러한 펀드를 '준부동산펀드'로 이해할 수 있다. 준부동산펀드의 예로, ① 부동산개발사업에 투자하는 회사의 발행채권에 투자하는 증권펀드, ② 건물개량사업에 투자하는 회사의 발행어음에 투자하는 증권펀드, ③ 부동산개발사업을 영위하는 회사의 발행주식에 투자하는 증권펀드, ④ 부동산개발사업을 영위하는 회사의 지분에 투자하는 증권펀드를 들 수 있다.

### 1.3 부동산펀드의 향후 전망

2007년 미국의 서브프라임 모기지 사태로 촉발된 금융위기로 인해 세계 부동산 시장은 침체상태를 벗어나지 못하고 있으나 유로지역이 부채위기를 극복하고 세계경제가 다시 성장국면으로 돌아서는 시점이 되면 자본시장법을 통하여 확대된 부동산펀드의 투자대상 자산을 활용한 다양한 종류의 부동산펀드가 개발될 것으로 예상된다.

## 02 부동산펀드 고객상담관리

### 2.1 부동산펀드 고객상담의 기초

부동산에 대한 이해도가 높지 않은 일반 투자자를 대상으로 부동산펀드를 취급하는 투자상담사는 투자설명서에 기재된 내용뿐만 아니라 해당 펀드가 투자하는 부동산의 개별적 특성은 물론, 여러가지 관련 정보를 고객에게 설명해줌으로써 고객이 합리적인 의사결정을 내리는 데 도움을 주어야 할 것이다. 이때 추가적으로 고려해야 할 정보로는 부동산의 입지적 특성, 지역환경, 시장동향, 투자자산에 대한 현장조사 결과 등이 있다.

### 2.2 국내부동산펀드 상담 시 고려사항

부동산펀드의 경우 각 유형별로 상담 시 고려해야 할 사항들이 조금씩 다르다.

#### 1) 개발형 부동산펀드의 경우

직접 개발에 따른 부지매입, 인허가, 공사중단, 분양에 있어 위험이 따를 수 있다. 따라서 투자상담사는 해당 투자에 대한 리스크 관리방안에 중점을 두어 투자자에게 설명을 하여야 한다.

#### 2) 대출형 부동산펀드의 경우

부동산개발단계에서 발생할 수 있는 사업인허가의 지연, 시행사의 부도, 분양률 저조에 따른 자금 유동성의 악화 등의 리스크에 대한 관리방안을 사전에 검토하여 이에 대한 정보제공을 함은 물론, 리스크 발생 시 투자자의 투자원금 손실보전 방안에 대하여도 점검해야 한다. 시공사의 책임준공 및 지급보증, 자금악화 시에 대비한 자금보충방안, 자금관리 형태, 자금집행순서에 대해 투자자에게 설명함으로써 해당상품에 대한 신뢰를 높일 수 있다.

#### 3) 임대형 부동산펀드의 경우

투자자산의 임대소득과 재매각시의 자산가치 하락 위험이 중요한데, 투자상담사는 상담 시 해당지역의 공실률 동향, 거래동향 등을 파악하고 설명해주어야 한다.

#### 4) 경 · 공매형 부동산펀드의 경우

다른 부동산펀드 유형과는 달리 사전 불특정형으로 자금이 모집되는 특성을 갖고 있기 때문에 상담 시 투자자의 이해를 구하는 데 어려움이 있을 수 있다. 따라서 경 · 공매형 부동산펀드의 경우는 운용사의 실적, 운용인력의 전문성 및 펀드 운용전략이 중요한데 투자상담사는 이를 잘 설명하는 것이 펀드 판매 성공의 관건이 된다.

### 2.3 해외부동산펀드 상담 시 고려사항

해외부동산펀드는 국내부동산펀드나 일반 증권펀드에 비해 환율변동 등 더 많은 리스크에 노출되어 있으므로 해외부동산 펀드에 대한 투자상담사는 해당 펀드의 속성을 잘 이해하고 판매에 임해야 불완전 판매를 방지할 수 있다. ① 먼저, 해외부동산펀드는 부동산 경기가 좋은 여러 지역에 분산하여 투자할 수 있으므로 국내부동산에만 투자하는 것보다는 최적의 포트폴리오를 구성하는 것이 더 유리하다는 점을 고객에게 설명하여야 할 것이며, ② 다음으로 환율변동에 따른 리스크를 회피하기 위하여 환헤지를 할 것인지 여부와 환헤지 방법에 대하여 설명해야 한다. ③ 아울러, 해외부동산펀드는 국내부동산펀드와 달리 환매가 가능한 경우가 많으나 국내 주식형펀드에 비해 환매과정이 복잡하므로 투자상담사는 환매절차에 대해 정확하게 파악하고 투자자에게 해외부동산펀드의 환매에 관한 약관 내용을 설명해야 한다.

비은행금융기관인 모아상호저축은행

### 2.4. 환매금지형 부동산펀드 상담 시 고려사항

자본시장법은 집합투자업자 등이 부동산펀드를 설정 또는 설립하는 경우에는 반드시 환매금지형으로 설정 또는 설립하도록 의무화하고 있다. 또한 공모부동산투자신탁의 집합투자업자 또는 공모부동산투자회사는 신탁계약 또는 정관에 투자자의 환금성 보장 등을 위한 별도의 방법을 정하지 않은 경우에는 해당 집합투자증권을 최초로 발행한 날로부터 90일 이내에 증시에 상장하도록 규정하고 있다. 그러나 현실에 있어서는 거래가 거의 활성화되어 있지 않아 환금성에 문제가 발생할 수 있다. 따라서 고객상담 시 환매금지형 펀드의 특징을 잘 설명하여 불완전판매가 되지 않도록 유의하여야 한다.

# 제10장
# 부동산펀드 투자기법 및 포트폴리오



## 01 부동산펀드 투자기법

### 1.1 투자 포트폴리오의 다변화 대상으로서의 부동산

(1) 주식, 채권 이외에 부동산을 투자대상에 포함시키면 포트폴리오의 다변화로 인하여 더 큰 분산투자 효과를 기대할 수 있다. 따라서 같은 위험 하에서라면 기대수익률을 높일 수 있고, 같은 기대수익률 하에서라면 표준편차가 각 자산의 표준편차의 평균보다 낮아져 동일한 기대수익률이라도 투자위험을 낮출 수 있다. 이는 전통적인 투자자산인 주식·채권과 이에 대한 대안투자대상인 부동산자산 간의 상관관계가 높지 않기 때문이다.

(2) 분산투자의 또 다른 사례로서, 미국에서 다양한 리츠(REITs)에 투자하고 있는 리츠뮤추얼펀드는 30개 이상의 다양한 리츠에 투자하고 있어 이 뮤추얼펀드에 투자하면 다양한 리츠에 투자하는 포트폴리오를 구성하는 효과를 얻을 수 있다.

### 1.2 부동산펀드 시장의 현황

(1) 부동산 및 부동산 간접투자상품에 투자한 펀드의 수탁고는 2007년 6월 14조 7천억 원을 정점으로 2008년 12월에는 11조 8천억 원으로 감소하였다. 주

된 이유는 2008년 글로벌 금융위기와 이에 따른 신용경색 때문에 악화된 부동산 시황 때문이다. 부동산이 비록 주식보다는 경기에 덜 민감하다지만 어쨌든 시세상품으로서 금융시장 및 실물경기의 영향을 받지 않을 수 없기 때문에 경기상황에 따라 부동산펀드의 수탁고도 영향을 받기 마련이다.

(2) 악화된 시황을 개선해보기 위해 미분양아파트에 투자한 펀드의 경우 3년 내 처분제한 규정의 적용을 받지 않도록 자본시장법 시행령에서 정하고 있다. 또한 2009년 3월 '민간자금 활용 및 주택수요 보완을 통한 미분양 해소 방안'의 일환으로 출현한 미분양아파트펀드에서 투자한 미분양 물건에 대해서는 한시적으로 취·등록세를 50% 감면받으며, 이로 인한 양도소득세는 부담하지 않는다.

(3) 글로벌 금융위기의 영향을 받지 않았던 2007년 1월 현재를 기준으로 부동산펀드 시장의 규모를 보면, 대출형(특별자산형태 포함)이 가장 크고 그 다음으로 임대형, 개발형의 순서를 보이고 있다.

## 1.3 부동산펀드의 성장

(1) 부동산펀드의 내적 성장이란 경영진이 경영능력을 발휘하여 부동산의 수익성을 향상시키는 것을 말하는 데 내적 성장의 방법으로는 임대수입의 확대, 부속 부동산 수입의 확대 및 인건비 기타 경비의 절감을 들 수 있으나 주로 임대료 인상이나 공실률 하락을 통한 임대수입의 확대나 부속 부동산 수입 확대를 통해 이루어진다. 부동산 펀드의 내적 성장전략으로 임차인 구성의 개선, 리노베이션, 수익성이 떨어지는 부동산의 처분 및 재투자 등이 있다.

(2) 부동산펀드의 외적 성장이란 다른 부동산 취득, 다른 부동산펀드와의 합병, 부동산개발 등에 의해 펀드의 외형이 커지는 것을 말한다.

(3) 부동산투자회사의 경우 당기 순이익의 90% 이상을 배당금으로 지급해야 하기 때문에 외적 성장에 의존해야 하는 경향이 크다. 그러나 유상증자 시 기존 주주들 간에 이해관계가 다르고 신규 주주의 투자성향도 기존 주주와 다른 경우가 많아 증자 동의를 받기가 쉽지 않고, 합병의 경우에도 합병대상이 되는 부동산펀드 간에 법적으로 고려해야 할 사항이 많아 사실상 증자나 합병이 많이 이루어지고 있지는 않다.

## 1.4 분산투자와 집중투자

(1) 분산투자화된 투자영역이라고 보기는 어렵다. 사회간접자본에 대한 투자를 전문으로 하게 되면 특정부동산 분야의 침체에도 불구하고 펀드의 전반적인 위험을 완화할 수 있는 장점이 있다. 반면, 많은 부동산을 관리하기 위하여 추가적인 비용이 발생하는 단점이 있다.

(2) 집중투자의 경우 특정시장에 대한 집중적인 분석을 통하여 전문성을 제고하고, 관리비용을 절감할 수 있는 장점이 있으나 특정지역의 부동산 침체에 따른 위험이 증가됨에 따라 소득흐름이 불안정하게 움직인다는 단점이 있다.

(3) 국내부동산펀드가 전문적으로 투자하는 영역은 주로 오피스빌딩 투자, 유통시설부동산, 물류시설부동산, 개발사업 대출 등이다. ① 오피스빌딩 시장은 투기적 요소가 적고, 펀드의 수익률이 사무실 수요에 의해 좌우되는 특성을 갖고 있다. 국내에서는 광화문빌딩지구, 여의도빌딩지구 및 테헤란빌딩지구의 프라임급 빌딩에 대한 투자에 집중되어 있다. ② 유통시설부동산의 대표적인 예는 동대문이나 명동 등의 상권밀집지구의 임대형쇼핑몰빌딩을 들 수 있는데 최근 신림역의 '포도몰'의 예에서 보듯 부도심이나 부산 등 지방 대도시로도 확대되는 추세이다. ③ 물류시설부동산의 경우 현재는 보유목적의 기업창고가 대세이나 향후 물류서비스 전문업체들에 의한 임차물류창고에 대한 수요도 점차 증가할 전망이다. ④ 종전에는 부동산펀드나 부동산투자회사가 개발사업에 30% 이상 투자할 수 없었으나 자본시장법의 제정과 부동산투자회사법의 개정으로 100%까지 개발사업에 투자하는 것이 가능하게 되었다. 이로 인해 개발사업 대출형 부동산펀드도 늘어날 전망이다.

그 외, 사회간접자본(SOC)에 대한 투자는 크게 보아 부동산 관련 투자이기는 하지만 소요자금규모가 일반 부동산펀드에서 감당하기 어려운 규모이기 때문에 일반 부동산펀드의 일반는 펀드로는 Macquarie Group이 운용하는 'Macquarie 인프라 펀드'가 있다.

## 1.5 부동산펀드의 재무전략

부동산펀드에서 재무전략이 중요하게 부각된 계기는 자본시장법에서 부동산펀드에 대하여 차입 및 대여에 대한 규제를 대폭 완화하였기 때문인데 차입 및 대여금을 어떻게 활용하느냐에 따라 부동산펀드의 수익률과 위험에 큰 영향을 주게 된다. 그러나 자본시장법에서 부동산펀드의 레버리지는 200%까지 허용되어 있지만, 자산유동화 시장에서 특수목적회사의 채권발행이 100% 수준으로 형성되어 있어 부동산펀드가 별도의 신용보완수단 없이 200%의 레버리지를 모두 활용하는 것은 쉽지 않은 일이다. 참고로, 외국계 부동산펀드는 총자산의 70% 내외에서, 국내 리츠(REITs)는 총자산의 50% 내외의 레버리지 전략을 활용하고 있다.

## 02 부동산투자 포트폴리오

### 2.1 투자 포트폴리오의 수익률 및 위험

(1) 하나의 자산에 투자하지 않고 유형, 지역, 규모 등이 다른 여러 부동산에 나누어 투자하는 것을 포트폴리오라고 한다. 포트폴리오의 수익률은 개별 자산의 수익률에 포트폴리오 전체에서 해당자산이 차지하는 비중을 곱한 것을 합한 값, 즉 가중평균 한 값이다.

**[예제]** 김씨는 보유 자금의 40%를 S전자 주식(기대수익률 10%), 나머지인 60%를 요즘 뜨고 있는 신림역의 P쇼핑몰(기대수익률 15%)에 투자하였다. 김씨의 투자 포트폴리오 기대수익률은 얼마인가?

① 12.5% ②13% ②13.2% ④14.5%

정답 : 포트폴리오의 기대수익률은 각 투자 자산의 기대수익률에 투자비율을 가중평균하여 구한다. E(R) = (0.4x0.1) + (0.6*0.15) = 13%

(2) 포트폴리오의 위험은 단순히 두 자산의 분산을 가중평균한 것이 아니라 거기에 두 자산 간의 공분산이 포함된 것이다.

포트폴리오가 두 개의 자산(A, B)으로 구성되어 있다면, 포트폴리오의 분산
$= \omega_a^2 \sigma_a^2 + \omega_b^2 \sigma_b^2 + 2\omega_a \omega_b \ \mathrm{Cov}(r_a, r_b)$

단, $\omega_a$: A자산에 대한 투자비율, $\omega_b$ : B자산에 대한 투자비율
$\sigma_a^2$ : A자산의 분산, $\sigma_b^2$ : B자산의 분산, $\mathrm{Cov}(r_a, r_b)$ : A, B자산의 공분산

## 2.2 포트폴리오의 분산투자효과

(1) 시장의 불확실성에 기인한 위험으로 시장 전반의 공통요인에 의한 위험이며, 분산 불가능한 위험을 '체계적 위험'이라고 하며, 해당 자산의 고유한 요인에 의하여 야기되는 위험, 분산 가능한 위험을 '비체계적 위험'이라고 한다. 체계적 위험에 해당하는 것으로 경제위험, 인구통계학적 위험, 자본시장 변동위험, 유동성위험 등이 있다. 금융위험, 물리적 하자 위험, 관리 위험 등 비체계적인 위험은 해당 자산의 투자실행 전에 충분한 시장분석을 통해 제거할 수 있다.

(2) 부동산 포트폴리오 내에 유형별 · 지역별로 다양한 부동산 자산을 편입하는 이유는 분산투자를 통해 위험을 줄이기 위한 것이다. 포트폴리오의 체계적 위험은 비록 분산투자를 한다 하더라도 피하기 어렵겠지만, 유형별 · 지역별로 서로 상관관계가 낮은 부동산에 분산하여 투자한다면 부동산 포트폴리오의 비체계적 위험은 줄일 수 있게 된다.

(3) 미국에서는 1990년대 중반 이후, 분산투자보다는 유형, 지역, 규모 등에서 오히려 집중하는 경향이 있는데, 이는 펀드 간 수익률 경쟁이 심해지면서 위험이 다소 높아지더라도 수익률을 높이려는 과정에서 발생한 것이다.

# 제11장
# 부동산펀드 투자

01 부동산시장의 기초 이해
02 부동산의 투자가치 분석
03 부동산 개발금융
04 부동산펀드의 리스크관리

## 01 부동산시장의 기초 이해

### 1.1 거시경제, 경기변동과 부동산시장

(1) 소비, 투자, 수・출입, 통화, 물가, 주가, 이자율 등 거시경제 변수의 변화는 부동산시장에 영향을 준다. ① 경제가 성장하면 경기가 활성화되어 대체로 부동산가격의 상승을 초래한다. ② 부동산가격이 상승하게 되면 부동산 보유자의 자산평가액이 증가하여 실제 소득이 늘어나지 않았음에도 소비증가를 초래한다. 이를 자산효과라 한다. ③ 물가가 상승하면 상대적으로 실물자산에 대한 수요가 증대하게 되어 부동산가격이 상승하게 된다. ④ 중앙은행이 기준금리를 인상하는 경우 부동산가격은 상승세 둔화 또는 하락을 예견할 수 있다.

(2) 일반적으로 경기변동이란 국민소득, 고용, 투자 등 경제변수의 상승과 하강이 반복되는 것을 말하는데 경기변동은 호황(Prosperity), 경기후퇴(Recession), 불황(Depression), 경기회복(Recovery)의 4개의 국면으로 나누어 볼 수 있다. 이러한 경기변동은 부동산 분야에서도 일어나는데 부동산 경기변동은 부동산 그 자체의 특성에 의하여 지역적으로 개별적으로 다르게 나타날 수 있다. 부동산 경기변동은 일반 경기변동 및 주가지수에 비해 후행하거나 동행하는 것으로 알려져 있다.

(3) 부동산 투자 의사결정시 부동산시장의 경기국면을 주기적으로 분석하여 의사결정에 반영하여야 한다. 오피스빌딩의 예를 들면, ① 호황기의 절반(임대료 서서히 상승)과 후퇴기의 절반(임대료 하락)의 시기에는 보유한 빌딩의 매각기회를 찾는 전략을 펴는 것이 적절하며, ② 불황기의 절반(임대료 서서히 하락)과 회복기의 절반(임대료 상승)의 시기에는 시장진입 전략을 검토해야 할 시기이다.

## 1.2 부동산시장의 수요 · 공급 분석

### 1) 부동산시장의 수요 · 공급요인

부동산의 수요에 영향을 미치는 요인에는 소득, 인구의 변화, 부동산의 가격 및 가격상승 기대, 대체관계의 부동산가격, 소비자의 기호, 금리, 대출 정책의 변화(LTV, DTI 규제) 등이 있다. 특히 대부비율(Loan to Value)이나 소득대비 대출비율(Debt to Income) 등 대출정책의 변화는 부동산 수요에 큰 영향을 미치는 정부의 간접 통제수단이 된다. 부동산의 공급에 영향을 미치는 요인에는 건설비용, 기술수준, 공급자의 수, 부동산 가격 및 가격상승 기대, 금리 등이 있다. 부동산시장의 기반시장(하부시장)으로 임대시장(공간시장), 자산시장, 개발산업이 있는데, 이들 세 가지 기반시장의 움직임 또한 수요와 공급 법칙에 의하여 영향을 받게 된다.

### 2) 부동산시장의 가격결정

부동산가격은 부동산의 수요와 공급이 일치하는 점에서 결정된다. 이때의 가격과 거래량을 균형가격, 균형거래량이라고 하는데, 만일 부동산가격이 어떤 이유로 균형가격 이하로 내려가면 초과수요가 발생하여 부동산가격을 상승하게 하여 다시 균형가격으로 회복되며, 반대로 균형가격보다 올라가게 되면 초과 공급이 되어 부동산가격을 하락하게 하여 균형가격이 회복된다. 부동산시장의 균형가격과 균형거래량은 부동산시장에 영향을 미치는 수요요인과 공급요인의 영향을 받게 되는데, 수요와 공급 요인이 변하면 수요곡선과 공급곡선이 이동하여 새로운 균형가격과 균형거래량이 형성된다. 예를 들어, 다세대 반지하방 거주자의 경우 소득이 증가하면 더 나은 주거환경으로 눈을 돌리게 되는데 이는 수요곡선을 이동하게 하여 요인이 된다. 글로벌 금융위기 이후 아파트 대형평형의 수요가 줄어드는 것 또한 수요곡선의 이동요인으로 볼 수 있다.

### 3) 부동산시장의 특징

시장이 완전경쟁이라고 하면 공급자가 많고, 품질의 차이가 적으며, 가격통제 가능성이 적은 경우를 말하는데, 부동산시장은 고정성과 위치적 제약으로 인해 지역성을 띄기 때문에 수요자와 공급자가 다수인 특성을 갖는 완전경쟁시장으로 보기는 어렵다. 일반적으로 부동산 상품의 4대 특성이라고 하면, ① 대량생산이 어렵고 건물방향과 전망의 차이 등으로 인해 상품이 비동질적이고, ② 정보의 비대칭성이 존재하며, ③ 수요자와 공급자가 가격에 순응하지 않고 수의계약을 하는 경우가 많으며, ④ 거래에 많은 비용이 수반된다는 점을 들 수 있다.

## 1.3 정부의 부동산정책

정부의 부동산정책에는 부동산시장의 수요와 공급에 영향을 주어 정책목표를 달성하는 수요정책 및 공급정책이 있고, 부동산시장의 가격에 직접적으로 개입하는 가격정책, 그리고 부동산과 관련된 각종 조세를 조정하여 부동산시장에 영향을 주는 조세정책이 있다.

### 1) 수요정책

정부가 부동산 수요에 영향을 줄 수 있는 대표적인 정책수단은 ① 금융과 관련하여 부동산 담보대출 기준을 강화하거나 완화하는 방법(LTV와 DTI규제), ② 부동산 담보대출 금리산정의 기초가 되는 기준금리를 조절하는 방법(예: 91일물 CD금리), ③ 일정규모 이하의 주택에 대하여 주택담보 대출액을 연말정산 시에 소득공제해주는 정책 등이 있다. 그리고 ④ 부동산 임대사업자의 요건을 완화하거나 조세혜택을 부여하는 방법도 결과적으로는 부동산에 대한 수요를 확대하는 방법이 된다. 좀더 직접적으로 ⑤ 저소득계층에 임대료를 보조하는 것도 수요를 늘려주는 효과를 발생시킬 수 있다.

### 2) 공급정책

정부가 부동산 공급을 조절하는 정책으로는 ① 지역지구제(Zoning)를 통한 토지의 용도제한 및 건축물의 건폐율·용적률 규제, ② 신도시, 산업단지 등의 택지공급제도, ③ 그린벨트지역의 해제 등이 있으며 택지공급 및 건축물에 대한 밀도규제가 주종을 이루고 있다. ④ 도시환경정비사업, ⑤ 이른바 '뉴타운사업'으로 지칭되는 도심재정비사업은 단기적으로는 기존 부동산의 멸실로 인해 재고가 축소되지만 장기적으로는 더 많은 신규 공급을 발생시킨다는 점에서 공급정책의 일종으로 분류할 수 있겠다. 부동산시장이 지역적 특징이 강하다는 점을 고려해 볼 때 단기적인 멸실과 장기적인 신규 공급이 부동산시장 전체에 미치는 영향을 종합적으로 고려하여 사업추진이 이루어져야 할 것이다. ⑥ 건축 관련 각종 인허가의 완화도 공급정책과 관련이 있다.

### 3) 가격정책

가격정책은 부동산시장의 가격을 직접적으로 규제하는 정책을 말하며, 대표적인 예로 ① 임대료 상한제와 ② 분양가 상한제를 들 수 있다. 부동산시장의 가격조절기능을 훼손하면서까지 부동산시장에 직접적으로 개입하는 가격정책은 흔히 도입되기에는 부담이 되는 특단의 조치라고 보아야 한다.

### 4) 조세정책

부동산에 대한 정부의 조세정책은 크게 보아 부동산거래에 관한 세제와 보유에 관한 세제로 나눌 수 있다. 부동산에 영향을 미칠 수 있는 조세로는 취득세 및 등록세, 보유세(재산세, 종합부동산세), 양도소득세, 개발이익환수 제도가 있다. 취·등록세, 양도소득세는 국가 재원조달 목적이 큰데, 특히 취득세와 등록세는 현행 지방세목 중 세수가 가장 높고, 전체 세수에 차지하는 비중이 크다. 정부가 부동산 수요자와 공급자에게 추가적으로 조세를 부담시키면 결과적으로 부담의 상당부분이 부동산가격으로 이전된다.

# 02 부동산의 투자가치 분석

## 2.1 부동산의 가치평가 방법론

### 1) 부동산가치의 유형분석

부동산의 가치는 장래 기대되는 편익을 현재가치로 환원한 값으로 시장가치, 투자가치, 과세가치, 보험가치, 청산가치, 대체가치 등으로 나눌 수 있다.

(1) 시장가치는 미국의 감정평가기준(Uniform Standards of Professional Appraisal Practice: USPAP)에 따르면, 주로 완전경쟁에 준하는 상황하에서 공정한 거래조건이 갖추어지고, 정보가 공개적으로 서로 공유되는 등 가격이 불공정한 사정에 영향을 받지 않는다고 가정할 때 거래가 이루어질 가능성이 높은 최고가격을 말한다. 시장가치는 공개시장에서 매매를 위한 합리적인 기간이 주어진다는 것을 전제로 한다

(2) 투자가치는 특정 투자자와 특정한 조건에서 거래되는 가치를 말하며, 따라서 투자가치는 투자자 별로 서로 다를 수 있다.

(3) 과세가치는 과세기관의 입장에서 평가하는 부동산의 가치이다.

(4) 보험가치는 보상금액의 산정을 위한 것으로 물리적 파손을 전제로 한 가치이다.

(5) 청산가치는 경매 또는 공매처분을 염두에 두는 개념으로 경매 등이 실행되었을 때 회수할 수 있는 가치를 말한다.

(6) 대체가치는 그에 상응하는 효용을 가지는 부동산을 재조달하기 위한 가치를 말한다. 이와 유사한 개념으로 재생가치를 들 수 있다.

### 2) 부동산 가치분석 과정

부동산의 가치를 추정하는 순서는 가치형성요인 분석, 가치추계의 제반 원칙을 검토한 후, 감정평가, 시산가치 조정을 통해 최종가치를 추산한다. 부동산의 가치는 ① 부동산의 효용성, ② 부동산의 유효수요, ③ 부동산의 상대적 희소성

에 의해 발생한다. 이러한 가치 발생요인은 가치 형성요인에 영향을 받는데, 가치형성요인에는 일반요인, 지역요인(지역성), 개별요인이 있다.

### 3) 부동산 가치추계의 4대 원칙

(1) 부동산의 가치는 해당 부동산의 과거로부터 현재까지의 수익보다는 미래에 대한 수익을 추정한다. 이를 '예측성의 원칙'이라 한다.

(2) 부동산의 가치는 시장의 수요와 공급을 반영해야 한다(수요 · 공급 원칙)

(3) 부동산가격은 최유효이용(Highest and Best Use)을 전제로 파악되는 가격을 표준으로 하여 형성된다. 최유효이용은 법적 · 물리적 · 재무적 타당성 그리고 최대수익 창출을 전제로 한다. 전통적으로 최유효이용 분석은 토지잔여 분석과도 관련된다.

(4) 외부성의 원칙에 따라 대상 부동산의 가치는 외부적 요인에 의하여 영향을 받는다.

### 4) 부동산 감정평가 3방식

부동산의 가치를 평가하는 데 있어서 시장성, 비용성, 수익성을 고려해야 하는데 부동산 감정평가에 있어 이들 각각을 평가하기 위해 시장접근법, 비용접근법, 소득접근법이 사용된다. 이를 부동산 감정평가 3방식이라 부른다.

(1) 시장접근법은 대상 부동산과 동일 또는 유사한 부동산의 거래사례와 비교하여 부동산의 가격을 산정하는 방법이다. 위치의 유사성과 물적 유사성 그리고 시간적 유사성을 가져야 하며 거래사례가 연고자 거래 등 특수한 사정과 관련되어 있지 않아야 한다.

(2) 비용접근법(원가방식)은 부동산 재조달 원가에 감가수정을 하여 대상 부동산이 지닌 가격을 산정하는 방식이다. 감가의 요인에는 물리적 · 기능적 · 경제적 요인 및 법률적 요인이 고려된다. 감가수정의 방법에는 정액법과 정률법이 있다. 정액법에 따르면 매년 감가액을 경과연수로 곱하여 감가누계액을 산정하며, 재조달 원가에서 감가누계액을 빼면 '적산가격'이 산출된다.

(3) 소득접근법(수익방식 또는 수익환원법)은 대상 부동산이 장래 산출할 것으

로 기대되는 순수익 또는 미래 현금흐름을 적정한 비율로 환원 또는 할인하여 평가가격을 산출하는 방식이다. 순수익의 유형으로는 가능총소득(PGI), 유효총소득(EGI), 순영업소득, 세전 현금흐름과 세후 현금흐름이 있으며, 환원이율을 구하는 방법으로 시장추출법, 요소구성법, 투자결합법, 저당지분방식과 부채감당법이 사용된다.

## 2.2 부동산 투자가치 분석의 실제

### 1) 투자대상 부동산의 현금흐름

부동산의 미래 현금흐름은 크게 운영현금흐름과 매각현금흐름으로 나뉜다.

(1) 운영현금흐름은 일정 면적당 임대료와 임대가능면적을 곱해 산출되는 가능총소득(Potential Gross Income)에서 공실 및 대손충당금을 제하고 기타 소득(주차장 수입, 전용선 임대료 수입 등)을 합하면 유효총소득(Effective Gross Income)이 나오는데 여기에 영업경비를 뺀 순영업소득을 산출하고 부채서비스액(저당지불액)을 빼면 세전영업현금흐름이 산출된다. 세후영업현금흐름은 세전영업현금흐름에서 소득세(법인세)를 차감하여 산출한다. 순영업소득 산출을 위해 차감되는 영업비용에는 대상 부동산의 가치를 증가시키는 '자본적 비용'(CAPEX)은 포함되지 않으며, 또한 현금성 지출인 '감가상각비'도 포함되지 않는다.

(2) 매각현금흐름은 매도가격에 매도경비를 차감하여 산출한 순매도액에 '미상환대출잔액'을 빼면 세전 매각현금흐름이 산출되는데, 세후 매각현금흐름은 세전 매각현금흐름에서 '자본이득세(양도소득세)'를 차감하여 산출한다. 매각현금흐름의 추정에서는 매도가격의 추정이 가장 중요한데, 매입가격에 물가상승률을 매년 복리로 고려하여 산출하거나, 단순히 매입가격에서 투자기간 동안의 감가상각분을 제한 장부가격으로 하는 방법, 소득접근법의 직접환원법을 활용하여 매각시점의 순영업소득과 매각 자본환원율을 추정하여 산출하는 방법이 사용된다. 경우에 따라서는 이들 각각의 방법으로 산출된 매도가격을 산술평균하는 방법이 사용되기도 한다.

### 2) 수익률 추정

부동산 자산업계에서 주로 활용하는 수익률은 내부수익률(IRR)과 캐시온캐시(Cash on Cash) 수익률이 있다. ① 내부수익률은 투자대상 부동산의 현금흐름의 순현재가치(NPV)가 0(Zero)이 될 때의 할인율로 화폐의 시간적 가치를 고려한 개념이다. 순현재가치(Net Present Value : NPV)가 0과 같거나 보다 큰 경우 현재의 투자비용보다 미래의 현금흐름이 양호한 것을 의미하므로 이때는 적극적으로 투자하는 것이 현명한 선택이다. ② 캐시온캐시 수익률은 해당기의 순현금흐름을 자기자본으로 나눈 것으로서 화폐의 시간적 가치를 고려하지 않는다는 점이 특징이다. 일반적으로 캐시온캐시 수익률은 내부수익률(IRR)보다 조금 높은 경향이 있어 투자설명회나 투자유치에 자주 사용된다. 총자본수익률은 모든 자본을 자기자본으로 조달한 것으로 가정하고 전체 투하자본 대비 순영업소득이 어느 정도 창출되는 지를 보는 것이다. 총자본수익률을 계산함에 있어 '보증금'도 자기자본으로 조달되었다고 가정하기 때문에 순영업소득에 보증금의 운영수입을 가산한다. 자기자본수익률은 자본구성을 자기자본, 임대보증금, 차입금으로 구성되었다고 보기 때문에 자금조달에서 부채와 보증금, 선순위 지분을 제외한 자기자본에 대한 수익률을 말한다.

## 2.3 부동산개발사업의 사업타당성 평가

### 1) 부동산개발사업

토지, 건물 등의 부동산을 개발, 건설한 후 분양 및 임대의 방법으로 수익을 창출하는 사업을 말한다. 부동산개발사업의 주요 성공요인은 입지조건, 개발시기, 상품이다.

### 2) 사업타당성 평가

부동산개발사업의 평가는 조사단계와 분석단계로 나눠어 평가해 볼 수 있는데 분석단계는 사업화 능력, 시장상황 및 입지분석을 기초로 해당사업의 수익성과 자금수지를 파악하는 경제성 분석 후, 해당 사업에 영향을 미치는 요인에 대한 민감도분석(Stress Test)을 거쳐 최종 사업성 여부를 결정하게 된다. ① 부동산개발 프로젝트의 사업성이 아무리 좋다 하더라도 사업시행자의 사업화 능력이 부족하다면 효과적으로 프로젝트를 완수하지 못할 수도 있기 때문에 사업성 검토 시 프로젝트 자체의 사업성은 물론 사업시행자의 사업화 능력도 함께 고려해야 한다. 사업화 능력은 크게 사업수행능력과 자금조달능력으로 구별될 수 있는데 부동산 개발사업의 특성상 대부분의 사업자금이 외부에서 조달된다는 점을 감안할 때 자금조달능력은 가장 우선적 고려사항이다. ② 시장상황분석이란 부동산 개발사업에 영향을 미칠 수 있는 경제상황이나 지역적 특성을 파악하는 것으로 거시적으로 수요와 공급요인에 대한 분석은 물론 미시적인 측면에서 근린상황 파악과 대지, 건축물 분석을 해야 한다. 수요에 영향을 미치는 요인으로는 인구통계학적 현황, 고용·물가·금리·주가 동향, 관습 및 선호도, 향후 경기 전망 및 시장참여자의 기대 정도 등이 고려되어야 하며, 공급에 영향을 미치는 요인으로 건축 허가량, 공실률 및 임대료 추세, 도시 및 지역 개발계획, 건설업체 현황 등이 고려되어야 한다. 그 외, ③ 입지분석, ④ 사업관련 지출의 적정성 분석, ⑤ 경제성 분석과 ⑥ 사업환경의 변화가 경제성 즉 수익성 및 자금수지분석 결과에 미치는 위험요소가 무엇인지를 파악해야 한다.(위험 분석)

개발사업의 지출항목에는 대상물건 구입비, 공사비, 사업비, 제세공과금, 기타예비비 등이 있다. 경제성 분석은 해당 사업의 투자대비 수익성 분석과 자금수지 분석을 내용으로 하는데, 부동산개발사업의 경우 자기자본에 대한 기회비용과 외부 자금조달 규모가 큰 점을 고려하여 내부수익률(IRR)과 목표수익률을 비교하는 방법으로 수익성을 판단한다. 목표수익률은 자기자본 조달비용과 외부자금 조달비용의 가중평균값으로 산출한다. 실무에서는 총수입에서 총지출을 뺀 전체사업이익 규모를 기초로 하여 수익성을 판단하기도 하는데 이때 사용되는 것이 수지분석표이다.

$$\text{목표수익률} = \frac{[(\text{외부자금조달액} \times \text{차입이자율}) + (\text{내부자금조달액} \times \text{정기예금이자율})]}{\text{총자금조달액}}$$

자금수지분석은 총 사업기간 전반에 걸친 자금소요를 검토하기 위한 것으로 부채원리금상환지수(Debt Service Coverage Ratio: DSCR) 등이 사용된다. 매년 단순 부채원리금상환지수가 1.0 이상, 누적 부채원리금상환지수가 1.3 이상이면 자금수지의 안정성이 확보된 것으로 판단할 수 있다. 부동산개발사업의 위험분석은 일반적으로 위험요소 확인, 민감도 측정의 범위 및 방법결정, 민감도 측정, 최종의견 반영의 순서로 진행된다. 최종의견(종합의견)은 해당사업의 개요, 사업성 분석 결과 및 위험분석에 따른 위험요인 서술 등으로 구성된다.

## 03 부동산 개발금융

### 3.1 개발금융의 기본 개념

(1) 개발금융(Project Financing: PF)이란 광의로는 대형 프로젝트 수행을 위하여 필요한 자금을 조달하기 위한 모든 금융을 포괄적으로 일컫는 말이지만 협의로는 특정 프로젝트로부터 발생할 미래의 현금흐름만을 담보로 하여 별도로 설립된 법인(Paper Company)에 자금을 공급하는 기법을 말한다. 개발금융의 핵심은 해당 프로젝트의 실제 사업주에 대한 소구권을 배제하거나 완화시킨 금융방식이라는 점이며, 실제 사업주의 신용이 아니라 특정 프로젝트에서 발생하는 미래 현금흐름과 수익을 기초로 상환이 이루어진다.

(2) 1990년대 중반 이후 국내 부동산개발시장의 특징 중 하나로 전문시행사(Developer)의 등장을 들 수 있다. 외환위기의 과정을 거치면서 대형건설사들이 부채비율을 줄이기 위해 자체 사업을 축소하고 도급공사에 주력하는 사이에 개발 기획력이 우수한 전문시행사들이 개발사업의 전면에 등장하게 된다. 2000년 이후 부동산 개발 호황기에 접어들면서 이들 시행사들의 자금조달을 돕기 위해 다양한 개발금융방식이 등장하였다. 시행사들의 등장은 부동산 경기를 회복시키고 건설수요를 새롭게 창출하였다는 긍정적인 측면과 함께 전문성과 윤리의식이 부족한 시행사가 난립하면서 투기와 시장의 혼란을 조장하기도 하였다. 개발사업에 있어서는 사업의 우수성도 중요하지만 사업시행자의 시공능력 및 신용도도 중요한데, 시행자의 자본이 영세하기 때문에 시공사에 책임준공뿐만 아니라 채무인수 및 연대보증까지 요구하는 사례가 늘어나고 있다. 이렇다보니, 한국의 부동산 개발금융은 실제로는 건설사에 대한 기업금융을 구조화한 것에 불과하다는 비판이 대두되고 있다.

## 3.2. 국내 부동산 개발금융의 진화과정

### 1) 시공사 보증 위주의 PF 시장의 형성

국내 부동산 개발시행사업의 일반적인 형태는 자본력이 취약한 시행사가 양호한 사업성을 전제로 하여 사업부지 계약금을 제외한 사업부지에 대한 중도금과 잔금 및 분양의 전체 사업비를 조달하는 구조로, 시행사들의 자금력 부족 문제는 시공사가 보강하게 된다. 시공사는 자금지원의 대가로 시공권을 보장받게 되는데 이들의 특수관계로 인해 공사대금이 일반적인 도급공사에 비해 상승하는 문제가 발생한다.

### 2) 개발신탁의 도입

개발신탁은 토지 이외에는 부동산 개발에 필요한 전문지식이나 자금이 없는 부동산 소유자가 부동산의 소유권을 신탁회사에 이전하고 신탁회사는 해당 신탁재산을 효과적으로 개발하여 수익을 창출하는 형태이다. 1991년에 처음 대한부동산신탁과 한국부동산신탁의 설립이 허가된 이후 상당수의 부동산신탁회사가 설립되었으나 외환위기를 겪으면서 시공사의 부도와 신탁사업장의 부실로 일부 신탁회사가 퇴출되는 시련을 겪었다.

### 3) 프로젝트 회사(Special Purpose Company)의 출현

2000년 이후 시행사가 용지를 확보하고 건설회사는 시공을 전담하는 형태가 자리 잡게 되면서 금융기관은 시행사가 설립한 프로젝트 회사(Special Purpose Company : SPC)에 직접 대출하는 구조가 자리잡게 된다. 한편, SPC를 설립하지 않고 자금용도를 특정한 주택개발사업에 한정하는 조건부 기업금융을 활용할 수도 있는데 이때 자금위탁관리계좌(Escrow account)가 사용된다. 통상 자금용도 한정 조건부 기업금융을 제공할 때에는 사업주체 부도 시에 시공사가 사업을 인수하도록 계약에 명시한다. 그러나 자금위탁관리계좌로 리스크를 관리하더라도 SPC를 설립하지 않으면 시행사의 파산에 따른 영향이 프로젝트에 영향을 미칠 수 있으므로 SPC를 설립하는 것이 더 안전한 방법이 된다.

### 4) 자산유동화제도

우리나라의 자산유동화제도는 1997년의 외환위기를 타개하기 위하여 1998년과 1999년에 “자산유동화에 관한 법률”과 “주택저당채권 유동화 회사법”이 각각 입법화 되면서 도입되었다. 자산유동화는 대부분 대출채권을 SPC에 넘겨 SPC가 유동화증권(Asset-Backed Securities : ABS)을 발행하고, 투자기관이 이를 인수하는 형태를 띤다. 자산유동화법의 발행절차를 배제하고 상법상의 기업어음구조를 이용하여 실질적으로 자산유동화와 동일한 효과를 발생시킬 수 있는데 이를 ‘자산유동화 기업어음’(Asset-Backed Commercial Paper : ABCP)이다. ABCP는 유동화자산의 대체, 증감과 유동화증권의 조건을 자유롭게 하기 위해 활용된다. ABCP도 상법상의 유가증권에 해당하며 주로 3개월 단기로 차환된다. 유한회사는 사채를 발행할 수 없기 때문에 SPC는 주로 주식회사의 형태를 이용한다. 자산유동화법에 의한 유동화전문회사는 개발자산 유동화에 많이 이용되고 있기는 하나 그 특성상 소극적으로 자산을 보유하면서 자금을 조달하는 기능을 담당할 뿐 적극적인 개발사업을 수행하는 데는 한계가 있기 때문에 다수 사업자들이 공동으로 진행하는 PF사업을 참여자들의 신용도와 분리하여 안정적으로 추진하기 위하여 2004년 법인세법 개정으로 ‘프로젝트금융투자회사(Project Financing Vehicle : PFV)’가 도입되었다. PFV는 설립자본금 50억 원 이상이고, 금융기관 참여지분이 5% 이상일 것을 요하며, 특정사업을 영위하는 한시적 명목회사로서, 배당가능이익의 90% 이상을 배당하는 경우 취·등록세 감면의 혜택이 주어진다. PFV가 도입된 최초의 사례는 2004년의 대전 엑스포 컨벤션복합센터(일명 ‘스마트 시티’) 건설을 들 수 있다.

### 3.3 PF 브릿지론

(1) 시행사가 개발자금을 조달하는 시점은 분양승인 이전단계, 분양승인 이후 완공 이전단계, 완공 이후단계로 구분할 수 있는데, 분양승인 이전단계에서는 분양매출채권이 원천적으로 존재하지 않기 때문에 PF론 이외에는 시행사가 자금을 조달할 수단이 없다. 분양승인 이후에는 분양매출채권이 존재하게 되므로 시행사는 매출채권을 양도하거나 PF론 차입을 통해 자금을 조달할 수 있다.

(2) ‘PF브릿지론’은 시행사가 주무관청의 인허가 및 사업승인을 받기 이전에 시공사의 신용에 의존하여 증권사나 제2금융권으로부터 단기적으로 자금을 조달하고 인허가 이후에 제1금융권의 대출을 받아 상환하는 금융기법이다. 주로

초기 토지매입대금과 초기 운영비의 확보에 쓰인다. 사업부지 확보를 위한 계약금 브릿지론에 참여한 상호저축은행 등은 사업부지취득 이전단계에서 발생하는 모든 위험을 시행사와 동일하게 부담하게 되며, 중도금・잔금 PF에서는 인허가 위험을 부담한다. 브릿지론 대출기관은 정상 대출이자 외에 별도의 수수료를 선취한다.

## 3.4 대출형 PF의 신용 보강

### 1) 시행사의 협력사항

부동산 개발자산이 유동화되려면 개발자산의 기본 보유자인 시행사의 신용과 분리되어야 하나 실제로 사업주체와의 완전한 분리가 불가능하므로 시행사와 시공사의 신용위험을 어떻게 관리할 것인가의 문제가 대두된다. ① 시행사 대표이사의 보증 및 시행사 주식에 질권 등을 설정하거나, ② 수탁은행에 분양수익금 관리계좌 등 자금관리 위탁 및 자금위탁 관리계좌(Escrow Account)의 설정이 요구된다. 이때 자금은 대주와 시공사의 승인에 의하여만 출금된다. 다만, 개발중인 부동산의 분양에 따른 수입금 관리계좌도 담보의 목적물로 제공될 수 있다. 또한 ③ 자금관리에서 대출원리금이 공사비 및 개발이익보다 우선하여 지급하도록 약정서에 규정하는 것도 유동화증권의 신용도를 높이는 방법이다. 한편, ④ 시공사의 책임준공을 강제하기 위하여 종래 공사비를 기성고에 따라 지급하는 방식 대신 분양률에 연동하여 미분양 위험을 일부 시공사에 전가하는 방식을 검토해볼 수 있다. ⑤ 사업부지는 초기 단계에 차주가 제공할 수 있는 유일한 실물자산이므로 시행사가 사업부지를 부동산신탁회사에 신탁하고 대주(금융기관 또는 SPC)를 우선수익자로 지정하는 방법도 있다. 신탁의 종류에는 담보신탁과 관리처분신탁이 있으나 권리의 안정성 및 절차의 간편성을 감안하면 담보신탁이 더 우월하다. 미분양분은 담보신탁이나 처분신탁으로 처리하여 금융기관이나 시공사가 원리금이나 공사비를 가져가도록 시행사가 협력하여야 한다.

### 2) 시공사의 협력사항

통상 시행사 내지 SPC는 신용도에 있어 페이퍼 컴퍼니나 다름없으므로 금융기관은 ① 시공사에게 책임준공, 채무인수, 연대보증을 요구하는 경우가 많다.

책임준공은 공사비 지급여부나 분양률에 관계없이 정해진 기간 내에 준공하는 것을 말한다. 시공사에 연대보증이나 채무보증을 요구하는 경우 이에 대한 대가로 시공비가 오르는 경우가 많다. 시행사 디폴트의 경우 신용을 제공한 시공사는 시행권을 양수하는 경우가 많다. 시행권 양도로 시공사가 시행권을 양수받는 경우에 행정청의 명의변경, 부지소유권 변경, 분양권 계약 시의 환불주체의 문제, 용역비 지급문제가 발생할 수 있어 이에 대한 상세한 약정이 요구된다. ② 금융기관은 시공사가 어떤 이유로든 공사 준공에 있어 문제가 있는 경우 시공사에 시공권 포기각서를 요구할 수 있다.

### 3.5 PF 대출의 부실문제

(1) 최근 PF 대출의 부실이 금융시장 전반에 어떤 영향을 줄 것인지에 대해 우려하는 목소리가 높은 데 이러한 상황을 해결하기 위해 정부에서 다양한 정책을 고려하고 있다. 글로벌 금융위기 이후 치솟는 수입물가로 인해 정책당국이 금리인상의 시기를 두고 고민하고 있는데 경기호황 시절 제2금융권을 중심으로 늘어난 PF대출의 부실문제가 정책당국자의 고민을 가중시키고 있다. 금리를 급격하게 인상시키게 되면 PF대출의 부실화를 가속시켜 부동산경기를 더욱 침체의 늪으로 빠뜨릴 수 있다. 그러므로 정책당국자가 인플레이션 문제나 부동산 버블을 잡기 위하여 금리를 인상하더라도 서서히 인상하고 그 폭을 최소화하여 시장에 큰 충격을 주지 않고 안정화되도록 해야 할 것이다. 미국의 경우 2011년 단기 버블의 가능성을 잡으면서도 모기지론(Mortgage Loan)으로 고통 받는 서민의 금융이자비용을 줄여주기 위해 중앙은행이 장기국채를 금융시장에서 사들이고 그 대신에 단기국채를 금융시장에다 내다파는 '오퍼레이션 트위스트'(Operation Twist)를 시행한 바 있다.

(2) 부동산 경기침체와 기존 PF 대출문제를 해소하는 또 다른 방안으로는 자산관리공사에 저축은행 PF 대출채권을 할인 · 양도하는 방법, 다양한 유통구조를 활용하여 건설사, 금융기관, 투자기관이 위험을 분산하여 펀드화하는 방법, 시장상황과 맞지 않는 대규모 거대공사와 오피스 · 아파트 공급을 적절히 통제하여 부동산시장의 수급을 연착륙시키는 방법 등을 생각해 볼 수 있다.

(3) 2005년 6조 3천억 원이던 PF 대출규모는 2006년부터 치솟기 시작해서 금융당국에 의해 확인된 것만 해도 11조 6천억 원이 되었고 2007년에는 12조 1천억 원, 2008년에는 12조 2천억 원이 되었다. 저축은행들의 PF대출 연체율은 금융위원회 자료에 따르면, 2006년 10.9%, 2007년 12.7%, 2008년에는 14.1%가 되어 위험수위를 넘어섰으며 2010년에는 25.1%까지 급등했다. 자산관리공사(캠코)가 2008년 12월부터 2011년 6월까지 환매조건부로 매입해준 저축은행 부실 PF 대출채권 규모는 7조 3천억 원을 넘어서고 있다. 2013년 6월 이후부터 저축은행의 환매기한이 도래하게 되면 저축은행의 부실문제를 해소하기 위해 자산관리공사를 동원하여 정부가 환매조건부로 매입해준 PF 대출채권이 또 다른 폭탄이 될 가능성이 있다. 저축은행 PF 부실에 대한 해결방안으로 PF 워크아웃제의 도입이나 PF사업의 원활한 추진을 위하여 미약한 시행사 자기자본을 부동산펀드가 대체 또는 분산하는 방법이 있다.

## 04 부동산펀드 리스크 관리

### 4.1 부동산투자의 위험

(1) 대안투자는 주식, 채권, 머니마켓 등과 같은 전통적인 자산 이외의 자산에 투자하는 것을 의미하며, 대체투자의 대상으로는 부동산, SOC, 신재생에너지, 자원개발, M&A, PEF 등이 있다. 전통적인 투자에 비해 유동성이 낮으며, 성과비교의 기준이 되는 적절한 벤치마크가 없어 상대적 수익률이 아닌 절대적 수익률에 의존하게 된다. 전통적인 투자자산과는 상관관계가 낮은 것이 특징이기도 하다. 수익률이 수천 %에 이르는 경우도 있긴 하지만 일반적인 경우라고 보기는 어렵다.

(2) 금융투자상품에서 통상 발생가능한 위험은 시장위험, 신용위험, 운영위험이 있는데, ① 시장위험이란 시장성 있는 증권 등에서 주가, 이자율, 환율 등 시장가격의 변동으로 인하여 입을 수 있는 잠재적 손실을 말하며, ② 신용위험이란 거래상대방의 계약불이행이나 신용도의 저하로 인하여 입게 될 예상손실 및 비예상손실을 말하고 ③ 운영위험이란 부적절하거나 잘못된 내부의 절차, 인력

및 시스템의 관리부실 또는 외부의 사건 등으로 인하여 발생할 수 있는 잠재적인 손실을 말한다. 부동산투자와 같은 대부분의 대안투자자산은 비유동성자산이라는 특성이 있어 기존의 위험관리체계로서는 적합하지 않은 경우가 있어 위험에 대한 다른 접근방식이 요구된다.

(3) 부동산투자위험의 종류에는 사업위험(Business Risk), 금융위험(Financial Risk), 법적 위험(Legal Risk), 인플레이션위험, 유동성위험 등이 있다. 이는 실물자산인 부동산의 특성에 따라 어쩔 수 없이 발생하는 위험들이다.

### 4.2 부동산투자 위험관리

(1) 위험관리는 위험의 근원을 파악하여 위험인자를 식별하고 식별된 위험의 발생 시 예상되는 결과를 다양한 분석기법을 활용하여 측정, 평가하고 위험을 감소시키거나 제거하기 위해 전략을 수립·시행하는 연속적인 과정이다.

(2) 부동산 위험관리 절차를 단계로 구분하면, ① 위험식별(Risk Identification), ② 위험분류(Risk Classification), ③ 위험분석(Risk Analysis), ④ 위험대응(Risk Response)의 순서로 관리된다. 위험분류단계에서는 위험인자를 유형과 특성별로 분류하여 각 인자들 사이의 상호성을 파악하고 이해를 높임으로써 분석기법과 대응전략을 설정할 수 있으며, 통제 가능한 위험과 통제 불가능한 위험으로 분류할 수 있다. 위험분석단계에서는 위험인자의 중요도를 파악함으로써 대안 설정과 전략수립 가능여부를 판단하는 단계이다. 위험대응 전략은 위험회피, 위험감소, 위험보유, 위험전가로 나누어진다.

(3) 부동산 등 대안투자사업은 개별 투자대상에서 발생하는 미래의 현금흐름을 추정하여 이로부터 유입되는 현금이나 수익으로 투자목표를 달성하게 되므로 장기간에 걸쳐 투자와 회수를 하는 본질적인 위험으로 인하여 정량적·시스템적 관리가 어렵고 프로젝트 모니터링과 같은 사후적인 위험관리도 유용하지 못한 특성을 갖고 있다. 따라서 현실적인 위험관리방안으로 정성적인 차원에서 사전적이고 적극적인 위험관리가 요구된다. 부동산 투자와 같은 대안투자에 있어서는 사업 초기에 프로젝트를 시작할 것인지 여부를 결정하는 것이 위험관리 측면에서 매우 중요하다.

### 4.3 부동산개발사업의 위험관리

(1) 부동산개발사업은 부동산개발을 기획하여 각종 용도의 토지를 개발하고 건설사에 건설을 의뢰하여 건물을 건축하여 분양, 판매, 임대하는 사업으로 대출형 부동산펀드는 통상 부동산개발사업에 대한 대출을 의미하므로 부동산개발사업의 위험에 직·간접적으로 영향을 받게 된다.

(2) 부동산개발사업은 크게 사업부지의 확보, 사업자금의 조달, 사업의 기획 및 추진 등 세 가지 영역으로 구분된다. 부동산개발사업의 자금의 원천은 사업시행자의 자기자본금, 금융기관의 대출금과 분양에 따른 분양대금수입인데 자금조달의 문제가 부동산개발사업에서 가장 중요한 위험이다.

(3) 부동산개발은 ① 사전평가단계, ② 개발준비단계, ③ 개발단계, ④ 입주·정산단계로 사업이 추진되는데, 각 추진단계별로 리스크 요인을 분석해보면, 부동산개발사업 착수 전 사업타당성을 평가하는 개발사업 사전평가단계에서는 입지조건, 시장환경, 사업특성 등에 대해 분석하게 된다. 개발준비단계에서는 부지분석, 사업성검토, 사업계획 수립, 자금조달, 토지계약 및 매입, 인허가를 받는 단계이다. 개발단계는 분양과 실질적인 공사가 이루어지는 단계로 분양자금 관리 및 시공과 관련한 위험이 발생한다. 입주·정산단계에는 분양 후 하자책임에 따른 리스크 요인이 가장 크며, 정산 시에 공동사업자 간에 사전 약정배분율에 대한 이견이 노출될 수 있다.

(4) 리스크를 관리하는 방안에는 회피, 보유, 감소, 전가가 있는데, ① '회피'란 시행사가 리스크가 높다고 판단되는 사업을 시행하지 않음으로써 리스크에 대한 부담을 피하는 것이다. ② '보유'란 리스크가 있는 사업의 경우 시행자가 이에 따르는 프리미엄을 요구하는 대신 리스크를 감수하는 것이며, ③ '감소'란 시행사가 리스크가 높은 요인에 대한 대안을 강구하여 프로젝트 위험을 감소시키는 것이다. ④ '전가'란 시행사가 보험회사나 협력업체 또는 공동사업자 등에게 리스크를 전가하거나 분산시키는 것을 의미한다.

## 4.4 부동산펀드의 유형별 위험관리방안

### 1) 대출형 부동산펀드

대출형 부동산펀드의 리스크 유형에는 ① 사업 인·허가위험, ② 사업부지 관련 위험, ③ 시행사 또는 시공사의 부도위험, ④ 원리금 미상환위험, ⑤ 계약불이행위험, ⑥ 투자원금손실위험이 있다. 여기서 '원리금 미상환위험'이란 사업인허가 지연 및 분양지연 등으로 인하여 원리금 상환이 안 될 위험을 말하며, '계약불이행위험'이란 사업과 관련된 제반 계약서를 작성했음에도 불구하고 계약당사자의 계약불이행으로 사업이 지연되거나 중단될 위험을 말한다. 통상 대출형부동산펀드의 경우 시공사는 건축물이 준공되어 사용가능한 상태로 만들어 놓아야 하는 책임준공의 역할을 담당하며 경우에 따라서는 준공시점까지 일정 분양률을 달성하지 못할 경우 이를 책임지겠다는 책임분양 역할을 담당하기도 한다. 시행사가 공사 관련 대출금을 상환하지 못할 경우 시공사가 시행사의 채무와 시행권을 인수하게 되며, 분양성공률을 높이기 위해 일반적으로 시행사보다는 인지도와 선호도가 높은 시공사의 브랜드를 사용하는 경향이 있다.

### 2) 임대형 부동산펀드

임대형 부동산펀드는 대형 오피스빌딩 등을 매입한 후 임대하여 운영기간 중 임대수입으로 정기적으로 투자자들에게 배당을 지급하고 부동산가치가 증대했을 때 매각하여 매각차익을 추가로 지급하는 형태의 부동산펀드이다. 임대형 부동산펀드의 리스크 유형을 각 단계별로 검토해보면, ① 매입단계에서는 매입가격의 적정성, 법률적 위험, 물리적 위험, 재무타당성이 검토되어야 하는데 특히 건설중인 부동산을 매입하는 경우에는 개발사업위험까지도 함께 떠안게 된다. 임대형 부동산의 경우 적정 매입가격을 산정하는 것이 중요한데, 매입가격은 유사거래가격, 감정평가금액, 임대수익, 예상수익률을 종합적으로 고려하여 결정한다. ② 운용단계에서는 임차인위험, 공실위험, 관리비 증가위험, 타인자본위험, 재해 등 불가항력에 대한 위험, 제도변화 위험이 있으며, ③ 청산단계에는 사업계획 미달위험, 매각위험, 추가비용발생위험이 있다. 부동산개발사업의 경우 가장 통제하기 어려운 위험은 사업초기 예상분양률인 반면, 부동산임대사업에 있어서는 미래 청산시점에서 부동산 매각가액이다. 임대형 부동산펀드에서 발생가능한 위험을 최소화하기 위해서는 임대수요가 많은 범용성 있는 지역에 투자하고 적극적인 임차인 관리로 임대수입을 높인다면 부동산 매각가액의 변동성으로 인한 위험은 상당히 완화할 수 있다.

### 3) 경·공매형 부동산펀드

경·공매 부동산은 통상 그 가격이 시장가격에 비해 평가절하되어 있기 때문에 비교적 투자가치가 높다고 할 수 있으나 권리관계가 복잡해 이에 대응하기가 쉽지 않고, 규모가 작기 때문에 일정 기간을 내에 펀드에 편입하거나 매각하는 데 어려움이 발생한다. 경·공매형 부동산은 ① 매입단계에서 투자자산 확보의 위험, 전문성 있는 운용인력 확보의 문제, 법률위험, 자산평가위험, 비용증가위험이 발생한다. 여기서 '법률위험'이란 입찰 시 파악하기 어려운 유치권, 선순위 소액 임차인 등과 같은 권리상의 하자를 파악하지 못하여 추가비용이 발생하거나 투자자산 사용·수익에 제한이 따를 위험을 말하며, '비용증가위험'이란 낙찰 후 명도, 리모델링, 재임대 등에 시간이 소요되어 비용이 추가됨으로써 수익이 감소할 위험을 말한다. ② 매각단계에서는 부동산경기가 악화될 경우 수익률 저하의 문제가 발생될 뿐만 아니라 호황의 경우에도 부동산이 가지는 개별적인 특성으로 인해 시장위험이 존재한다. 경·공매형 부동산펀드는 사전에 투자자산이 정해져 있지 않은 상태에서 운용되는 사전 불특정형(Blind형) 펀드이므로 펀드운용의 최적화와 투명성을 보장하기 위한 체계적인 운용 프로세스 및 운용매뉴얼이 사전에 정비되어 있어야 한다.

### 4) 해외부동산펀드

해외부동산펀드가 지게 될 위험으로는 ① 투자대상국의 정치·경제·법률적 차이에 따른 위험, ② 현지인에게 위임할 경우 적절하게 통제가 안 될 위험, ③ 제도적 차이에 따른 위험 및 과도한 실사에 따른 위험, ④ 조세위험, ⑤ 환매유동성위험, ⑥ 환율위험, ⑦ 펀드 정보의 제한에 따른 위험, ⑧ 글로벌 신용경색 위험 등이 있다. 여기서 '조세위험'이란 각 나라마다 조세체계가 달라 부동산 처분 시 과도하게 세금을 부담하게 될 위험을 말하여, '환매유동성위험'이란 해외부동산관련 자산(REITs) 등을 환매하는 데 시간이 많이 소요되는 위험을 말한다. '환율위험'은 펀드 내 부동산 자산의 통화가 다양하여 환율변동에 따라 환차손이 발생할 위험을 말한다. 해외부동산펀드의 위험관리방안으로는 꾸준한 성과를 내는 적절한 펀드의 선택, 분산투자가 잘 되어 있는 펀드의 선택(포트폴리오), 운용실적이 좋은 펀드운용사의 선택, 적절한 환위험 관리 등을 들 수 있다. ① 펀드 선택에 있어서는 투자대상 국가의 부동산정보 및 경제성장률 등의 정보를 사전 조사한 후 적절하다고 판단되는 펀드를 선택해야 한다. ② 포트폴리오 구성에 있어서는 투자대상 부동산이 이머징마켓에 지나치게 편중되어 있지 않고 적절하게 분산되어 있는지를 확인한 후 적절하다고 판단되는 펀드를 선택해야 한다. ③ 펀드운용사의 선택에 있어서는 해당 자산운용사의 홈페이지나 금융투자협회 홈페이지를 통해 해외부동산펀드 운용실적 등을 알아본 후 적절하다고 판단되는 펀드를 선택하면 된다. ④ 환위험의 경우 이를 적절하게 관리하는 방법으로는 과도한 환헤지가 되지 않도록 적절한 포지션을 유지하여야 하며, 투자대상 자산의 표시통화에 대하여 헤지하는 것이 바람직하다.

# [부록]
# 펀드투자 실무 실력 테스트 및 해설

**1** 다음 펀드기준가격에 대한 설명 중 잘못된 것은 무엇인가?

① 장 마감 후 거래로부터 기존의 투자자를 보호하기 위하여 판매가격은 미래가격을 적용한다.
② 환매가격도 미래가격 적용이 원칙이다.
③ MMF의 경우에도 기존 투자자를 보호하기 위하여 미래가격만을 적용한다.
④ 과거에는 장 마감 후 거래를 통한 당일가격으로 기준가격을 적용하였다.

[해설] MMF 거래에 있어서 연기금 투자풀에 판매한 경우나 개인투자자의 공과금 등의 경우에는 당일가격이 가능하다.

**2** 집합투자기구의 운용에 관한 다음의 설명 중 올바르게 기술한 것은 무엇인가?

㉠ 펀드의 운용에 있어서 선행매매, 시세조정 등 불건전 행위는 일체 금지된다.
㉡ 의결권행사는 투자자보호를 위하여 행사되어야 하며 이를 위반한 경우 금융위는 6개월 이내에 해당 주식을 처분하도록 할 수 있다.
㉢ 공모펀드의 경우 금융위 기준을 충족시키는 경우에 성과보수가 적용되지만, 사모펀드의 경우에는 어떠한 경우 성과보수가 허용되지 않는다.
㉣ 의결권에 대한 공시는 반드시 주총 7일전에 해야 효력이 있다.

① ㉠㉡ ② ㉠㉡㉢
③ ㉡㉢㉣ ④ ㉡㉢

[해설] 사모펀드의 경우에도 성과보수가 적용될 수 있으며, 의결권 행사의 공시는 주주총회 5일전에 해야 한다.

**3** 환매금지형 펀드에 대한 다음의 설명 중 맞는 것은 무엇인가?

① 환매금지형펀드는 발행일로부터 30일 이내에 상장하여야 한다.
② 환매금지형펀드는 존속기간과 기준가격이 불필요하다.
③ 폐쇄형이기 때문에 수익자전원의 동의가 있더라도 추가설정이 불가능하다.
④ 부동산 등과 같은 특별자산펀드는 펀드자산의 20%를 초과하는 비시장성 자산에 투자할 경우에는 폐쇄형으로 펀드를 설정하여야 한다.

[해설] 환매금지형 펀드는 발행일로부터 90일내에 상장하여야 하며, 존속기간과 기준가격이 필요하다. 또한 폐쇄형이라 하더라도 수익자 전원이 동의 할 경우 펀드에 대한 추가설정이 가능하다.

**4** 집합투자재산에 대한 평가에 있어서 다음의 설명 중 틀린 것은 어느 것인가?

① MMF의 경우는 장부가격으로 평가가 가능하나 시장가격의 급격한 변동으로 괴리가 0.3%를 초과할 경우에는 필요한 조치를 취하여야 한다.
② 집합투자재산에 대한 평가는 시가평가가 원칙이며, 시가가 없을 경우에는 공정가액으로 평가하여야 한다.
③ 기준가격에 차이가 발생하여 변경할 경우에는 사전에 준법감시인과 신탁업자의 확인을 받아 금융위에 보고하여야 한다.
④ 집합투자재산에 대한 평가위원회에는 준법감시인, 운용담당임원, 평가담당임원도 참가한다.

[해설] MMF의 경우 장부가격와 시장가격과의 괴리가 0.5%를 초과 할 경우에 펀드에 대한 필요한 조치를 취하여야 한다.

**5** 다음 중 불건전한 영업행위의 금지내용에 해당하는 것은 무엇인가?

① 위법행위에 따른 손해보상
② 고객과의 합의에 의한 손실보전행위를 사후에 준법감시인에게 보고하는 행위
③ 재판상의 화해절차에 따른 손해배상
④ 분쟁조정절차에 따른 손실을 보상하는 행위

[해설] 사전에 보고하고 화해조정 또는 분쟁조정에 따른 보상 등이어야 한다.

**6** 집합투자재산에 대한 펀드의 회계감사에 대한 다음의 설명 중 틀린 것은 무엇인가?

① 회계감사는 회계기간 말일부터 2개월 이내에 받아야 한다.
② 회계감사인의 선임 및 교체는 금융위에 1주일 이내에 보고하여야 한다.
③ 자산총액이 50억 이하인 펀드도 반드시 회계감사를 받아야 한다.
④ 회계감사를 수행하는 사람도 경우에 따라 투자자에 대하여 손해배상책임을 진다.

[해설] 집합투자재산의 자산총액이 50억 원이하인 경우 회계감사를 받지 않아도 가능하다.

**7** 집합투자재산 중 MMF에 대한 다음의 설명 중 틀린 것은 어느 것인가?

① 다른 종류의 MMF에 투자를 할 수 있다.
② 펀드 내에 자산에 대한 가중평균잔존만기가 60일 이내여야 한다.
③ 투자자가 원할 경우라도 제한적으로 주식투자가 불가능하다.
④ 만기가 1년 이내의 양도성예금증서에 대한 예치가 불가능하다.

[해설] 펀드 내에 자산에 대한 가중평균잔존기간은 90일 이내여야 한다.

**8** 고객에 대한 투자권유행위 중에 다음 중 요청하지 않는 투자권유의 제한 및 재권유의 제한을 적용받는 행위는 무엇인가?

① 종류가 다른 금융투자상품에 대한 권유 행위
② 투자성이 있는 보험계약에 대한 권유 행위
③ 증권과 장내파생상품에 대한 권유 행위
④ 투자권유를 받은 고객이 이를 거부하는 취지의 의사표시를 한 후에 15일 지난 뒤에 또다시 권유하는 행위

[해설] 1개월 후의 재권유가 해당이 된다.

**9** 집합투자재산에 대한 투자 시에 투자성향에 따른 분류유형이 순서대로 바르게 연결된 것은 어느 것인가?

① 안정형-안정추구형-위험중립형-공격투자형-적극투자형
② 안정형-위험중립형-안정추구형-공격투자형-적극투자형
③ 안정형-안정추구형-위험중립형-적극투자형-공격투자형
④ 안정추구형-안정형-위험중립형-적극투자형-공격투자형

[해설] 안정형은 초저위험 상품만 가능하고, 안정추구형은 초저위험과 저위험 상품만 가능하다. 위험중립형은 중위험 이하의 위험상품만 가능하고, 적극투자형은 고위험 이하의 위험상품만 가능하다. 그러나 공격투자형은 모든 위험의 상품이 가능하다.

**10** 금융투자회사에 소속되어 있는 직원에 대한 징계의 종류가 자본시장법에서 열거되지 않는 것은 무엇인가?

① 감봉 ② 정직 ③ 해고 ④ 전직

[해설] 직원들에 대한 징계는 금융위원회나 금융감독원에서 행하는 것이 아니라, 소속회사에서 실시한다.

**11** 손실보전행위가 가능한 것은 무엇인가?

① 분쟁조정 결과에 대하여 손실을 보상하는 행위
② 고객에 대한 손실보전을 사전에 약속하는 행위
③ 고객에 대한 이익보장을 사전에 약속하는 행위
④ 고객에 대하여 사후에 일정이익을 제공하는 행위

[해설] 준법감시인에게 사전에 보고한 다음의 경우에는 손실보상행위가 가능하다.
① 회사의 위법행위로 인하여 회사가 손해를 배상하는 행위
② 분쟁 또는 재판상의 화해절차에 따라 손실을 보상하거나 손해를 배상하는 경우
③ 회사가 자신의 위법행위 여부가 불명확한 경우 사적 화해의 수단으로 손실을 보상하는 경우

**12** 집합투자증권에 대한 내용 중 사실과 다른 것은 무엇인가?

① 파생상품집합투자기구 등을 투자 권유할 때에 투자위험에 대하여 추가로 설명해야 한다.
② 해외자산에 투자하는 집합투자증권을 판매권유할 경우에 환위험에 대하여 헷지가 되어 있다면 환율변동위험에 대한 설명을 생략해도 된다.
③ 집합투자기구를 금융회사가 판매하고자 할 경우에는 금융회사 영업점의 투자 권유 창구에 별도의 표시를 해야 한다.
④ 특정 국가에 대한 투자비율이 자산총액의 100분의 60미만인 경우에는 해당 집합투자기구의 명칭에 특정 국가에 대한 명칭을 사용해서는 안 된다.

[해설] 해외 자산에 대한 환헷지가 모든 환율변동을 제거할 수 없으며, 환율의 움직임이 환헷지와 반대방향으로 움직일 수 있기 때문에 이러한 사실들에 대하여 투자자들에게 충분히 설명하여야 한다.

**13** 금융회사 직원들의 선관의무나 충실의무에 대한 설명 중 틀린 것은 어느 것인가?

① 어떠한 경우에도 고객의 이익은 회사 임직원의 이익에 우선해야 한다.
② 회사와의 고용계약이 종료되었을 경우라도 일정의무가 부과되는 사례가 있다.
③ 회사의 이익과 직원이 이익이 상충될 경우에는 직원이 이익이 우선한다.
④ 소속회사의 승인 없이 이해상충관계가 있는 지위를 맡아서는 안 된다.

[해설] 고객의 이익은 어떠한 경우에도 주주, 회사, 임직원의 이익에 우선해야 한다. 또한 회사의 이익은 임직원의 이익에 우선한다. 아울러 모든 고객의 이익은 상호 동등하게 취급해야 한다.

**14** 자본시장법에 규정하고 있는 가능한 행위가 아닌 것은 무엇인가?

① 전문투자자에게 일반투자자로 전환이 가능하다고 알려주는 행위
② 직장 내 동료직원을 통하여 금지기간 중에 또다시 재권유하는 행위
③ 증권총액 정보에 대하여 금융지주회사가 영업에 이용하는 행위
④ 전문투자자에게 투자자 정보의 파악도 하지 않고 투자 권유를 하는 행위

[해설] 직장 내 동료직원을 통하여 금지기간 중에 또다시 재권유하는 행위는 허용하지 않고 있다.

**15** 집합투자업자의 업무가 아닌 것은 다음 중 무엇인가?

① 신주의 수령, 이자 및 배당을 수령하는 업무
② 투자신탁을 설정하는 업무
③ 주주총회에 참석하여 의결권을 행사하는 업무
④ 운용계획을 수립하고 투자전략회의를 개최하는 업무

[해설] 신주의 수령, 이자 및 배당을 수령하는 업무는 집합투자업자의 고유업무가 아니라, 운용의 부수적인 업무이다.

**16** 다음 중 자본시장법상의 집합투자기구가 아닌 것은 무엇인가?

① 증권집합투자기구　② 부동산집합투자기구
③ 특별자산집합투자기구　④ 파생상품집합투자기구

[해설] 자본시장법에서는 증권집합투자기구, 부동산집합투자기구, 특별자산집합투자기구, 혼합자산집합투자기구, 단기금융집합투자기구 등으로 구분하고 있다. 파생상품간접투자기구는 종전 간접투자법에서 규정하였던 상품이다.

**17** 다음 중 환매금지형 집합투자기구에서 추가로 발행이 가능한 경우가 아닌 것은 무엇인가?

① 이익분배금에 대하여 처리를 실시하는 경우
② 기존 투자자의 이익을 해칠 우려가 없다는 것을 신탁업자가 확인해 준 경우
③ 기존 보유주식의 유상증자 시에 추가발행을 원하는 경우
④ 기존 투자자 전원에 대하여 동의를 받은 경우

[해설] 기존 보유주식의 유상증자 시에 추가발행을 원하는 경우는 허용하지 않고 있다.

**18** 다음 중 모자형 집합투자지구에 대한 설명 중 틀린 것은 어느 것인가 ?

① 여러 종류의 펀드에 대한 효율적 운용이 가능하다
② 투자자는 모펀드에만 가입이 가능하고 자펀드에는 가입하지 못한다.
③ 모펀드에는 자펀드 외에 다른 펀드가 추가되지 않은 것이 특징이다.
④ 모펀드와 자펀드는 모두 동일한 집합투자펀드로 분류한다.

[해설] 투자자는 자펀드에 가입하고, 자펀드는 모펀드에 가입한다.

**19** 다음 중 상장지수집합투자기구(ETF)에 대한 설명 중 틀린 것은 어느 것인가?

① ETF는 주식형으로만 설정한다.
② 추가형으로 설정이 가능하다.
③ 상장형으로 설정할 수 있다.
④ AP(Authorized Participant)가 필요하다.

[해설] ETF는 주가지수선물, 인덱스펀드, 상장지수ETF 등 여러 가지 실물자산에 대한 설정이 가능하다.

**20** 다음 사모집합투자기구에 대한 설명 중에 틀린 것은 어느 것인가?

① 운용결과에 따라 성공보수를 지급할 수 있고, 동일동목에 대한 집중투자

가 가능하다.
② 펀드에의 투자는 자산총액의 50%까지가 가능하다.
③ 파생상품 매매에 따른 위험평가에는 펀드 순자산총액의 400%까지 가능하다.
④ 펀드로의 설정 시에 금융위에 등록이나 투자설명서 및 증권신고서, 투자설명서 사용 등의 의무가 모두 면제된다.

[해설] 펀드로의 설정 시에 금융위에 등록해야 한다.

**21** 다음 중 인덱스펀드의 장점이 아닌 것은 어느 것인가?

① 모든 투자자가 운용결과를 인지할 수 있도록 투명한 운용을 한다.
② 다른 펀드보다 저렴한 비용이 소요된다.
③ 적극적 운용을 통하여 시장수익률을 초과하려고 하는 펀드이다.
④ KOSPI지수와 같은 시장지수를 추종한다.

[해설] 적극적 운용을 통하여 시장수익률을 초과하는 펀드는 액티브펀드이다.

**22** 다음 중 바텀 업 어프로치(Bottom up approach)에 의한 방식으로 투자할 경우에 유망한 펀드가 아닌 것은 어느 것인가?

① 배당수익을 주로 목표로 하는 배당주펀드
② 매월 일정액을 적립하는 적립식 펀드
③ 중소형주에 투자하는 스몰캡(Small-cap)펀드
④ 가치주를 주로 편입하는 펀드

[해설] 바텀 업 어프로치(Bottom up approach)방법은 투자기업의 가치를 먼저 분석하는 방법으로서, 주로 가치투자나 배당 유망 투자분석에서 활용된다. 반면에 탑 다운 어프로치(Top down approach)방법은 전체적인 시장전망을 먼저 한 후에 이에 따라 주식편입비율을 적극적으로 조정해 나가는 방법이다. 적립식 펀드는 입금방식에 의한 분류에 의할 때 일정기간 투자금액을 분할하여 투자하는 펀드를 의미한다.

**23** 다음 증권신고서에 대한 설명 중 틀린 것은 어느 것인가?

① 증권신고서의 내용을 수정하고자 할 경우에는 정정신고서를 작성하여 제출하면 된다.
② 개방형 투자신탁의 발행 시에도 증권투자신고서를 제출하여야 한다.
③ 10억 원 이상의 증권을 모집하여 매출하는 경우에는 반드시 금융위에 증권신고서를 제출하여야 한다.
④ 증권신고서에 대한 효력발생일은 수리일로부터 상장형은 10일, 환매금지형은 7일이며, 기타 집합투자기구는 15일이다.

[해설] 개방형 투자신탁에 대한 발행의 경우에는 신고서를 발행 시마다 제출하지 않아도 된다.

**24** 다음 환매수수료에 설명 중 올바른 것은 어느 것인가?

① 환매수수료는 투자자가 부담한다.
② 환매수수료는 기간별로 차등이 불가능하다.
③ 재투자를 환매할 경우에도 환매수수수료를 부과한다.
④ 환매수수료는 판매업자와 집합투자업자가 균등하여 취득한다.

[해설] 환매수수료는 펀드에 귀속이 되며, 환매하는 투자자가 부담하도록 되어 있다.

**25** 다음 중 환매금지형 수익증권이 추가 발행되는 경우가 아닌 것은 어느 것인가?

① 기존투자자 전원이 동의 한 경우
② 수익증권에 이익분배금을 재투자하는 경우
③ 주식형수익증권에 대한 기존 투자주식이 증가한 경우
④ 기존 투자자의 이익을 저해하지 않는다는 사실을 신탁업자가 확인한 경우

[해설] 주식형수익증권에 대한 기존 투자주식을 증가한 경우인 증자는 해당되지 않는다.

**26** 최근에 투자자로부터 각광받고 있는 대안펀드는 어느 것인가?

① 스몰캡펀드
② 가치주펀드
③ 차익거래펀드
④ 원자재펀드

[해설] 선박펀드, 원자재펀드 등은 대안펀드로 분류한다.

**27** 다음 집합투자기구에 있어서 수익자총회가 필요한 경우가 아닌 것은 어느 것인가?

① 환매지급기일을 연장하기로 할 경우
② 추가형 투자신탁펀드를 추가 매각하려는 경우
③ 신탁업자를 변경하려고 하는 경우
④ 개방형펀드를 폐쇄형펀드로 전환하려는 경우

[해설] 추가형 투자신탁펀드를 추가 매각하려는 경우에는 수익자총회가 필요하지 않다.

**28** 다음 투자설명서와 증권신고서에 대한 설명 중 틀린 것은 어느 것인가?

① 투자설명서에는 예비투자설명서, 간이투자설명서, 투자설명서가 있다.
② 투자설명서에 중요한 사항이 누락 또는 거짓으로 표시되어 투자자가 손해를 입은 경우에는 배상책임이 있다.
③ 예측정보의 경우에는 펀드에 예측정보라는 사실과 주의문구가 표시되어 있으며 정보제공자는 책임을 면할 수 있다.

④ 증권신고서를 신고한 사람, 증권신고서에 서명한 공인회계사, 증권신고서 발행인의 이사 등이 책임을 지는 사람들이다.

[해설] 고의 또는 중대한 과실이 있었음을 투자자가 증명하는 경우에는 배상의 책임이 당연히 있다.

**29** 다음 중 주식형펀드에 대하여 올바르게 설명한 것은 어느 것인가?

① 펀드에 주식투자비율이 60%이상인 펀드이다.
② 베타값이 큰 펀드가 성과 우수한 펀드이다.
③ 배당주펀드는 대체로 PER 값이 높은 종목에 대하여 투자하는 펀드이다.
④ 안정성장형펀드는 대체로 지주회사에 주로 투자하는 펀드이다.

[해설] 주가하락기에는 베타값이 작은 펀드가 유리하다.

**30** 3월 5일 오후 4시에 채권형펀드를 가입하는 경우에 매수기준가격이 적용되는 날짜는?

① 3월 5일
② 3월 6일
③ 3월 7일
④ 3월 8일

[해설] 〈매수기준가격 적용시점〉

| 구분 | 입금시점 | 당일 | 2일차 | 3일차 |
|---|---|---|---|---|
| 주식 50% 이상 펀드 | 오후3시 이전 | | ○ | |
| | 오후3시 이후 | | | ○ |
| 기타 펀드 | 오후5시 이전 | | ○ | |
| | 오후5시 이후 | | | ○ |

**31** 집합투자기구에 있어서 판매수수료에 대한 설명 중 올바른 것은 어느 것인가?

① 집합투자기구에서 판매수수료를 징구한다.
② 펀드에 제공되는 서비스에 대한 대가이다.
③ 펀드판매 시에 영업활동 측면에서 불리한 점이 있다.
④ 특정시점에서 펀드규모에 따라 징구한다.

[해설] 판매수수료는 집합투자기구에서 부담하는 것이 아니라 투자자가 부담하며, 펀드에 제공되는 서비스의 대가는 판매보수이다.

**32** 펀드에 대한 기준가가 1,035.00원이고 과표기준가격이 1,025.00원인 주식형펀드에 100만원을 투자하였을 경우에 입금좌수는 얼마인가?

① 966,190좌
② 966,180좌
③ 975,610좌
④ 975,609좌

[해설] 입금금액을 기준가격으로 나눈 후 1,000으로 곱하여 계산한다.
= (1,000,000/1,035.00)×1,000 = 966,190(입금 시 원미만은 절상함)

**33** 다음 중 과세대상이 아닌 것은 어느 것인가?

① 비상장주식 ② 장외매매주식
③ 옵션투자이익 ④ 대주주보유 상장주식

[해설] 소득세법상 열거되지 않은 옵션투자이익, 선물매매차익, 채권매매차익 등은 과세되지 않는다.

**34** 2011년 10월 4일에 1억 원을 새로 설정된 주식형펀드에 투자한 강초보씨는 2012년 3월 5일에 전액을 환매하였다. 환매일의 기준가격이 1,210.00원, 과표기준가격이 1,120.00이고 환매수수료가 90일미만인 경우 이익금의 70%인 경우에 환매금액은 얼마인가?

① 112,000,000원 ② 116,500,000원
③ 121,000,000원 ④ 121,100,000원

[해설] 환매일의 평가금액 = (1억좌×1,210.00)/1,000 = 121,000,000원
환매수수료는 90일이 넘었기 때문에 없으며, 환매금액이 환매일의 평가금액이 된다.

**35** 다음 펀드 기준가격에 대한 설명 중 틀리게 설명된 것은 어느 것인가?

① 펀드에 대한 기준가격은 미래가격 적용이 원칙이다.
② 펀드에 대한 기준가격은 투자자를 보호하기 위하여 과거가격을 적용한다.
③ MMF의 경우에 당일가격이 적용되는 사례가 발생한다.
④ 세금을 감안한 기준가를 과표기준가라 정의한다.

[해설] 기존고객을 보호하기 위하여 미래가격을 적용한다.

**36** 현행 소득세법상 이자소득에 속하는 것은 어느 것인가?

① 채권매매에 따른 이익 ② ELS에 대한 분배금
③ 주식형펀드에 대한 분배금 ④ 비영업대금의 이익

[해설] 비영업대금의 이익은 이자소득에 해당한다.

**37** 다음 집합투자증권의 판매행위에 대한 설명으로 틀린 것은 어느 것인가?

① 회사재산으로 투자자 손실보전을 행할 수 있다.
② 판매회사와 판매직원이 책임이 있다.

③ 집합투자증권을 판매할 경우 투자권유준칙을 준수해야 한다.
④ 회사가 배상할 경우 직원에 대한 구상권 청구를 할 수 있다.

[해설] 회사의 고유자산으로 투자자손실을 보존하는 것은 법적으로 금지되어 있다.

**38** 다음 집합투자증권에 대한 설명 중 틀린 것은 어느 것인가?

① 세금우대저축은 가입한 고객에 대하여는 분리과세가 적용된다.
② 펀드투자로 인하여 종합과세가 되는 경우는 없다.
③ 주식형펀드의 상장주식에 매매차익은 과세되지 않는다.
④ 부동산양도소득과 금융소득과세는 서로 관련성이 없다.

[해설] 펀드투자로 인하여 과세소득이 4,000만원을 초과하면 종합소득세 신고를 해야 한다.

**39** 집합투자기구인 주식형펀드의 과세시기로 틀린 것은 어느 것인가?

① 주식형펀드의 해지일
② 주식형펀드의 재투자일
③ 주식형펀드에 대한 환매청구일
④ 주식형펀드의 신탁계약 종료일

[해설] 펀드에 대한 환매청구일은 과세시기와는 관련이 없다.

**40** 다음 중 말킬이 정의한 채권가격정리를 틀리게 설명한 것은 어느 것인가?

㉠ 채권의 가격과 수익률은 반비례한다.
㉡ 장기채권의 가격변동폭은 단기채권의 가격변동폭보다 작다
㉢ 표면이자율이 낮은 채권이 표면이자율이 높은 채권보다 이자율변동에 따른 가격변동률이 작다.
㉣ 수익률하락으로 인한 가격상승폭이 동일한 폭이 수익률 상승으로 인한 가격하락폭보다 크게 나타난다.

① ㉡
② ㉡, ㉢
③ ㉡, ㉢, ㉣
④ ㉠, ㉡, ㉢, ㉣

[해설] 장기채권의 가격변동폭은 단기채권의 가격변동폭보다 크게 나타나며, 표면이자율이 낮은 채권이 표면이자율이 높은 채권보다 이자율변동에 따른 가격변동률이 크다.

**41** 다음 전환사채에 대한 설명 중 맞는 것은 어느 것인가?

① 전환사채 발행 당시에 정한 가격을 전환가격이라 한다.
② 패리티가격은 주가를 전환가격으로 나눈 후에 1만원을 곱하여 산출한다.
③ 전환사채 발행 당시에 정한 만기보장수익률이 전환사채의 투자수익률이다.
④ 전환사채는 주식의 한 종류이다.

[해설] 전환사채란 주식으로 전환할 수 있는 권리가 부여된 주식관련 채권이다. 채권발행 당시의 가격을 발행가격이라 하고, 만기까지 전환이 되지 않을 경우의 수익률을 만기보장수익률이라 한다.

**42** 다음 채권운용전략 중에서 적극적 운용전략이 아닌 것은 무엇인가?

① 듀레이션 조절 전략 ② 수익률곡선타기 전략
③ 채권인덱스 전략 ④ 나비형투자 전략

[해설] 채권인덱스 전략, 만기보유 전략, 사다리형 만기전략 등은 소극적 운용전략에 해당한다.

**43** 다음 전략적자산배분에 대한 설명 중 틀린 것은 어느 것인가?

① 저평가된 자산은 매입하고 고평가된 자산을 매도하는 전략이다.
② 기대수익률과 위험을 고려한 자산배분을 실시한다.
③ 투자기간 중 포트폴리오의 자산구성을 변화시키지 않는다.
④ 장기적 관점에 투자를 수행하고자 하는 의사결정이라 할 수 있다.

[해설] 저평가된 자산은 매입하고 고평가된 자산을 매도하는 전략은 전술적자산배분 전략에 해당한다.

**44** 펀드 수익률이 20%, 시장평균수익률이 25%, 시장표준편차가 0.5, 펀드의 표준편차가 0.2, 무위험수익률이 5%, 베타가 1.0인 경우에 샤프지수를 산출하라!

① 0.50 ② 0.75
③ 0.80 ④ 0.85

[해설] 샤프지수 = (펀드수익률-무위험수익률)/펀드의 표준편차
= (0.2-0.05)/0.2 = 0.75

**45** 펀드 운용에 관한 내용 중 틀리게 설명된 것은 어느 것인가?

① 기술적 분석에서는 기업가치 뿐만 아니라 차트분석을 수행한다.
② 바텀 업(Bottom-up)방식은 기업분석을 가장 먼저 실시한다.
③ 배당주펀드에서는 성장성이 있는 주식보다는 가치가 있는 주식을 편입하여 운용한다.
④ 일반적으로 내재가치가 시장가격보다 클수록 저평가 되어있다.

[해설] 기업가치는 기본적 분석에서 실시한다.

**46** 다음 효율적 시장가설에 대한 설명 중 틀린 것은 어느 것인가?

① 정상적 시장 하에서 기관투자자와 외국인투자자는 초과이익을 얻을 수 없다.
② 적극적인 자산운용전략을 수행하기가 어렵다
③ 시장은 새로운 정보를 즉시 반영한다.
④ 성장형펀드로 공격적인 투자를 하면 이익을 얻을 수 있다.

[해설] 효율적 시장하에서는 성장형펀드로 공격적인 투자를 하여도 이익을 얻기가 힘들다.

**47** 펀드 운용성과를 나타내는 정보비율에 대한 설명 중 틀린 것은 어느 것인가?

① 펀드에 대한 성과측정기간이 충분하여야 한다.
② 정보비율의 값이 높을수록 양호한 펀드라 할 수 있다.
③ 젠센의 알파와 결과가 동일하게 산출된다.
④ 위험수익률과 벤치마크수익률과의 비교를 통하여 펀드성과를 나타낸다.

[해설] 정보비율 = (펀드수익률-벤치마크수익률)/트레킹 에러
위험조정수익률 산출식은 각각 다르기 때문에 결과치가 동일하게 나타나지 않는다.

**48** 주식의 가치를 측정하는데 있어서 EV/EBITDA에 대한 설명 중에서 틀린 것은 어는 것인가 ?

① EV/EBITDA는 세전영업이익에 감가상각비를 더하여 산출한다.
② EV/EBITDA의 값이 PER와 동일하게 나타난다.
③ 자본구조가 상이한 기업과의 비교가 어렵다는 측면이 있다.
④ 자본집약적인 기업에 대하여 적용하여 분석하기 어렵다.

[해설] EV/EBITDA의 값이 PER와 다르게 나타날 수 있다 감가상각비나 비영업손익의 차이가 많이 난다면 결과치가 다르게 나타난다.

**49** 다음 리스크관리에 대하여 올바르게 설명한 것은 어느 것인가?

① 리스크매도자는 위험회피에 대한 본질을 가진 투자자라 할 수 있다.
② 미시적 리스크는 리스크관리팀에서 관리하는 것을 의미한다.
③ 시장리스크를 측정하는 방법은 문제점이 많아 거의 사용하지 않고 있다.
④ 회사별 리스크관리를 미시적 리스크 관리라 칭하며, 업종별 리스크관리를 거시적 리스크관리라 칭한다.

[해설] 리스크관리팀에서 관리하는 것을 거시적 리스크관리라 하며, 특정부서나 상품별로 이루어지는 리스크관리를 미시적 리스크관리라 한다. 시장리스크를 관리하는 표준방법은 요즘 많이 사용하고 있다.

**50** **공모펀드에서 파생상품 운용규제에 대한 설명으로 틀린 것은 어느 것인가?**

① 모든 종류에 대한 펀드에 대하여 파생상품 투자가 가능하다.
② 파생상품 매매에 따른 위험평가액은 펀드순자산을 초과할 수 없다.
③ 장외파생상품의 거래상대방은 적격요건을 갖추어야 한다.
④ 장외파생상품에 대한 동일인·동일종목한도액은 10/100이다.

[해설] 자본시장법에서는 MMF를 제외한 모든 종류의 펀드에서 파생상품투자를 허용하고 있다.

**51** **사모파생상품펀드에서의 파생상품 운용규제에 대한 설명으로 틀린 것은 어느 것인가?**

① 파생상품 매매에 따른 위험평가액은 펀드순자산을 초과할 수 있다.
② 장외파생상품의 거래상대방은 적격요건을 갖추지 않아도 상관없다.
③ 파생상품의 한도에 있어서 동일인 한도는 제한이 없다.
④ 파생상품 매매에 따른 위험평가액이 펀드순자산의 400%까지 허용된다.

[해설] 장외파생상품의 거래상대방은 적격요건을 갖추어야 한다.

**52** **파생상품펀드에 대한 판매에 있어서 강화된 투자자보호에 대한 설명으로 맞는 것은?**

① 장외파생상품 거래 시에 전문투자자로 통지받지 못한 경우에는 일반투자자로도 취급받지 못한다.
② 금융투자업자는 특정 파생상품 등이 일반투자자에게 적정하지 않다고 판단되는 경우에는 그 사실을 알리지 않아도 된다.
③ 금융투자회사는 투자권유자문인력 자격요건을 갖춘 자에게 파생상품 등의 투자권유를 위탁할 수 있다.
④ 금융투자업자는 일반투자자에게 파생상품 등의 투자권유 없이 판매하는 경우 투자목적, 재산상황, 투자경험 등의 정보를 파악하여야 한다.

[해설] 장외파생상품 거래 시에 전문투자자로 통지받지 못한 경우에는 일반투자자로 취급한다. 금융투자업자는 특정 파생상품 등이 일반투자자에게 적정하지 않다고 판단되는 경우에는 그 사실을 알려야 한다. 금융투자회사는 투자권유자문인력 자격요건을 갖춘 자에게 파생상품 등의 투자권유를 위탁할 수 없다.

**53** **자본시장법 하에서 펀드에서의 파생상품펀드에 대한 운용규제로 맞지 않은 것은 어느 것인가?**

① 공모펀드의 파생결합증권 동일인 한도는 30/100을 적용한다.
② 사모펀드의 파생상품 매매한도는 위험평가액 기준으로 펀드순자산의 400%까지이다.

③ 장외파생상품 거래 시 적격요건을 갖추지 못한 자의 매매금지는 사모파생상품에서도 적용된다.
④ 동일한 상대방과의 장외파생상품 매매에 따른 거래상대방 위험평가액의 한도는 사모파생상품펀드에도 적용된다.

[해설] 동일한 상대방과의 장외파생상품 매매에 따른 거래상대방 위험평가액의 한도는 사모파생상품펀드에는 적용되지 않는다.

**54** **파생상품에 관한 다음의 설명 중 맞지 않은 것은 어느 것인가?**

① 파생상품이란 그 가치가 다른 기초자산의 가격변동에 의하여 결정되는 것으로서 선물, 옵션, 스왑 등이 해당된다.
② 선물이란 기초자산이나 기초자산의 가격, 이자율, 지표, 단위 또는 이를 기초로 하는 지수 등에 의하여 산출된 금전 등을 장래의 특정시점에 인도할 것을 약정하는 계약이다
③ 옵션이란 당사자 어느 한쪽의 의사표시에 의하여 기초자산이나 기초자산의 가격, 이자율, 지표, 단위 또는 이를 기초로 하는 지수 등에 의하여 산출된 금전 등을 수수하는 거래를 성립시킬 수 있는 권리를 부여하는 것을 약정하는 계약이다.
④ 스왑이란 장래의 일정기간 동안 미리 정한 가격으로 기초자산이나 기초자산의 가격, 이자율, 지표, 단위 또는 이를 기초로 하는 지수 등에 의하여 산출된 금전 등을 교환 할 것을 약정하는 계약이다.

[해설] 기초자산이나 기초자산의 가격, 이자율, 지표, 단위 또는 이를 기초로 하는 지수 등에 의하여 산출된 금전 등을 장래의 특정시점에 인도할 것을 약정하는 계약은 선도계약이라 한다.

**55** **현재 주가지수 100인 상황에서 행사가격이 120인 콜옵션을 1계약 매도하고 프리미엄 30만원을 수취하였다. 거래승수가 10만원일 경우에 파생상품 거래에 따른 위험평가액은 얼마인가?**

① 900만 원　　② 1,000만 원
③ 1,100만 원　　④ 1,200만 원

[해설] 콜옵션 매도의 위험평가액
= Max(행사가격, 기초자산가격) × 계약 수 × 승수
= Max(120, 100) ×1 × 100,000 = 12,000,000

**56** **외환 및 환율연계 파생상품펀드에 대한 설명으로 맞는 것은 어느 것인가?**

① 환율이 안정적인 움직임으로 보이는 중에는 급격한 변동을 일으킬 수 없다.
② 환율연계 파생상품펀드에서는 디지털이나 녹아웃 등의 이색옵션을 활용할 수 없다.

③ 국내에서의 환위험 실패 사례로는 엔화대출, KIKO 및 역외펀드의 선물환 거래 등을 들 수 있다.

④ 국내 장외파생상품 초기 시장에서는 환율이 일정범위에 머물면 수익을 주는 KIKO상품이 유행하였다.

[해설] 환율이 안정적인 움직임을 보이다가도 급격한 변동을 일으킬 수 있다. 환율연계 파생상품펀드서도 디지털이나 넉아웃 등의 이색옵션을 활용할 수 있다. 국내 장외파생상품 초기 시장에서는 환율이 일정범위에 머물면 수익을 주는 레인지상품이 유행하였다.

**57** 상품연계 파생상품펀드에 대한 설명으로 올바르지 못한 것은 어느 것인가?

① 상품관련 인덱스들은 편입종목 및 편입비중 등이 발표기관마다 동일하다.

② 인덱스가 아닌 금이나 은, WTI와 같은 개별종목에 연계된 펀드도 만들어졌다.

③ 인덱스 유형의 상품연계파생상품에 투자하는 경우에는 주식의 인덱스 유형보다도 더욱 액티브(Active)적인 요소가 가미된다.

④ 파생결합증권 유형의 파생상품펀드에 편입되는 상품관련 옵션은 기초자산의 특성상 가격이 높은 경향이 있다.

[해설] 상품관련 인덱스들은 편입종목 및 편입비중 등이 발표기관마다 다르다.

**58** 멀티에셋연계 파생상품펀드에 대한 설명으로 맞는 것은 무엇인가?

① 최초 투자시점에서 자산배분을 정하여 공격적으로 투자하는 투자자에게 적합한 펀드이다.

② 자산배분기능이 내재된 펀드가 출현되었으나, 소액투자자는 분산투자를 통한 수익을 얻을 수 없다.

③ 두 개 이상의 자산군에 분산투자하는 것이 위험을 줄일 수 있으나, 수익의 원천이 될 수는 없다.

④ 투자대상 자산은 주식, 채권, 상품 및 부동산 등의 지수를 활용하며, 포트폴리오는 공격적이고 균형적인 형태로 구성할 수 있다.

[해설] 멀티에셋연계 파생상품펀드는 안정성을 중시하는 투자자에게 적합한 펀드이며, 자산배분기능이 내재된 펀드가 출현되어 소액투자자도 분산투자를 통하여 수익을 얻을 수 있게 되었다. 두 개 이상의 자산군에 분산투자하는 것이 위험을 줄이면서 안정적인 수익원이 될 수 있다.

**59** 파생형 인덱스펀드에 대한 설명으로 올바르지 못한 것은 어느 것인가?

① 순수 인덱스펀드와 알파추구형 인덱스펀드 모두 절대수익을 추구하는 경향이 있다.

② 지수와 반대방향의 수익률을 추구하는 펀드를 인덱스펀드라 한다.

③ 레버리지(Leverge) 인덱스펀드란 지수의 배수에 해당하는 수익률을 추구

하는 펀드이다.

④ 인덱스 펀드가 추종하는 지수에는 주가, 채권, 상품지수 등이 있으며, WTI 처럼 단일종목도 있다.

[해설] 지수와 반대방향의 수익률을 추구하는 펀드를 리버스(Revere)인덱스펀드라 한다.

**60** 시장중립형펀드의 유형에 대한 설명으로 올바른 것은 무엇인가?

① 국내 대부분의 시장중립형펀드는 개별종목에 대한 지수 및 옵션을 활용한 차익거래를 통하여 수익을 창출한다.

② 주식형 차익거래는 매수한 주식포트폴리오 금액과 매도한 선물금액을 항상 일치시켜 방향성 투자를 하지 않는다.

③ 기업의 인수합병 시 인수기업과 피인수기업 간의 주식교환비율과 실제 시장가격비율의 차이를 이용하는 거래를 합병차익거래라 한다.

④ 교환사채를 매수하고 주식부분의 위험을 해당주식의 차입매도를 통하여 헤지함으로서 수익을 추구하는 거래를 전환사채 차익거래라 한다.

[해설] 국내 대부분의 시장중립형펀드는 주가지수 선물과 옵션을 활용한 차익거래를 통하여 수익을 창출한다. 주식형의 경우 주식 매수·지수선물매도로 베이시스 리스크가 존재하며, 주식 매수금액과 매도금액을 달리하여 방향성 투자도 가능하다. 전환사채 차익거래는 전환사채를 매입하는 것이지, 교환사채를 매입하는 것이 아니다.

**61** 시스템 운용형 펀드의 운용기법에 대한 설명으로 올바르지 못한 것은 어느 것인가?

① 모멘텀 전략이란 사전에 정해진 규칙에 따라 매일같이 매수 및 매도하고자 하는 종목을 결정한 후에 매매하는 것을 말한다.

② 상대적으로 가격이 오르지 못한 종목을 집중적으로 발굴하여 매수하는 역발상 전략을 사용하기도 한다.

③ 가격의 움직임과 변동성은 음의 상관관계임을 활용하여 변동성이 낮은 종목은 매수하고, 변동성이 높은 종목을 매도하는 변동성관리기법을 활용한다.

④ 시스템 운용형 펀드의 운용기법은 자산배분전략, 방향성전략, 변동성관리기법 등이 있다.

[해설] 사전에 정해진 규칙에 따라 매일같이 매수 및 매도하고자 하는 종목을 결정한 후에 매매하는 것을 자산배분 전략이라고 한다.

**62** 선물거래의 경제적 기능이 아닌 것은 어느 것인가?

① 거래비용의 절감

② 가격변동에 대한 위험회피

③ 현재의 현물가격에 대한 정보 제공
④ 가격불균형 해소과정에서 시장효율성 증대

[해설] 선물의 가격발견 기능이란 미래의 현물가격에 대한 정보를 제공하는 것을 의미한다.

**63** 선물환의 균형가격에 대한 설명으로 틀린 것은 어느 것인가?

① 선물환의 균형가격은 양국 간의 금리차이를 반영하는 이자율 등가식에 의해 결정된다,
② 선물환시세가 균형가격보다 높다면 저평가된 선물환을 매수하고 현물환을 매도하는 차익거래가 가능하다.
③ 선물환시세가 균형가격보다 낮다면 저평가된 선물환을 매수하고 현물환을 매도하는 차익거래가 가능하다.
④ 선물환이 차익거래 불가능조건을 벗어날 경우에 차익거래를 통하여 균형 상태로 복귀한다.

[해설] 선물환시세가 균형가격보다 높다면 저평가된 선물환을 매도하고 현물환을 매수하는 차익거래가 가능하다.

**64** 선물을 이용한 헤징전략에 대한 설명으로 올바른 것은 어느 것인가?

① 매도헤지란 선물이나 선도를 매도하여 보유할 포지션의 리스크를 헤지하는 것을 말한다.
② 베이시스는 현물과 선물의 가격차이를 활용하여 나타나는 이익의 개념이다.
③ 선물만기 이전에 포지션을 청산할 경우 베이시스위험이 발생하므로 제로 베이시스로 상태로 회귀한다.
④ 매도헤지한 선물이나 선도를 매수하여 보유할 포지션의 리스크를 헤지하는 것을 말한다.

[해설] 베이시스는 현물과 선물의 가격차이로 보유비용의 개념이다. 선물만기 이전에 포지션을 청산할 경우 베이시스 위험이 없어지거나 중도에 포지션을 청산할 경우 베이시스 위험이 랜덤(Random)하게 발생한다. 선물이나 선도를 매수하여 보유할 포지션의 리스크를 헤지하는 것을 매수헤지라 한다.

**65** 행사가격이 100인 풋을 1계약 매도하고 행사가격이 95인 풋을 2계약 매수한 전략을 무엇이라 하나?

① 콜 백 스프레드(call back spread)
② 풋 백 스프레드(put back spread)
③ 콜 레이쇼 버디컬 스프레드(call ratio vertical spread)
④ 풋 레이쇼 버디컬 스프레드(put ratio vertical spread)

[해설] 행사가격이 100인 풋옵션을 1계약 매수하고 행사가격이 95인 풋옵션을 2계약 매도하는 전략은 풋 레이쇼 버디컬 스프레드이라 한다.

**66** 옵션 민감도에 대한 설명으로 올바른 것은 어느 것인가?

① 델타의 절대값은 ATM에서 약 1 정도이다.
② 감마의 절대값은 ATM에서 가장 작다.
③ 기초자산의 변동성이 커지면 옵션의 가치는 하락한다.
④ 옵션의 시간가치는 다른 요인의 변동이 없다면 만기에 가까워짐에 따라 감소한다.

[해설] 델타의 절대값은 0에서 1사이이며 ATM에서 약 0.5 정도이다. 감마의 절대값은 ATM에서 가장 크고 OTM과 ITM으로 갈수록 가까워진다. 기초자산의 변동성이 커지면 옵션의 가치는 상승한다.

**67** 다음 중 선물 및 옵션에서 활용이 가능한 전략이 아닌 것은 어느 것인가?

① 차익 거래
② 헤지 거래
③ 스프레드 거래
④ 스트래들 거래

[해설] 차익 거래, 헤지 거래, 스프레드 거래는 선물과 옵션에서 활용이 가능한 전략이나 스트래들 거래는 옵션에서만 활용이 가능하다.

**68** 파생결합증권에 대한 설명 중 올바르지 못한 것은 어느 것인가?

① 채권에 투자하여 원금회복을 가져오면서 옵션이 결합되어 수익률을 향상시키는 구조를 가지고 있다.
② 시장수익률이 매우 낮을 경우에는 옵션 매수뿐만 아니라 옵션매도를 가미해도 수익률을 향상시키기는 어렵다.
③ 넉 아웃 옵션이 부과된 파생결합증권으로도 다양한 수익구조를 창출해 낼 수 있다.
④ 리버스 컨버터블(Reverse convertible)의 경우 옵션매도 포지션을 가미함으로써 수익률을 향상시킬 수 있다.

[해설] 시장수익률이 매우 낮을 경우에도 옵션 매수뿐만 아니라 옵션매도를 가미해 파생결합증권의 수익률을 제고시킬 수 있다.

**69** 경로의존형 옵션에 대한 설명으로 올바른 것은 어느 것인가?

① 배리어옵션(Barrier option)의 가격은 표준형보다 싸다
② 룩백 옵션(Lock-back option)은 만기일에 최소한 외가격 옵션이며 미국식 옵션보다 싸다.
③ 클리켓 옵션(Clique option)은 행사가격을 가장 유리한 시점에서 재확정할 수 있다.
④ 샤우트 옵션(Shout option)은 행사가격이 미리 정한 시점마다 재조정된다.

[해설] 룩백 옵션은 만기일에 최소한 등가격(ATM)옵션이며 미국식 옵션보다 싸다. 클리켓 옵션은 행사가격이 미리 정한 시점마다 재조정된다. 샤우트 옵션은 행사가격을 가장 유리한 시점에서 재확정할 수 있다.

**70** 다중변수형 옵션에 대한 설명으로 틀린 것은 어느 것인가?

① 스프레드 옵션의 수익률은 두 가지 기초자산 가격 차이에서 얻을 수 있다.
② 바스켓 옵션(Basket option)의 수익률은 기초자산 가격들을 가중평균한 값으로 얻을 수 있다.
③ 무지개 콜옵션(Rainbow call option or Outperformance call option)의 수익률은 둘 이상의 기초자산 가격 중에서 가장 낮은 가격에 의하여 결정된다.
④ 주가지수 옵션은 거래소 시장의 바스켓 옵션으로 볼 수 있다.

[해설] 무지개 콜옵션의 수익률은 둘 이상의 기초자산 가격 중에서 가장 높은 가격에 의하여 결정되며, 풋옵션의 수익률은 둘 이상의 기초자산 가격 중에서 가장 낮은 가격에서 결정된다.

**71** 포트폴리오보험 전략 중에서 동적자산배분전략에 대한 설명으로 올바른 것은 어느 것인가?

① 옵션을 매수하고 옵션의 델타를 복제하는 방법이다.
② 콜옵션의 매도성과를 복제하므로 주식가격 상승 시 주식편입비율을 줄여야 한다.
③ 주식가격이 상승할 경우에는 주식편입비율을 줄이고 하락 시에는 주식편입비율을 늘리는 전략을 구사한다.
④ 주식편입비율은 옵션가격 결정모형에 따른 콜옵션의 델타값과 동일하게 유지하는 방법을 활용한다.

[해설] 옵션을 매수하지 않고 옵션의 델타를 복제하는 방법이다. 콜옵션의 매수성과를 복제하므로 주식가격 상승 시 주식편입비율을 높이고, 주식가격 하락 시 주식편입비율을 줄여야 한다.

**72** 파생상품펀드 운용사의 리스크관리에 대한 설명으로 올바르지 못한 것은 어느 것인가?

① 채권평가회사가 평가한 파생상품펀드의 가격은 발행사가 제시한 해지가격과 다른 경우가 발생하곤 한다.
② 파생상품펀드는 계약금액 및 위험에 관한 지표 등을 인터넷 홈페이지에 공시하여야 한다.
③ 파생결합증권의 적정한 가격의 산정은 운용사의 업무이기 때문에 발행사 및 채권평가회사는 운용사가 평가한 가격에 따라야 한다.
④ 위험에 관한 지표와 지표가 공시된다는 사실을 펀드투자설명서에 기재하여야 한다.

[해설] 파생결합증권의 가격은 발행 시에 운용사·발행사·채권평가사별로 다를 수 있다. 채권평가사는 파생결합증권의 가격을 매일 산정하고, 운용사가 공시하나, 중도환매 시 발행사가 제시하는 해지가격과도 차이가 발생하곤 한다.

**73** **효율적인 포트폴리오 관리를 위한 파생상품의 활용에 대한 설명으로 틀린 것은 어느 것인가?**

① 인덱스펀드는 선물 및 옵션의 이론가와 실제가격 차이를 활용한다.
② 채권형펀드에서는 이자율스왑과 국채선물을 활용한 스프레드 거래는 불가능하다.
③ 채권형펀드는 듀레이션 조절용으로 국채선물 및 이자율 스왑거래를 수행한다.
④ 절대수익 추구형 펀드는 주가지수선물을 매도하고 현물바스켓을 매수한다.

[해설] 채권형펀드에서는 듀레이션 조절용으로 국채선물 및 이자율 스왑 거래를 하며, 이자율 스왑 간, 이자율 스왑과 국채선물을 활용한 스프레드 거래를 실시한다.

**74** **파생상품을 활용한 특정위험 회피에 대한 설명으로 틀린 것은 무엇인가?**

① 환리스크 헤지를 위하여 장내파생상품인 통화선물을 이용하는 것이 장외파생상품인 선물환을 이용하는 것보다 훨씬 유리하다
② 파생상품을 활용하여 주식형펀드의 주식비중 조절 및 채권형 펀드의 듀레이션 조절 등 위험노출의 조절이 가능하다.
③ 환위험 헤지비율과 관련하여 해외 채권형 펀드는 대체로 투자원금규모의 헤지, 해외 주식형 펀드는 원금의 50~70% 수준의 헤지가 일반적이다.
④ 선물환도 펀드만기보다 짧을 경우 만기 이월에 따라 차액결제로 인한 가용현금 부족상황 발생이 가능하다.

[해설] 통화선물은 유동성과 가격측면에서 선물환보다 불리하며, 통화선물의 일일 결제방식으로 인해 펀드의 가용현금이 부족할 수 있다.

**75** **부동산 관련 서류와 동 서류로 확인할 수 있는 내용 간에 올바르게 연결된 것은 어느 것인가?**

① 등기부등본 - 소유권 및 기타 권리관계
② 토지대장 - 형태, 경계, 도로 접합
③ 지적도 - 공법적 규제사항
④ 토지이용계획확인원 - 면적, 지목, 개별공시지가

[해설] 토지대장으로는 면적, 지목, 개별공시지가 등이 있으며, 지적도에는 형태, 경계, 도로 접합 등이 있다. 토지이용계획확인원으로는 공법적 규제사항 등을 확인할 수 있다.

**76** **자산운용회사가 부동산펀드를 운용하게 할 운용전문인력을 채용할 경우에 다음 중 누구를 채용하면 되나?**

① 은행법에 의한 금융기관에서 부동산운용업무에 2년 이상 종사한 경력이

있는 자

② 부동산 투자 · 운용업무를 주된 업무로 수행하는 외국의 부동산 투자회사에서 5년 이상 근무한 자로서, 부동산운용업무에 3년 이상 종사한 경력이 있는 자

③ 감정평가사로서 감정평가 분야 또는 부동산 관리 분야에서 3년간 종사한 경력이 있는 자

④ 부동산 관련 분야로 석사학위를 취득한 후 부동산 관련 분야에서 3년 이상 종사한 경력이 있는 자

[해설] 부동산 관련 분야로 석사학위를 취득한 후 부동산 취득 · 관리 · 개발 또는 자문 등 부동산의 운용과 관련된 업무에서 3년 이상 종사한 경력이 있는 자가 해당이 된다.

**77** **부동산 펀드에 대한 설명 중 틀린 것은 무엇인가?**

① 부동산의 취득이나 처분 시에 작성하여 비치해야 하는 실사보고서에는 부동산의 현황, 거래가격, 거래비용 등이 포함되어 있어야 한다.

② 부동산을 평가할 경우에는 원칙적으로 시가로 하여야 하며, 시가가 없는 경우에는 공정가액으로 평가해야 한다.

③ 부동산펀드에서 차입한 금전은 부동산에 운용하는 방법 외의 방법으로 운용하여서는 안 된다.

④ 사모 부동산 펀드의 경우 부동산에 대한 담보권 설정, 시공사의 지급보증 등 대여금을 회수하기 위하여 적절한 수단을 확보하여야 한다.

[해설] 사모 부동산 펀드의 경우에는 부동산에 대한 담보권 설정, 시공사의 지급보증 등 대여금을 회수하기 위한 적절한 수단을 반드시 확보할 필요는 없다.

**78** **자본시장법에서는 부동산펀드의 시장규모를 확대할 수 있도록 지원하기 위하여 부동산 펀드에 대한 범위를 확대하였다. 다음 중 부동산펀드의 요건을 충족하지 못하고 있는 것은 어느 것인가?**

① 금융기관이 채권자인 부동산담보부 금전채권에 부동산펀드 자산의 100%를 투자하는 행위

② 부동산 개발과 관련된 회사에게 부동산펀드 자산의 70%를 대출하는 행위

③ 부동산을 기초자산으로 하는 파생상품에 부동산펀드 자산의 50%를 투자하는 행위

④ 부동산과 관련된 신탁형 수익증권에 부동산 자산의 60%를 투자하는 행위

[해설] 자본시장법에서 부동산펀드는 부동산을 기초자산으로 하는 파생상품에 부동산펀드 자산의 50%를 초과하여 투자하는 펀드를 말한다.

**79** 사모형 부동산펀드의 요건에 부합하지 않는 것은 다음 중 어느 것인가?

① 49인 이하의 투자자로부터 자금을 모집하여 운용하는 펀드를 말한다.
② 사모형 부동산펀드는 공모형 부동산펀드에 적용하고 있는 각종 규제나 제한이 면제되거나 완화된다.
③ 사모형 부동산펀드는 공모형 펀드와 동일하게 투자자 보호조항이 동일하게 적용된다.
④ 자본시장법상 기관투자자나 일정금액 이상을 투자하는 개인 또는 일반 법인으로부터 자금을 모집하여 운용하는 펀드이다.

[해설] 사모형부동산펀드는 공모형펀드와는 달리 각종 공시의무를 면제해 주는 등 공모펀드의 엄격한 보호규정을 상당히 완화해 주고 있다.

**80** 국내 부동산펀드의 전문화된 영역별 투자활동 분야라 볼 수 없는 것은 다음 중 어느 것인가?

① 오피스빌딩 투자
② 사회간접자본(SOC) 투자
③ 개발사업 대출
④ 유통시설 부동산 투자

[해설] 사회간접자본투자(SOC)는 부동산투자와 관련성이 있기는 하지만, 부동산펀드에서 일반화된 투자영역이라 보기에는 한계가 있다.

**81** 부동산펀드에 대한 분산효과로서 적절하지 않은 것은 다음 중 어느 것인가?

① 채권과 주식, 파생상품, 부동산에 분산투자하면 높은 수익률을 달성할 수 있다.
② 부동산펀드에 대하여 지역별・유형별로 포트폴리오를 구성하면 부동산에 대한 리스크를 감소시킬 수 있다.
③ 채권이나 주식 등에 투자하는 뮤추얼펀드에 부동산을 함께 투자하면 비체계적위험이 줄어들어 리스크를 감소시킬 수 있다.
④ 분산투자보다는 지역, 유형, 규모 등에 집중적으로 투자함으로써 위험이 증가하지만 수익률이 높아지는 경향이 있다.

[해설] 분산투자의 목적은 리스크를 줄이는 것이다. 채권과 주식, 파생상품, 부동산에 분산투자한다고 해서 반드시 높은 수익률을 달성한다고 볼 수는 없다.

**82** 부동산 포트폴리오에 대한 설명으로 올바른 것은 어느 것인가?

① 체계적위험은 구조화를 잘해도 회피하기 어렵다.
② 포트폴리오 수익률은 개별부동산에 그 부동산이 차지하는 비중을 더해서 곱한 수치로 계산한다.
③ 체계적위험은 해당 부동산의 고유한 특성에서 오는 위험이다.
④ 포트폴리오 위험은 각 자산의 위험을 가중평균하여 계산한다.

[해설] 포트폴리오 수익률은 개별부동산에 그 부동산이 차지하는 비중을 곱해서 더한 수치로 계산한다. 해당 부동산의 고유한 특성에서 오는 위험은 비체계적위험이다. 포트폴리오 위험은 각 자산의 위험을 가중평균한 것이 아니라 각 자산간의 공분산이 포함된다.

**83** 부동산 수요와 공급에 대하여 올바르게 설명된 것은 어느 것인가?

① 소득과 인구증가는 공급증대 요인이다.
② 대출정책의 변화는 부동산 소비자의 구매수요를 통제하는 부동산에 관한 정부의 간접수단이다.
③ 금리, 부동산의 가격, 대체재, 소비자의 기호변화, 가격상승기대 등은 공급요인이다.
④ 부동산 가격, 건설업의 활황, 건설기술의 진전, 가격상승 기대 등은 부동산에 관한 수요요인이다.

[해설] 소득과 인구증가는 수요증대 요인이며, 금리, 부동산의 가격, 대체재, 소비자의 기호변화, 가격상승기대 등도 수요요인이다. 그러나 부동산 가격, 건설업의 활황, 건설기술의 진전, 가격상승 기대 등은 부동산에 관한 공급요인이다.

**84** 부동산에 관한 정책 중 올바르게 기술한 것이 아닌 것은 어느 것인가?

① 부동산임대 사업자에 대하여 세제혜택 요건을 변경하는 것은 수요정책이다.
② 신도시 및 택지개발지구를 지정하는 것은 수요정책이다.
③ 용적률, 건폐율, 고도 제한 등은 수요자가 좀 더 쾌적한 환경에서 살게 하려는 공급정책이다.
④ 그린벨트 해제는 그린벨트를 살리는 사람들의 수요증가를 유도하는 공급정책이다.

[해설] 신도시 및 택지개발지구를 지정하는 것은 공급정책이다.

**85** 부동산의 가치를 추정하는 4대 원칙으로 올바르지 않은 것은 무엇인가?

① 수요와 공급의 원칙은 시장의 수요와 공급을 반영해야 하는 원칙을 의미한다.
② 예측성의 원칙은 해당 부동산의 과거부터 현재까지의 수익보다는 미래에 대한 수익을 추정하는 것을 의미한다.
③ 최유효 이용의 원칙은 부동산의 가격은 최유효 이용을 염두에 둔 가격이 표준으로 형성된다는 원칙이다.
④ 내부성의 원칙은 대상 부동산의 내구연한과 감가상각이 매우 중요하다는 원칙을 의미한다.

[해설] 대상 부동산의 내구연한과 감가상각이 매우 중요하다는 원칙은 외부성의 원칙이다.

**86** **개발프로젝트의 내부적 안정장치로 바르게 설명된 것이 아닌 것은?**

① 개발 중인 부동산의 분양에 따른 수입금 관리계좌는 담보의 목적물로서 제공해서는 안 된다.

② 미분양분은 담보신탁이나 처분신탁으로 처리할 수 있게 하여 금융기관이나 시공사가 원리금이나 공사비를 가져가도록 시행사가 협력하도록 한다.

③ 최초 대출 시 설정한 개발사업부지에 대한 관리신탁은 해지되면서 입주자 모집공고 승인신청 후 대한주택보증(주)으로의 신탁등기가 이루어져 금융기관이 우선수익권을 대한주택보증(주)에게 양보한다.

④ 일반적으로 사업부지에 대한 소유권이전 등기를 완료하는 동시에 부동산 담보신탁을 체결하고 대주를 최우선 수익권자로, 시공사를 제2순위 수익권자로 지정, 각 대출약정금의 130%, 공사도급금액의 130%에 해당하는 우선수익권 증서를 시공사와 금융기관에 교부하도록 한다.

[해설] 개발프로젝트를 수행하는데 있어서 개발 중인 부동산의 분양에 따른 수입금 관리계좌도 담보의 목적물로 제공할 수 있다.

**87** **PFV에 대한 설명으로 틀리게 설명한 것은 어느 것인가?**

① PFV의 자본금은 50억 원 이상이어야 한다.

② PFV도 사업시행을 위한 특수 목적법인이라 할 수 있다.

③ PFV에 금융기관의 참여는 배제된다.

④ PFV는 배당가능이익의 90%이상을 배당할 경우에 취득세와 등록세에 대한 감면혜택이 주어진다.

[해설] PFV에는 금융기관의 참여가 5%이상은 되어야 한다.

**88** **대출형 부동산펀드의 리스크 유형에 해당하지 않는 것은 어느 것인가?**

① 시행사의 부도위험 ② 원리금 미상환 위험

③ 계약불이행 위험 ④ 시장 위험

[해설] 시장 위험은 대출형 부동산펀드의 리스크 유형이 아니라 금융상품의 리스크라 볼 수 있다.

**정답**

[1] ③ [2] ① [3] ④ [4] ① [5] ② [6] ③ [7] ② [8] ④ [9] ③ [10] ④ [11] ① [12] ② [13] ③ [14] ② [15] ① [16] ④
[17] ③ [18] ② [19] ① [20] ④ [21] ③ [22] ② [23] ② [24] ① [25] ③ [26] ④ [27] ② [28] ③ [29] ① [30] ②
[31] ③ [32] ① [33] ③ [34] ③ [35] ② [36] ④ [37] ① [38] ② [39] ③ [40] ② [41] ② [42] ③ [43] ① [44] ② [45] ①
[46] ④ [47] ③ [48] ② [49] ① [50] ① [51] ② [52] ④ [53] ④ [54] ② [55] ④ [56] ③ [57] ① [58] ④ [59] ② [60] ③
[61] ① [62] ③ [63] ② [64] ① [65] ② [66] ④ [67] ④ [68] ② [69] ① [70] ③ [71] ④ [72] ③ [73] ② [74] ① [75] ①
[76] ② [77] ④ [78] ③ [79] ③ [80] ② [81] ① [82] ① [83] ② [84] ② [85] ④ [86] ① [87] ③ [88] ④

# 저자약력

## ■ 김주일(金周一)


학력 : 고려대학교 경영학석사
경기대학교 경영학박사(재무관리전공)

경력 : 사립학교교직원연금공단 자산운용팀장
별정우체국연합회 자산운용위원회 위원
코리아CS평가원(주) 재무이사
인하대학교 경영학부 경영학과 겸임교수
협성대학교 경영학과 외래교수
남서울대학교 국제유통학과 외래교수
국민유공자 국무총리 표창(2008년)

현재 : 경기대학교 경영학과 교수
인피니티투자자문(주) 이사
(주)유피캐미칼 사외이사
로즈금융 아카데미 주임교수
한국산업기술평가관리원 평가위원
중소기업기술정보진흥원 평가위원
기상기술개발관리단 평가위원


논문 : 기관투자가의 헤지펀드 수익률 비교와 시장지수간의 정보이전 메커니즘에 관한 연구(박사학위 논문)
개별주식 현/선물시장간의 선도/지연효과(2011)
VEC헤지모형을 이용한 개별 주식시장의 위험관리(2011)
국내기관투자가의 헤지펀드 수익률의 지속성에 관한 연구(2011)
신용카드에 의한 현금서비스 및 카드론과 단기금리와의 상호연관성에 관한 연구(2011)
KOSPI200지수 선물시장의 스타지수 현물에 대한 교차헤지(cross hedge) 성과 분석(2011)
국내 헤지펀드와 해외 헤지펀드수익률, KOSPI수익률, 국고채수익률간의 정보이전 효과(2011)
국내광역시 주택시장의 매매가격과 전세가격의 정보이전 메커니즘에 관한 연구(2012)
가계신용증가율과 단기금리와의 상호연관성에 관한 연구(2012)
가계신용증가율과 장기금리와의 선도/지연 효과(2012)
쌀지수를 이용한 생산자물가와 소비자물가와의 상호연관성에 관한 연구(2013) 외 다수

■ 류규하(柳圭夏)

학력 : 서울대학교 법과대학 졸업

경력 : KBS 인터넷 기획팀장
세빌스(Savills) 상무
강남대학교 융합경영연구소 전문위원

현재 : (주)로즈뱅커스 대표이사
ICE Worldwide 파트너
모닝브리핑 발행인
청소년 체험학교 운영위원
(IB 스쿨, 외교관 스쿨, 국제변호사 스쿨, 주니어 메디컬 스쿨)

저자와의
협의하여
인지생략

김교수의
**펀드투자 스쿨**

2012년 3월 30일 1판 1쇄 발행
2013년 8월 30일 1판 2쇄 발행

저 자 김 주 일 · 류 규 하
발행인 김 광 식
조 판 아 람 기 획

121-856
발행처 서울특별시 마포구 토정로 222 B동 208호
도서출판 **탑 북 스**
등 록 2009.12.21 제 2013-000101 호
전 화 02)365-2223 팩스 02)365-2224


정가 16,000 원
ISBN 978-89-97519-08-8-93320